ro
ro
ro

Wer kennt das nicht: Man hat sich fest vorgenommen, endlich auf den Brief zu antworten, der vor Wochen angekommen ist, doch weitere Wochen später liegt er immer noch unter dem Stapel unbezahlter Rechnungen; der Termin für die Steuererklärung ist seit Monaten verstrichen, und am Computerbildschirm vergilbt ein Zettel: «Dringend: To-do-Liste machen!!»

Fast jeder Zweite neigt dazu, Aufgaben vor sich herzuschieben. Inzwischen gibt es sogar ein eigenes Wort dafür: «Prokrastination». Und für all jene, die darunter leiden, gibt es dieses Buch. Es zeigt, wie man sich dem Druck endloser To-do-Listen entziehen kann und die Dinge trotzdem in den Griff bekommt – ohne das schlechte Gewissen, das all die E-Mails, Aufträge, Pläne und Verpflichtungen uns ständig machen wollen, und ohne sich mit Tricks und Kniffen selbst zu überlisten. Vieles, was uns fertigmacht, weil es von uns fertig gemacht werden will, ist ohnehin nicht wert, dass man sich darüber den Kopf zerbricht. Und manchmal gilt es auch, den äußeren Schweinehund zu bekämpfen …

Kathrin Passig und Sascha Lobo helfen, das Leben so zu organisieren, dass man es nicht ständig organisieren muss. Ein ebenso provokatives wie brillant geschriebenes Lob der Disziplinlosigkeit.

Kathrin Passig, geboren 1970, arbeitet als Geschäftsführerin der Zentralen Intelligenz Agentur in Berlin. Sie ist Redakteurin des Weblogs «Riesenmaschine», das 2006 mit dem «Grimme Online Award» ausgezeichnet wurde. Ebenfalls 2006 gewann sie in Klagenfurt den Ingeborg-Bachmann-Preis. 2007 erschien ihr Buch «Lexikon des Unwissens» (zusammen mit Aleks Scholz), das zum Bestseller wurde.

Sascha Lobo, geboren 1975, war Kreativdirektor in einer Werbeagentur. Heute arbeitet er freiberuflich als Kommunikationsstratege und entwickelt Markenkonzepte. Er ist freier Mitarbeiter der Zentralen Intelligenz Agentur und Redakteur des Weblogs «Riesenmaschine». 2006 erschien sein Buch «Wir nennen es Arbeit» (zusammen mit Holm Friebe).

Kathrin Passig · Sascha Lobo

DINGE GEREGELT KRIEGEN –
ohne einen Funken Selbstdisziplin

Rowohlt Taschenbuch Verlag

Veröffentlicht im Rowohlt Taschenbuch Verlag,
Reinbek bei Hamburg, Februar 2010

Umschlaggestaltung ZERO Werbeagentur, München,
nach einem Entwurf von any.way, Hamburg
Satz aus der Proforma und Syntax PostScript bei
hanseatenSatz-bremen, Bremen
Druck und Bindung CPI – Clausen & Bosse, Leck
Printed in Germany
ISBN 978 3 499 62424 7

Inhalt

Einleitung

Wir schreiben dieses Buch aus Notwehr. Und weil die Welt bestimmte Bücher braucht, auch wenn man sie erst mühsam schreiben muss. Wir wollen den vielen Menschen eine Stimme sein, die zwischen den verhärteten Fronten der überfleißigen Arbeitstiere und der alles ablehnenden Faulenzer leben. Wir möchten uns durchaus nützlich machen – aber zu unseren Bedingungen.

Die bisherige Literatur zum Thema «Dinge geregelt bekommen» teilt sich in zwei Gruppen: Die eine wirft dem ohnehin Verzweifelten direkt oder indirekt vor, selbst an seiner Überforderung schuld zu sein, und präsentiert Lösungsvorschläge, die garantiert zum Erfolg führen, wenn man sich nur gleich ab morgen wirklich zusammenreißt. Die andere Gruppe predigt Entschleunigung, den Ausstieg aus allem Möglichen und das Recht auf Faulheit. Technischer Fortschritt sei keine Lösung, sondern die Wurzel allen Übels. Am Ende steht die resignierte Botschaft, dass man nur beim Rosenzüchten und mit selbstgepresstem Olivenöl wirklich glücklich werden kann.

Wir wollen eine andere Lösung unserer Probleme. Wir kommen mit vielem nicht zurecht, wollen deshalb aber nicht darauf verzichten, am gesellschaftlichen Leben teilzunehmen. Wir möchten keine kräftezehrenden Tricks lernen, wie man sich in das enge, kantige Korsett von Konventionen zwischen Arbeit und Amt hineinpressen kann. Wir wollen einen neuen Standpunkt entwickeln, der das Wort Selbstdisziplin aus dem eigenen Wortschatz so weit wie irgend möglich verbannt. Denn Selbstdisziplin ist eine Kettensäge: Man kann mit ihr ganze Wälder voller Bäume fällen, sich aber auch nebenbei ein Bein amputieren. Mit Hilfe von Selbstdisziplin kann man sich nachhaltig durch eine Lebensgestaltung unglücklich machen, die überhaupt nicht zu einem passt. Es mag manchmal nötig sein, Dinge zu tun, die einem nicht gefallen, aber erstens ist das noch unbewiesen, und zweitens lebt man glücklicher, wenn man den Anteil dieser Tätigkeiten so gering wie möglich hält. Kurzum, wir wollen das Leben so organisieren, dass man das Leben nicht mehr organisieren muss. Das realistische Minimalziel ist, dass Sie dieses Buch lesen, in Ihrem Leben nichts ändern, sich damit aber besser fühlen als vorher.

Vorab noch ein Wort zur Warnung: Die Ratschläge in diesem Buch sind nicht für alle Menschen gleichermaßen geeignet. Nichts ist für alle Menschen gleichermaßen geeignet. Ein Umstand spricht aber jedenfalls stark dafür, dass die Grundaussage von «Dinge geregelt kriegen – ohne einen Funken Selbstdisziplin» richtig ist: Wenn es nicht möglich wäre, dass zwei Menschen, die beide den schwarzen Gürtel im Verschieben tragen, gemeinsam unter Anwendung der hier vorgestellten Techniken ein Buch schreiben, würden Sie gerade eine unbedruckte Seite betrachten. Blättern Sie ruhig noch ein Stück weiter. Wenn das Buch nicht zu zwei Dritteln leer ist, haben wir wahrscheinlich recht.

1. AUFTAKT

Wie es wirklich war

Im Anfang schuf Gott erst mal gar nichts. «Dafür ist auch morgen noch Zeit», sprach er und strich sich zufrieden über den Bart.

Am zweiten Tag sprach Gott: «Ach, es sind ja noch fünf Tage übrig», und sank wieder in die Kissen.

Am dritten Tag wollte Gott schon anfangen, das Licht von der Finsternis zu scheiden, aber kaum hatte er sich auch nur einen Kaffee gekocht, war der Tag irgendwie schon vorbei.

Am vierten Tag dachte Gott ernsthaft darüber nach, jemand anderen die ganze mühsame Schöpfungsarbeit machen zu lassen. Aber es war ja noch niemand da.

Am fünften Tag hatte Gott andere Dinge zu erledigen, die viel dringender waren.

Am sechsten Tag überlegte Gott, ob es wohl möglich war, sich irgendwie aus der Affäre zu ziehen. Es fiel ihm aber nichts Rechtes ein. Schließlich war er allmächtig, was die meisten Ausreden ein bisschen unglaubhaft wirken lässt.

Am Sonntag um fünf vor zwölf schließlich schluderte Gott hastig irgendwas hin: Wasser, Erde, Tag, Nacht, Tiere, Zeugs. Dann betrachtete er sein Werk und sah, dass es so lala war. «Aber für nur fünf Minuten», sagte er, «gar nicht so schlecht!»

Übernächster Mittwoch ist auch noch ein Tag

Wissenswertes über Prokrastination

> «Ein anderes Wort, das gerade erst dabei ist, in die deutsche Sprache einzudringen und seinen bislang noch geringen Bekanntheitsgrad binnen weniger Jahre erheblich steigern wird, ist die Prokrastination. Der Begriff bezeichnet ein nicht zeitmangelbedingtes, aber umso qualvolleres Aufschieben dringlicher Arbeiten in Verbindung mit manischer Selbstablenkung, und zwar unter Inkaufnahme absehbarer und gewichtiger Nachteile.»
> *(Max Goldt: «Prekariat und Prokrastination»)*

Jedem Anfang wohnt ein Zaudern inne. Ein großer Teil der Menschen draußen auf der Straße und ein noch größerer Teil der Menschen, denen man nicht auf der Straße begegnet, weil sie Besseres zu tun haben, schiebt alle möglichen anstehenden Aufgaben auf. Sie tragen den Müll nicht hinunter, sie tapezieren schon seit Monaten den Flur nicht, sie öffnen die Post selten, sie bringen dieses und jenes Projekt nicht zu Ende, sie rufen nicht zurück und hätten längst die Tabellenkalkulation für das dritte Quartal fertig machen müssen. Trotzdem sind sie nicht unbedingt faul, nicht alle dumm, nicht sämtlich bösartig, obwohl das die häufigsten Unterstellungen sind, mit denen sie zu kämpfen haben. Sie prokrastinieren, ein angenehmeres Wort für Aufschieben. «Cras» (morgen) ist die Wurzel des lateinischen Wortes crastinus (dem morgigen Tag zugehörig). «Prokrastinieren» (im Englischen erstmals 1588 erwähnt) bedeutet also wörtlich übersetzt: für morgen lassen. Und bis morgen kann es noch sehr lange hin sein. Wir haben diese Menschen weitgehend ohne

Hintergedanken LOBOs getauft. Das steht für *Lifestyle Of Bad Organisation* beziehungsweise dessen Anhänger.

Prokrastination ist nicht auf spezielle Tätigkeiten oder Aufgaben begrenzt. Im Prinzip lässt sich alles Machbare aufschieben, sogar vollkommen Unumgängliches kann man bequem unterlassen. Die Konsequenzen sind breit gefächert. Oft passiert nichts. In schlimmeren Fällen steht der LOBO vor seiner Wohnungstür und kann sie nicht aufschließen, weil jemand, der seine Berechtigung aus der kalten Wut des missachteten Apparates herleitet, ein anderes Schloss eingebaut hat. Oder Kollegen und Freunde ziehen Konsequenzen und wenden sich ab. Oder Strom, Gas, Wasser, Telefon oder Internet sind plötzlich abgestellt.

Diese Folgen sind dem Prokrastinierer nicht unbekannt und in der Regel für ihn ebenso unbequem wie für die meisten anderen Menschen. Er weiß auch, dass man den Schaden vermutlich abwenden könnte, wenn man den Stapel Briefe im Flur einfach doch öffnen würde. Dennoch hält ihn eine Macht davon ab. Oft wird angenommen, es handle sich dabei um Angst. Das mag manchmal stimmen, scheint aber nicht die Regel zu sein. Der wahre Grund, etwas scheinbar Notwendiges nicht zu tun, liegt in der Natur des Menschen. Tief im Innern weiß er, dass Notwendigkeiten stets eine Einengung darstellen, die das Wohlbefinden einschränkt. Das Streben nach Glück bringt ein Streben nach weitestgehender Reduktion von Zwängen mit sich, also werden selbst vorgebliche Notwendigkeiten in Frage gestellt und praktisch überprüft. Das Ergebnis ist eine unbewusst ablaufende Abwägung: Soll man jetzt einen Moment der sicheren Unannehmlichkeit verbringen – oder später einen weniger wahrscheinlichen, dafür eventuell deutlich problematischeren Moment?

Mit der Frage, warum diese Abwägung so oft zugunsten des Aufschiebens ausgeht, befassen sich Forscher aus unterschiedlichen Fachbereichen erst seit etwa dreißig Jahren. Woran es liegt, dass dieses Thema bis dahin trotz seiner Allgegenwart nicht erforscht wurde, und warum die Wissenschaft die Prokrastination dann doch noch entdeckte, ist eine interessante Frage, die dringend von anderen Menschen als uns untersucht werden sollte. Es könnte damit zu tun haben, dass moralische Urteile allgemein nicht der Weg zu schnellen Forschungsfortschritten sind: Die Medizin- und Psychologiegeschichte ist nicht arm an Beispielen für Erkenntnisbehinderung durch die Idee, die Betroffenen müssten sich einfach nur mal ein bisschen zusammenreißen – Depressionen, Phobien, sexuelle Abweichungen, Magersucht, sogar Schizophrenie und Autismus galten noch vor nicht allzu langer Zeit als solche Fälle. Vielleicht musste Prokrastination erst als Phänomen erkannt werden, hinter dem mehr und Interessanteres steckt als nur schlechte Manieren. In den letzten dreißig Jahren sind jedenfalls um die 700 wissenschaftliche Veröffentlichungen zur Prokrastination entstanden. Insbesondere seit Ende der neunziger Jahre wurde endlich auch experimentell und mit Hilfe von Umfragen erforscht, wie sich der Aufschiebetrieb bei Studenten bemerkbar macht. Untersuchungen an halbwegs repräsentativen Bevölkerungsstichproben sind selten, weil mühsamer durchzuführen, aber auch hier liegen erste Ergebnisse vor.

Einigkeit herrscht darüber, dass zumindest in den bisher untersuchten westlichen Ländern große Arbeitsberge herumgeschoben werden: 75 bis 95 Prozent aller Studenten geben in Umfragen an, wenigstens hin und wieder zu prokrastinieren, fast 50 Prozent verschieben regelmäßig Aufgaben. Bei Studenten nehmen Prokrastinationstätigkeiten etwa ein Drittel der wachen Tageszeit ein. Nach dem Studium bessert sich die Lage, aber um die 20 bis 25 Prozent der Gesamtbevölkerung gelten immer noch als harte Prokrastinierer. Zumindest zwischen den USA, Großbritannien, Australien, Spanien, Peru und Venezuela lassen sich dabei keine Unterschiede feststellen, für andere Länder fehlen die Vergleichsdaten. Die häufig vorgebrachte These «Wenn man erst mal Kinder hat, kann man es sich gar nicht mehr leisten, irgendwas vor sich herzuschieben» wird von den vorhandenen Untersuchungen nicht gestützt; die An- oder Abwesenheit eigener Kinder spielt offenbar keine Rolle.

«Dass die Sache mit Kindern nicht besser wird, kann ich bestätigen. Kinder sind der beste Grund zum Aufschieben und sind als Rechtfertigung für Aufschieben oder Bleibenlassen auch sozial anerkannt: Was ich trotzdem hinkriege, wird meist umso freudiger begrüßt. Das nutzt sich nach und nach etwas ab und ist auch ungerecht, weil ich im Hinblick auf meine Berufstätigkeit Fremdbetreuung für die Kinder ganz gut organisiert habe. Ich kann jetzt noch 13 Jahre aufschieben, bis auch das letzte Kind aus dem Haus ist.»

(Angela Leinen)

Frauen prokrastinieren genauso viel wie Männer, Verheiratete so viel wie Unverheiratete, Akademiker auch nicht mehr als andere Menschen. In Firmen wird mehr aufgeschoben als unter Selbständigen. Ob die Prokrastination insgesamt auf dem Vormarsch ist, lässt sich nicht feststellen, denn erstens fehlt es an historischen Daten, und zweitens wäre selbst bei besserer Datenlage kaum zu entscheiden, ob wirklich immer mehr prokrastiniert wird oder ob sich die Einstellung zur Prokrastination geändert hat. Denkbar wäre zum Beispiel, dass es heute leichter fällt als früher, Aufschiebeprobleme einzugestehen.

Ein Hang zur Prokrastination kommt und geht nicht wie Schnupfen, sondern scheint ein recht stabiles Persönlichkeitsmerkmal zu sein. Testpersonen, die man zweimal denselben Prokrastinationstest ausfüllen lässt, erzielen ähnliche Ergebnisse, auch wenn zwischen den beiden Tests Jahre liegen. Aus einer im Jahr 2003 veröffentlichten Zwillingsstudie geht hervor, dass wohl eine genetische Komponente im Spiel ist, denn eineiige Zwillinge ähneln sich in ihren Aufschiebegewohnheiten deutlich stärker als zweieiige. Unter ungünstigen Bedingungen (nämlich vor allem während des Studiums) wird mehr prokrastiniert, aber im Laufe des Lebens ändert sich am Aufschiebeverhalten nicht viel. Im besten Fall entwickelt man gewisse Kompensationsfähigkeiten.

Über die Ursachen der Prokrastination haben sich die Forscher bisher nicht geeinigt. Bis auf weiteres kann sich daher jeder ein maßgeschneidertes Ursachenportfolio aus den verschiedenen Erklärungsmodellen zusammenstellen. Etwas Besseres als «Prokrastination ist Faulheit» finden wir überall! Aber erwarten Sie sich vom folgenden Überblick nicht zu viel. Die Ursachen für die eigenen Aufschiebegewohnheiten erkennen oder sie zu erkennen glauben nutzt so gut wie gar nichts.

Prokrastination ist eine schlechte Angewohnheit.

Für Behavioristen läuft bei der Prokrastination eine «operante Konditionierung» ab: Man verschleppt zwei-, dreimal eine Aufgabe, stellt fest, dass nichts Schlimmes passiert, und verwandelt sich auf der Stelle in einen unverbesserlichen Prokrastinierer. Dass dieser Mechanismus im Prinzip funktionieren könnte, liegt auf der Hand. Ob Prokrastinierer aber tatsächlich auf diese Art gemacht werden, ist nicht überprüft. Dass Prokrastination sich als stabiles Persönlichkeitsmerkmal zeigt, spricht eher gegen die Theorie.

Wer prokrastiniert, hat Angst vor dem Versagen. Oder vor dem Erfolg.

Wer prokrastiniert, so lautet die Theorie, der tut das, weil die anstehende Aufgabe Stress und Angst erzeugt. Der Psychologe und Studentenberater Henri Schouwenburg merkt allerdings an, dass Versagensangst gern als *Ausrede* für Prokrastination angeführt wird. Er vermutet, dass Studenten, die unter Versagensangst leiden, besonders häufig Hilfe bei Studentenberatern und Psychotherapeuten suchen und deshalb in der Fachliteratur überrepräsentiert sind. Auch die entgegengesetzte Hypothese, Prokrastinierer hätten «Angst vor dem Erfolg», beruht auf Einzelbeobachtungen von Therapeuten. Dagegen spricht, dass es deutlich weniger mühsam wäre, sich erst gar keine großen Aufgaben vorzunehmen, wenn man einfach nur dem Erfolg aus dem Weg gehen will. Einige Forscher argumentieren außerdem genau umgekehrt: Wer von ängstlicher Natur ist, wird anstehende Aufgaben besonders zügig erledigen, um nicht den Zorn von Behörden und Vorgesetzten auf sich zu ziehen.

Prokrastinierer sind dümmer als andere. Oder schlauer.

Studenten, die sehr viel prokrastinieren, sind manchen Theorien zufolge unbegabter als ihre Mitstudenten und drücken sich daher vor Aufgaben, mit denen sie überfordert wären. Anderen Theorien nach sind sie überdurchschnittlich begabt und haben herausgefunden, dass sie es sich leisten können, erst in letzter Sekunde mit der Arbeit zu beginnen. Belegt ist bisher keine der beiden Varianten.

Wer prokrastiniert, ist depressiv.
Oder ein Optimist.

In manchen Studien zeigt sich ein Zusammenhang zwischen Depressionen und Prokrastinationsverhalten. Diesen Studien lässt sich nicht entnehmen, ob das viele Prokrastinieren unglücklich macht oder ob die Depression dazu führt, dass man alles schleifenlässt. Der Wirtschaftspsychologe und Prokrastinationsforscher Piers Steel erklärt: «Der Depressions-Zusammenhang hat offenbar vor allem mit fehlender Energie zu tun, wodurch viele Aufgaben unangenehmer werden.» Auf der anderen Seite kann übergroßer Optimismus dazu führen, dass man seine Fähigkeit überschätzt, langes Herumtrödeln kurz vor der Deadline wieder auszugleichen.

Prokrastinierer sind Perfektionisten.

Die überraschend beliebte Perfektionismuserklärung lautet in ihrer Kurzfassung: Weil wir den Gedanken nicht ertragen können, unvollkommene Arbeit abzuliefern, tun wir lieber gar nichts. Diese Theorie ist nach neueren Erkenntnissen falsch, Perfektionisten neigen sogar etwas weniger als andere Menschen zum Aufschieben.

Prokrastinierer langweilen sich leicht.

In vielen Studien zeigt sich, dass langweilige oder unangenehme Aufgaben häufiger aufgeschoben werden. Menschen, die zum Aufschieben neigen, langweilen sich überdurchschnittlich schnell, lassen sich leicht ablenken, sind impulsiver und ungeduldiger. Die Wirtschaftswissenschaftler David Ackerman und Barbara Gross fanden heraus, dass Studenten weniger prokrastinieren, wenn eine Aufgabe interessant ist und unterschiedliche Fähigkeiten erfordert, wenn zügiges Anfangen sozial erwünscht ist und belohnt wird und wenn es klare Instruktionen gibt. Angst, anderweitiger Zeitdruck, der gefühlte Schwierigkeitsgrad und die Dauer der Aufgabe hatten in dieser Studie dagegen keinen Einfluss auf das Aufschiebeverhalten.

Prokrastinierer sind weniger ehrgeizig.
Eine der ältesten und inzwischen gut belegten Theorien. Es gibt Untersuchungen, denen zufolge aufschiebefreudige Menschen im Schnitt weniger beruflichen Erfolg haben und weniger Geld verdienen als besser organisierte. Womöglich stört sie dieser Umstand nicht so sehr, wie man zunächst annehmen könnte, weil ihre persönliche Erfolgsmesslatte niedriger liegt. Im Film «Jackie Brown» macht der Waffenhändler Ordell Robbie seiner Freundin Melanie Vorwürfe: «Scheiße, bist du schon wieder high? Um zwei Uhr nachmittags? Ich mach erst meine Arbeit und fang dann an zu kiffen. Außerdem ruiniert Kiffen und Fernsehen jeden Ehrgeiz!» Das Gegenargument der Freundin: «Nicht, wenn Kiffen und Fernsehen dein ganzer Ehrgeiz ist.»

Prokrastinierer leben in der Gegenwart.
Mit Hilfe eines Standardfragebogens, des «Time Perspective Questionnaire», lassen sich Testpersonen in vergangenheitsorientierte, gegenwartsorientierte und zukunftsorientierte Menschen einteilen. Studien zeigen, dass die Zukunftsorientierten dazu neigen, mehr zu arbeiten; sie haben mehr Erfolg in Schule und Studium und halten Abgabetermine ein. Wer für den Moment lebt, legt mehr Wert auf Zwischenmenschliches, ist impulsiver, geht mehr Risiken ein und denkt nicht viel über Zukunft oder Vergangenheit nach. Menschen aus dieser Gruppe schieben mehr auf und ziehen Tätigkeiten vor, die sich nicht erst in weiter Zukunft auszahlen. Die Studien sagen nichts darüber aus, wie es zu diesen unterschiedlichen Prioritäten im Leben kommt.

Prokrastination als Symptom einer Aufmerksamkeitsstörung.

Es gibt einen statistischen Zusammenhang zwischen Prokrastination und ADS, dem Aufmerksamkeitsdefizitsyndrom, das oft auch mit Hyperaktivität (ADHS) einhergeht und mit allen Varianten etwa ein Zehntel der westlichen Bevölkerung betrifft. Eine Erhebung unter sämtlichen Autoren dieses Buches ergibt eine ADS-Quote von mindestens 50 Prozent, wir können eine Verbindung zwischen dem ADS-Symptom «hohe Ablenkbarkeit» und Prokrastination daher aus eigener Anschauung bestätigen. Andere Symptome lesen sich ebenfalls wie ein Who's who der Prokrastinationsbegründungen: eine geringe Aufmerksamkeitsspanne und eine damit verbundene Vergesslichkeit, Konzentrationsstörungen, mangelnde (geistige) Ausdauer, häufiger Wechsel zwischen verschiedenen Aktivitäten und Hyperaktivität oder motorische Unruhe. Trotzdem ist umstritten, ob ADS überhaupt eine Krankheit oder Störung ist – oder ein soziales Konstrukt und damit eine bloße Häufung verschiedener, vollkommen normaler Eigenschaften. Jedes durchschnittliche Computerspiel und viele Bürojobs erfordern nämlich Aktivitätsfolgen, die für sich betrachtet aussehen wie eine Mischung der genannten Symptome. Sie werden dann unter dem Namen Multitaskingfähigkeit ins Positive gedreht oder werden sogar erwartet, will man nicht als Sonderling dastehen: Es dürfte mäßig erfolgreich sein, dem Chef zu erklären, dass man beim Arbeiten das Telefon nicht gehört hat, weil man so eine wunderbar niedrige Ablenkbarkeit besitzt.

Wer prokrastiniert, pflanzt sich erfolgreicher fort.

Aus der Verhaltensforschung und Evolutionspsychologie stammt eins der schönsten Erklärungsmodelle: Unter Tieren ist Nichtstun keine Untugend, sondern hilft beim Überleben.

Die Evolution sorgt dafür, dass Tiere nicht mehr tun als unbedingt nötig. Untersuchungen der Energiesparstrategien von Tieren zeigen einen eindeutigen Zusammenhang zwischen Energiesparen und Fortpflanzungsvorteilen. Beispielsweise kommt die Energie, die Meeresschildkröten einsparen, indem sie einfach nur auf dem Meeresboden herumliegen, später der Menge und Qualität ihrer Eier zugute. Der Nachweis eines größeren Fortpflanzungserfolgs von Prokrastinierern ist allerdings bisher nicht erbracht worden. Vielleicht gibt es doch einen wesentlichen, bisher übersehenen Unterschied zwischen Mensch und Meeresschildkröte.

Prokrastination als Übersprungshandlung.
Im Tierreich gibt es ein Phänomen, das der Prokrastination recht nahekommt: die Übersprungshandlung, also das Ausweichen vor einer eigentlich zwingenden Handlung oder Entscheidung. Die Übersprungshandlung galt – durchaus vergleichbar mit der Betrachtung der Prokrastination bei Menschen – als irrational und gewissermaßen als Schaltfehler im Gehirn. Das am häufigsten gebrauchte Beispiel war das der Hähne, die mitten im Kampf beginnen, nicht vorhandene Körner vom Boden zu picken. Über lange Zeit erklärten die Verhaltensbiologen solche Phänomene mit einer Ableitung von Konrad Lorenz' Instinkttheorie aus den dreißiger Jahren: Die Motivation für die Handlung Kampf sei etwa so groß wie die Motivation für die Handlung Flucht, also werde die Übersprungshandlung Körnerpicken eingeleitet. Die Lorenz-Kritikerin Hanna-Maria Zippelius stellte fest, dass scheinbar irrationale Übersprungshandlungen sehr wohl eine Funktion haben – eine soziale oder kommunikative nämlich: Mit dem Körnerpicken zeigt der Hahn sich selbst und anderen, dass ihm die Bedrohung durch seinen Kontrahenten gering erscheint. Hinzu kommt, dass es durchaus le-

benserhaltend und damit sinnvoll sein kann, sich nicht mit Haut und Federn in einen Kampf zu stürzen, sondern diese Tätigkeit erst einmal vor sich herzuschieben.

Wirtschaftswissenschaftler gehen im Unterschied zu Psychotherapeuten davon aus, dass der Mensch sich nicht selbstschädigend verhält, sondern stets bemüht ist, seinen Nutzen zu maximieren. Ihre Theorien zur Erklärung der Prokrastination sind noch relativ neu. Zentral ist dabei der Begriff der Zeitpräferenz: 100 Euro, die man heute haben kann, sind mehr wert als 100 Euro in einem Jahr, heute ausschlafen ist besser als morgen ausschlafen. In Experimenten entscheiden sich die meisten Menschen sogar dann für die 100 sofort zu kassierenden Euro, wenn sie stattdessen in einem Jahr 200 Euro haben könnten. (Schlecht getarnt verbirgt sich hier eine Antwort auf die Frage, warum Sparen und Altersvorsorge nicht ganz so beliebt wie Prassen und Verjuxen sind.) Ein – zumindest für uns schmerzlich einleuchtendes – Beispiel der Verhaltensökonomen Dan Ariely und Klaus Wertenbroch lautet: «Lange bevor man sich beispielsweise tatsächlich verpflichtet, ein Buch zu schreiben, wirken die Vorteile einer solchen Tätigkeit überzeugend groß, und die Kosten scheinen gering. Deshalb nehmen Autoren solche Aufgaben auf sich. Aber mit dem Näherrücken der Deadline verändert sich die Kosten-Nutzen-Wahrnehmung. Die Autoren erkennen immer deutlicher die Kosten (nämlich die zur Fertigstellung benötigte Zeit), während der Nutzen immer unklarer scheint.» Auf dieser Überlegung fußen die folgenden Modelle:

«Time Discounting»

Da die zur Verfügung stehende Zeit begrenzt ist, arbeiten Menschen an dem, was ihnen den größten Nutzen bringt. Leider ist nicht immer ganz klar, was das ist. Wenn mit Aufgabe A ein größerer Nutzen einhergeht und sie zu einem früheren Termin fertig sein muss als Aufgabe B, fällt die Entscheidung leicht. Nun kommt es im Alltag häufig vor, dass Aufgabe B zwar weniger sinnvoll ist, aber vor A fertig sein muss («erst Fahrrad reparieren, dann Diplomarbeit schreiben»). Weil der Nutzen, der sich aus Aufgabe A ergibt, so weit in der Ferne liegt, sieht er kleiner aus als der Nutzen von Aufgabe B. Das führt dazu, dass Aufgaben mit weit entfernter oder fehlender Deadline und Aufgaben, deren Nutzen sich erst später zeigt, zugunsten unwichtiger, aber dringender Aufgaben vernachlässigt werden.

«Discounted Expectancy»

Wir müssen uns ständig zwischen unterschiedlichen Beschäftigungen entscheiden. Unsere Beweggründe für diese Entscheidungen lassen sich in einer einfachen Formel ausdrücken: Nutzen = (Erfolgswahrscheinlichkeit mal Wert) geteilt durch (Verspätungsempfindlichkeit mal Wartezeit). Je höher der Nutzen, desto leichter fällt die Entscheidung für eine bestimmte Tätigkeit. «Erfolgswahrscheinlichkeit» beschreibt, wie wahrscheinlich die Tätigkeit zu einem bestimmten Ergebnis führt, «Wert» gibt an, wie erfreulich dieses Ergebnis ist. Die Wartezeit gibt an, wie lange man durchschnittlich warten muss, um das Ergebnis einer Tätigkeit genießen zu können. Je länger diese Wartezeit, desto weniger erstrebenswert erscheint die ganze Angelegenheit. Während der Nutzen einer Beschäftigung wie «im Bett herumliegen und DVDs gucken» kaum schwankt, wächst der Nutzen anderer Beschäftigungen wie «arbeiten und Geld verdienen» mit dem Näherrücken der Deadline. Irgendwann ist der Punkt erreicht, an dem die Geldverdien-Kurve die Herumliege-Linie schneidet, also der Nutzen der zu erledigenden Aufgabe den Nutzen aller Alternativen übersteigt. Jetzt springt man aus dem Bett und fängt an zu arbeiten. Ungeklärt bleibt hier wiederum, wie es zu den individuell unterschiedlichen Werten für die Verspätungsempfindlichkeit kommt.

Das duale System

In diesem Modell wird jeder Mensch von einem kurzsichtigen und einem langfristig planenden Wesen bewohnt. Die beiden haben viele Interessen gemeinsam, handeln aber unabhängig voneinander. Die kurzfristig planende Persönlichkeit sorgt für das Wohlergehen in Gegenwart und naher Zukunft. Die langfristig planende Persönlichkeit ist bereit, momentane Bequemlichkeiten zugunsten größerer zukünftiger Vorteile zu opfern. Was von außen betrachtet wie das unlogische Verhalten einer einzigen Person wirkt, ist in Wirklichkeit das vollkommen rationale Verhalten zweier unterschiedlicher Unterpersönlichkeiten. Aus Magnetresonanztomographie-Studien geht hervor, dass für impulsive, schnelle Entscheidungen tatsächlich andere Teile des Gehirns zuständig sind als für die langfristige Planung. Die Rollenverteilung zwischen den beiden Persönlichkeiten ist allerdings nicht rein schwarzweiß: Das impulsive Ich fordert nicht immer nur schnellen Sex und ungesundes Essen, sondern ist durchaus auch in der Lage, zum Beispiel durch spontanes Unterschreiben eines Ökostromvertrags das langfristig planende Ich zu steuern.

Die Tatsache, dass es derart viele Modelle gibt, deutet darauf hin, dass Prokrastination entweder aus vielen verschiedenen Quellen entspringt oder die Wissenschaft das Thema noch nicht so ganz im Griff hat. Vermutlich ist beides richtig. Und vielleicht stellt sich auch nach weiteren Jahren der Prokrastinationsforschung heraus, dass sich alles anders verhält. Nämlich zum Beispiel wie in dieser Theorie von Jochen Reinecke:

«Ich bin Dezember 1995 in die Eisenacher Straße zu Berlin gezogen, in eine schmucklose Neubauwohnung, die unbeschreibbare Vorhänge und Gardinen enthielt. Von 1995 bis 2000 schaffte ich es nicht, diese zu entfernen, geschweige denn durch etwas Schmückenderes zu ersetzen. Januar 2001 zog ich um. Manchmal gehe ich an der alten Wohnung vorbei, die Vorhänge und Gardinen sind immer noch da. Möglicherweise handelt es sich um Prokrastinationserzeuger.»

Da sie je nach Situation und Fragestellung zwanzig bis fünfundneunzig Prozent der Bevölkerung betrifft, ist Prokrastination wohl kein Ausnahmezustand, sondern der Normalfall. Soll man sie überhaupt als problematisch betrachten – und wenn ja, ab wann? Wo liegt die Grenze, ab der der sympathische Trödler zum Problem für sich und andere wird? Kann man kurzerhand die oberen fünf oder zehn Prozent der in der jeweiligen Studie gefundenen Prokrastinierer für krank erklären? Das wäre ziemlich willkürlich; nichts gegen Willkür, aber allzu einfach sollte man den Psychotherapeuten das Geldverdienen nicht machen. Die Studentenberaterinnen Jane Burka und Lenora Yuen stellen fest: «Prokrastination, in der man sich gemütlich eingerichtet hat, unterscheidet sich von problematischer Prokrastination darin, wie *belastend* man das eigene Aufschiebeverhalten wahrnimmt.» Allerdings taugt auch Leidensdruck als Abgrenzungskriterium nur bedingt, weil er oft genug durch dubiose Ansichten der Mitmenschen erzeugt wird: Wer als Homosexueller im Iran lebt, leidet zwar vermutlich, ist aber trotzdem kein Fall für den Psychiater.

Der Psychologe und Studentenberater Norman Milgram (nein, nicht der mit dem Milgram-Experiment) zieht die Grenze dort, wo Chancen vertan werden: «Wenn wir prokrastinieren, verschwenden wir Zeit, verpassen Gelegenheiten und leben kein authentisches Leben.» Das Verschwenden von Zeit gilt aber zum Glück bisher noch nicht als Anzeichen für Therapiebedarf, genauso wenig wie das Führen eines inauthentischen Lebens, und zumindest in Erstweltländern sind die meisten Menschen von Chancen derart umstellt, dass man zwangsläufig für jede Gelegenheit, die man ergreift, achtzehn andere verpasst. Der Prokrastinationsforscher Clarry H. Lay, ebenfalls Psychologe und Studentenberater, schlägt als Maßstab für Erfolg im Leben die «zeitnahe Umsetzung von Plänen» vor: Wenn immer wieder große zeitliche Lücken zwischen Plänen und ihrer Verwirklichung klafften, sei das kein gutes Zeichen. Auch dieses Symptom ist derart häufig, dass es sich wohl eher nicht zur Identifikation von Problemfällen eignet. In anderen Worten: Selbst extreme Formen der Prokrastination sind ziemlich normal, wenn man mit «normal» das bezeichnen will, was einige Millionen andere Menschen auch tun.

5 wirkungslose Mittel gegen das Aufschieben

1. **Schreckensszenarien.** Im Fachbuch «Procrastination and Task Avoidance» heißt es: «Aus unserer klinischen Erfahrung heraus können wir feststellen, dass das Konfrontieren des Patienten mit Schreckensbildern so gut funktioniert wie in anderen Bereichen der Verhaltensänderung auch – nämlich wenig bis gar nicht. Das gilt insbesondere dann, wenn der Prokrastinierer sowohl geringe Gewissenhaftigkeit als auch große Ängstlichkeit zeigt. Tadel, gutes Zureden, Drohungen und andere laienhafte Techniken sind offenbar genauso wirkungslos.»
2. **Angstlösende Medikamente.** Der Prokrastinationsforscher Joseph R. Ferrari und Kollegen berichten aus ihren Erfahrungen mit prokrastinierenden Studenten, dass angstlösende Medikamente die Situation «in der Regel

verschlimmern, vermutlich, indem sie die Angst zu stark reduzieren und im Patienten eine ‹Mir doch egal›-Haltung hervorrufen».

3. **Psychotherapie.** Der überschaubaren Fachliteratur lässt sich entnehmen, dass allgemeine psychotherapeutische Ansätze offenbar nicht spezifisch gegen Prokrastinationstendenzen wirken. Kurzzeittherapien scheinen zumindest bei Studenten nichts auszurichten. Die Erfolgsaussichten spezieller und/oder längerfristig angelegter Therapieformen wurden bisher nicht untersucht.
4. **Bewährte Prokrastinationstätigkeiten über Bord werfen.** Gibt man aufgrund guter Vorsätze das Bloggen, das Fernsehen oder das Twittern auf, um sich ganz der «eigentlichen Arbeit» zu widmen, wächst sofort eine neue Beschäftigung nach und füllt die Lücke. Im schlimmsten Fall handelt es sich dabei um ein Multiplayer-Onlinespiel. Das neue, funkelnde Spielzeug verschlingt alle verfügbare Zeit, und für die Arbeit bleibt nichts mehr übrig. Während man die frühere Gewohnheit halbwegs im Griff hatte und seine Arbeit halbwegs um sie herum anordnen konnte, muss das neue Prokrastinationsinstrument seinen Ort erst finden. Es dauert viele Wochen oder Monate, bis man wieder so arbeitsfähig ist wie zur Zeit des Bloggens, Fernsehens oder Twitterns.
5. **Gleich ab morgen alles ganz anders machen.** Jeder Mensch braucht zwar, wie wir aus der Gute-Vorsätze-Forschung erfahren, im Schnitt vier bis fünf Anläufe zur Verwirklichung eines Vorsatzes. Klappt es aber nach dem zehnten Mal immer noch nicht, ist das ein Anzeichen dafür, dass der ganze Lösungsansatz verfehlt ist. Vielleicht passt das Kamel wirklich nicht durch das Nadelöhr. Vielleicht genügt es, wenn das Kamel außen um die Nadel herumgeht.

Der äußere Schweinehund

Überforderung durch die Umwelt

> «Die Nachricht von seinem Tod kam für niemanden in der Nationalversammlung wirklich überraschend. Er war dort vor allem wegen der Schwierigkeiten bekannt, die er hatte, sich ein Bett zu kaufen. Schon vor Monaten hatte er den Kauf beschlossen; doch die Verwirklichung dieser Absicht erwies sich als unmöglich. Die Anekdote wurde gewöhnlich mit einem leisen ironischen Lächeln erzählt. Obwohl es da nichts zu lachen gibt: der Kauf eines Betts stellt einen heutzutage tatsächlich vor große Schwierigkeiten, die in manchen Fällen bis zum Selbstmord führen können. Zunächst muss man sich um die Auslieferung kümmern, das heißt in der Regel, einen halben Tag Urlaub nehmen, mit all den Problemen, die das mit sich bringt. Manchmal kommen die Auslieferer nicht, oder es gelingt ihnen nicht, das Bett durch das Treppenhaus zu befördern, und man kann noch einmal um einen halben Tag Urlaub bitten. Diese Schwierigkeiten wiederholen sich bei sämtlichen Möbelstücken und Haushaltsgeräten, und die Anhäufung von Ärger, die dadurch entsteht, kann bereits genügen, um ein sensibles Wesen ernsthaft zu erschüttern.»
>
> *(Michel Houellebecq: «Ausweitung der Kampfzone»)*

Wenn Sie Besitzer eines der erfolgreichsten Handys des beginnenden Jahrtausends sind, nämlich eines Motorola RAZR der ersten Generation, dann versuchen Sie bitte jetzt, die Tastentöne auszuschalten. Oder die Tastentöne anzuschalten, wenn sie schon aus sind. Alle anderen können in dieser Zeit das Buch durchlesen und vielleicht noch ein eigenes hinterher schreiben. Wir könnten an dieser Stelle eine von Fachleuten erprobte Strategie veröffentlichen, wie auch der Durchschnittsbürger mit der Motorola-Software zurechtkommt.

In einem einfachen, bebilderten Dreißig-Schritt-Verfahren könnte man erklären, wieso das so ist mit den Tastentönen und was Expertengremien und Wissenschaftler dazu herausgefunden haben. Man könnte aber auch verkünden, dass Tastentöne viel zu unwichtig und uninteressant sind, als dass man sich mehr als fünfzehn Sekunden damit beschäftigen sollte. Man könnte die Selbstzweifel, die Verzweiflung und den Ärger über die Millionen nicht an- oder ausgeschalteten Tastentöne nicht der Unfähigkeit, dem Unwillen oder der Dummheit der Menschen anlasten, sondern Motorola.

Und wo wir gerade dabei sind – steckt nicht in viel zu vielen Bereichen des täglichen Lebens ein lästig großes Stück Motorola? Ja. Die Welt ist zu kompliziert. Damit fängt es an, aber leider hört es damit nicht auf, denn zusätzlich wird einem von Beginn an nahegelegt, gefälligst damit zurechtzukommen. Andernfalls wird man zum Verpeiler, woran man auch noch selbst schuld sein soll. Es ist kompliziert, sich einen Studienplan zusammenzustellen, es ist kompliziert, einen Router zu installieren, es ist kompliziert, die Papiere für eine Wohnungsanmietung zusammenzustellen, es ist kompliziert, bei der Deutschen Bahn die gesammelten «Bonus.Punkte» einzulösen, es ist kompliziert, einen verlorenen Hausschlüssel nachmachen zu lassen, es ist kompliziert, sich eine absetzbare Quittung korrekt ausstellen zu lassen, und für den gesamten Kontakt mit Administration und Apparat muss dringend ein beschreibendes Wort erfunden werden, weil «kompliziert» nicht ausreichend die dahinterstehende Bedrohung für das seelische Wohlbefinden durch bunte Briefe wiedergibt.

Das eigentliche Drama aber ist der äußere Schweinehund. Damit ist nur zum Teil die Kompliziertheit der Welt gemeint, mit der käme man im Einzelnen vermutlich zurecht. Vielmehr ist es die unendliche Vielschichtigkeit der gleichzeiti-

forderungen, die viele Menschen in Prokrastination Versagensangst drängt. Der Mitteleuropäer muss Spe- list in mindestens allem sein, um geschmeidig und un- ersehrt durch das Dickicht der Zwänge und Möglichkeiten des Alltags zu gelangen. Prokrastination ist häufig eine Folge der Überforderung durch die Umwelt. Es ist eine natürliche Reaktion, bei einer Vielzahl verschiedener Anforderungen die meisten – zeitweise sogar alle – auszublenden und damit Arbeit liegenzulassen. Dieser Zusammenhang zwischen Überforderung und Prokrastination betrifft die gesamte Gesellschaft – manche Menschen kommen nur besser damit zurecht.

Es ist keine Schande, überfordert zu sein, sondern die Normalität des Menschen im 21. Jahrhundert. Das ist die Kernbotschaft, die jeder eigentlich schon aus der oberflächlichen Analyse der Umwelt ableiten sollte. Bleibt man in Europa und sucht nicht gerade in den Zellen eines Trappistenklosters mit Schweigepflicht, kann man davon ausgehen, dass es zwei Arten von Menschen gibt: diejenigen, die überfordert sind, und diejenigen, die nicht merken, dass sie überfordert sind. Um sich der Überforderung im Alltag inhaltlich zu nähern, unterteilen wir sie in verschiedene Bereiche: die technische, die berufliche, die informationelle und die soziale Überforderung; von der emotionalen Überforderung wollen wir aus Komplexitätsgründen einmal absehen.

Technische Überforderung

Um die Blickrichtung festzulegen: Wir halten technologischen Fortschritt für einen Segen und glauben, dass es für viele soziale Probleme eine technische Lösung gibt. Bedauerlicherweise sind viele dieser Lösungen noch nicht gefunden, und wenn, halten sie sich im Wust der technischen Gerätschaften verborgen. Das klassische Beispiel für die

Alltagsüberforderung, die blinkende Zeitanzeige 00:00 auf technischen Geräten, ist ein Symbol für die technische Überforderung, die auch statistisch untermauert ist. Über alle Geschlechts- und Altersgrenzen hinweg sind sich über 70 Prozent der Deutschen einig, dass Bedienungsanleitungen fast immer unverständlich formuliert sind («GEO», Mai 2005, repräsentative Umfrage des Instituts für Demoskopie Allensbach unter 2000 Bundesbürgern). Dabei ist zum Beispiel die Einstellung der Zeitanzeige gegen die Einrichtung eines Mailaccounts auf einem Handy oder die Konfiguration eines durchschnittlichen DSL-Modems eine Fingerübung.

Mit der digitalen Revolution ist die Beherrschung der Technik Voraussetzung für die normale Teilnahme an der Gesellschaft geworden. Schon wer U-Bahn fahren möchte, muss sich mit Geräten auseinandersetzen, an denen der junge Leibniz sein logisches Genie hätte aufreiben können. Die Berliner Verkehrsbetriebe bieten 117 verschiedene Ticketvarianten an, von der Kleingruppenkarte ABC (22,50 €) über die Geschwisterkarte AB im Abo (160,00 €) bis zur CityTourCard Museumsinsel (29,90 €). Technik, die eigentlich dem Menschen dienen sollte, erledigt inzwischen zwar anstrengende Arbeiten und reduziert im Alltag auch die Qualen der Konfrontation etwa mit handgeschriebenen Texten. Leider vereinfacht die an sich zu preisende Technologie viel zu oft einen Lebensbereich um den Preis der Komplexität in einem anderen. Die schiere Masse der zu beherrschenden Technologien wird zur Überforderung, selbst wenn ein Teil der Technik durchaus einfacher wird. Ein Telefon in den achtziger Jahren hatte im Schnitt ein Dutzend Funktionen, ein Telefon heute bietet Aberhunderte Funktionen, darunter einige, mit denen man weitere Funktionen selbst programmieren kann. Das ist an sich gut, weil so jeder Nutzer das Gerät seinen Bedürfnissen anpassen kann. Oder könnte, denn leider hält – wie im Eingangsbeispiel beschrieben – die Bedienbarkeit nicht mit der Vervielfachung der Wahlmöglichkeiten Schritt.

Gleichzeitig existiert eine Art «Dialektik des Fortschritts», denn der Effekt technologischer Aufrüstung ist nicht automatisch gleichbedeutend mit mehr Freizeit. Robert Levine schreibt in «Eine Landkarte der Zeit»: «Neuere Forschungen zeigen, dass Bauersfrauen in den zwanziger Jahren, die ohne Elektrizität auskommen mussten, deutlich weniger Zeit auf die Hausarbeit verwendeten als die Hausfrauen in den Vororten in der zweiten Hälfte des Jahrhunderts mit ihrem ganzen modernen Maschinenpark. Ein Grund dafür ist, dass fast jeder technische Fortschritt mit einer Steigerung der Erwartungen einhergeht.» Ein anderer Grund dafür ist schlecht gemachte Technologie. Sie verfehlt ihre eigentliche Aufgabe, nämlich das Leben der Menschen einfacher zu machen, und löst stattdessen ungeheure Aggressionen aus – wer war noch nie Zeuge eines technikinduzierten Wutanfalls? Für eine ganze Generation, die die anfangs eher unbeholfene Digitalisierung des Alltags mitbekommen hat, ist das Scheitern am Gerät zu einer selbstverständlichen Erfahrung geworden.

Berufliche Überforderung

Die technische Überforderung im Alltag überschneidet sich hauptsächlich via Computer mit der beruflichen Überforderung. Seit nicht einmal mehr Brötchen ohne die Hilfe von Informationstechnologie gebacken werden, ist für die meisten Berufe die Beherrschung zumindest der Office-Programme die unabdingbare Basis. Wer je versucht hat, eine Word-Vorlage herzustellen, die das tut, was sie soll, weiß, dass Beherrschung im Feld MS Office eine sehr relative Angelegenheit und ein ebenso steter wie überraschender Quell der Überforderung sein kann. Auch nach über 15 Jahren tagtäglicher

Rückmeldungen zu den Unzulänglichkeiten der Software ist die Hilfefunktion bei Word eine Bedienungsanleitung, für die man eine Bedienungsanleitung bräuchte. Obwohl man zugeben muss, dass es sogar der komplizierten Berufswelt gegenüber ungerecht ist, ausgerechnet Microsoft Word als Beispiel auszuwählen.

Dass die Komplexität der Aufgaben und Anforderungen in den meisten Berufen und nicht nur den klassischen Büro- und Akademikerjobs zunimmt, ist auch eine Folge der zunehmenden Technisierung und Spezialisierung von Wirtschaft und Industrie. Stärker aber noch als unvollkommene Technik bewirkt eine allgemein als verbindlich angesehene, gesellschaftliche Arbeitswut, dass sich viele Menschen überfordert fühlen und dem unnatürlichen Druck auf vielerlei verschiedene Arten ausweichen wollen oder müssen. (Siehe Kapitel «Der innere Zwingli».) Die Maxime der andauernden Arbeitsamkeit führt zu einem ungeheuren Anstieg von Scheintätigkeiten, wie man auch ohne wissenschaftliche Studien erfährt, wenn man in einem Großraumbüro das geschäftige, papierbeladene Hin-und-Her-Hasten – nur unterbrochen durch langwierige Meetings zur Meetingvorbereitung – beobachtet. Jedem Büroanfänger wird augenzwinkernd beigebracht, wie man möglichst nie unbeschäftigt aussieht.

Auch Selbständigen steht ihr Arbeitseifer oft im Wege, weil sie viel zu viel arbeiten. Unkontrolliert wird ein Projekt auf das andere gestapelt, zu schlechter Arbeitseinteilung kommt der finanzielle Druck, viel zu arbeiten, und so haben die klassischen Selbständigen wie Rechtsanwälte oder Architekten mit die längsten Arbeitszeiten überhaupt. 70 Wochenstunden sind nach Auskunft der jeweiligen Berufsverbände keine Seltenheit. Das große Geschenk der freien Zeiteinteilung endet für Selbständige darin, dass man sich den Tag in der Woche aussuchen kann, an dem man ausnahmsweise keine Überstunden macht.

Als Symptom der verbreiteten beruflichen Überforderung kann man auch den überwältigenden Erfolg der Gegenreaktion werten: das Buch «Bonjour Paresse» der Französin Corinne Maier, die darin beschreibt, wie man sich eine beschauliche, stressarme Nische im Angestelltendasein zimmert, indem man Betriebsamkeit bis zur Überforderungsgrenze vortäuscht. Die heimliche innere Kündigung samt Arbeitsschauspiel mag eine verständliche Reaktion sein – glücklich mit seinem Arbeitsplatz wird man mit diesem Beschäftigungssurrogat im Leerlauf eher nicht, wenn man nicht gerade einen Bestseller darüber schreibt und deshalb nie wieder so arbeiten muss.

Informationelle Überforderung

Die informationelle Überforderung des Menschen wird spätestens seit der Erfindung der Massenmedien festgestellt, und mit dem Eingang der elektronischen Medien in die Lebenswelt ist die Zahl der vom Gehirn zu verarbeitenden Daten exponentiell gestiegen. In «Everything Bad is Good For You» legt Autor Steven Johnson dar, dass heute bereits ein durchschnittliches Computerspiel ähnlich komplexe Reaktionsmuster erfordert wie die Steuerung eines Kampfjets unter ungünstigen Bedingungen. Um genau zu sein, ist die Steuerung eines Kampfjets unter ungünstigen Bedingungen eines der beliebtesten Computerspielgenres. In den letzten Jahren sind vernetzte, taktische Gruppen-Kampfspiele hinzugekommen, etwa die sogenannten Massively Multiplayer Online Role-Playing Game / First-Person Shooter (MMORPG / FPS). So kompliziert wie die Abkürzung ist auch ihre Bedienung. Schon an dem eher simpel aufgebauten, inzwischen klassisch zu nennenden Onlinespiel Quake können

Ungeübte leicht verzweifeln. Der engagierte Amateur spielt Quake mit zwei Bildschirmen, auf denen sich mindestens fünf graphische Anzeigen finden, ist gleichzeitig in ein bis drei verschiedenen Chats und unterhält sich zur taktischen Koordination mit sämtlichen Mitspielern per Headset über einen Voicechat. Die Drohkommunikation mit den Feindesgruppen über verschiedene Kanäle ist dabei noch nicht mitgerechnet, ebenso wenig wie das Spiel selbst. Dabei versuchen sich die verschiedenen Teams abzuschießen, mitunter mit Feuerraten von zehn Schuss je Sekunde. Bei vier Spielern je Team innerhalb einer Art Arena kann auf diese Weise eine beeindruckende Zahl von Reizen entstehen, deren korrekte Wahrnehmung, präzise Verarbeitung samt Analyse und richtiger Reaktion darauf überlebensentscheidend ist. Jedenfalls im Spiel. Natürlich trainiert eine solche extreme Reizüberflutung auch und erleichtert so den Umgang mit dem Alltag, der sich seinerseits bereits ungeheuer beschleunigt hat – so die These von Steven Johnson. Die Spieler setzen sich dieser informationsüberfordernden Situation selbst aus und haben daran sogar Spaß. Ein deutlicher Hinweis darauf, dass die gleichen Stress-Belastungen positive oder negative Folgen haben können, je nachdem, ob sie absichtlich und freiwillig oder unter einer Form des Zwanges geschehen.

Der informationellen Überforderung ist jedoch schwer auszuweichen, wenn man am sozialen Leben teilnehmen möchte. Handy, Internet, klassische Massenmedien wie Radio, Fernsehen, Zeitung und die entsprechenden Mischformen haben die Zahl der Informationen, denen man täglich ausgesetzt ist und auf die man zu reagieren hat, vervielfacht. Für jeden Büroarbeiter mit Computer sind fünfzig Mails im Laufe eines Arbeitstages keine ungewöhnliche Erfahrung, Instant Messenger, Chats und ihre Fortentwicklungen erhöhen die Informationsflut weiter. Zweifellos liegt darin in erster Linie ein enormer, vor allem sozialer Nutzen. Die Erfahrung zeigt aber, dass man die Handhabung neuer Kommunikationsformen erst langwierig erlernen muss. Bis dahin tänzelt das Individuum – ob absichtlich oder nicht – an der Grenze der informationellen Überforderung herum, die in guten Momenten fasziniert und in schlechten Grund genug ist, sich zurückzuziehen und erst einmal nichts zu tun.

Soziale Überforderung

Im Schnitt hat jeder Einwohner Deutschlands tagtäglich Kontakt mit beinahe einhundert Menschen; dieser Wert differiert zwischen Stadt und Land und je nach Alter, steigt aber beständig an. Die Erklärung liegt nicht allein in der Veränderung der Gesellschaft, also der zunehmenden Zersplitterung verschiedener sozialer Gruppen wie Familie oder Freundeskreisen, sondern auch in der zunehmenden Mobilität der Menschen. Die wichtigste soziale Veränderung hat natürlich das Internet mit sich gebracht: Es ist leichter geworden, Menschen kennenzulernen und Kontakt zu ihnen zu halten. Das stark erhöhte Kommunikationsaufkommen vermischt sich mit dem derzeit größten Schlagwort des Internets, der Community. Die Gesellschaft beginnt sich im Netz vollständig zu spiegeln – mit allen guten und schlechten Facetten, nur unter veränderten technischen Bedingungen. Social Networks bilden heute einen guten Teil der Kommunikation jüngerer Menschen ab.

Während aber ebendiese Social Networks viele soziale Funktionen und die Erfüllung von sozialen Bedürfnissen vereinfachen, hat sich eine Welt aufgetan, in der man leicht in die soziale Überforderung geraten kann: Pflege der Freundschaften bei einer dreistelligen Anzahl von Kontakten in zwei, drei verschiedenen Netzwerken kann eine tag- und abendfüllende Aufgabe werden. Das gilt nicht nur für Teenager, sondern ebenso für Berufstätige. Das erfolgreiche deutsche Business-Netzwerk Xing hat Mitglieder mit über 16 000 bestätigten Kontakten. Angenommen, ein solches Mitglied führte mit jedem Kontakt einen kurzen Mailwechsel von insgesamt fünf Minuten, würden mehr als 33 Arbeitswochen mit fünf Tagen je acht Stunden vergehen. Das dürfte selbst denjenigen Berufsberatern als zu viel erscheinen, deren Empfehlungsmantra aus dem Wort «Networking» besteht. Ginge man mit einer Social-Network-Freundschaft wie mit einer herkömmlichen um, man wäre im Nu Vollzeitfreund von Beruf. Geht man gar nicht damit um, bleibt einem nicht nur eine Welt verschlossen – über kurz oder lang verwandelt sich die soziale Überforderung in eine soziale Unterforderung, in kommunikative Einsamkeit.

Seit der digitalen Revolution, ihren ersten Ausbrüchen in den Alltag Ende des 20. Jahrhunderts und ihrer (vorläufigen) Blüte in diesem Jahrtausend erleben wir eine erstaunliche Beschleunigung von Arbeit, Kommunikation und auch Privatleben. Jeder Jugendliche kommuniziert allein mit Handy, Laptop und Spielkonsole in einer Frequenz, die jeden Daytrader in den neunziger Jahren neidisch gemacht hätte: Eine Untersuchung des «Medienpädagogischen Forschungsverbunds Südwest» ergab, dass Jugendliche im Durchschnitt weit über einhundert SMS im Monat verschicken – eine Kommunikationsform, die fünfzehn Jahre zuvor nicht existierte. Diese Verhaltensweisen, die sich auch in der Berufswelt vieler Erwachsener spiegeln, beschreibt Dr. Edward M. Hallowell in seinem Buch «CrazyBusy». Der auf das Aufmerksamkeitsdefizitsyndrom spezialisierte Arzt nennt das Phänomen die «ADSisierung des Alltags» und stellt fest: «Die früher seltenen Symptome von ADS scheinen inzwischen bei so ziemlich jedem aufzutreten.»

Der amerikanische Autor und Moderator Thom Hartmann hat in den 1980er Jahren ein Erklärungsmodell für ADS erdacht, das zwar nicht unbedingt als wissenschaftliche Theorie verstanden werden soll, aber zur Verdeutlichung gut funktioniert. Er geht davon aus, dass über viele Tausende Jahre unsere Vorfahren in zwei Funktionsgruppen einzuteilen waren: in Jäger und in Farmer.

Der Jäger musste seine Augen und Ohren ständig überall haben, um jeder Bewegung eines Tieres entweder zur Jagd nachzurennen oder vor ihr davonzulaufen. Gleichzeitig hätte es sich nicht gelohnt, eine Büffelherde zu lange zu verfolgen und damit wertvolle Energie zu verschwenden. So erklärt sich die kurzfristig hohe Motivation, die irgendwann erlahmt und es dem Jäger so schwermacht, längere Projekte bis zum Ende zu verfolgen. Auf den Beutetouren waren Ablenkbarkeit, unruhiger Schlaf und eine ständige Alarmbereitschaft seine besten Freunde, sie halfen ihm zu überleben.

Anders die Farmer, die sich Tag für Tag um den Ackerbau kümmern mussten. Plötzliche Begeisterung für zwei Wochen Lachskäscherei hätte ihr Feldpflegekonzept empfindlich gestört. Planungsintelligenz, Beständigkeit und langanhaltender Arbeitswille waren die Waffen, mit denen sie nicht auf dem Schlacht-, sondern auf dem Gemüsefeld Erfolge erzielten.

Während Hartmann noch davon ausging, dass wir in einer farmerorientierten Gesellschaft leben und so die Schwierigkeiten vieler ADSler erklären wollte, erkennt Hallowell, dass inzwischen ein Wandel stattfindet: eine Verschiebung von der Farmergesellschaft hin zur Jägergesellschaft. Schnelligkeit und die Bereitschaft, sich Stress auszusetzen, werden durch die beschleunigten Arbeitsstrukturen zunehmend entscheidender. Im schlimmsten, aber wahrscheinlichsten Fall wird von uns erwartet, dass wir die Fähigkeiten beider Gruppen beherrschen und die Schnelligkeit und Kreativität der Jäger ebenso abrufbar im Repertoire führen wie die Konstanz und Solidität der Farmer.

Die Anforderungen steigen also nicht nur, was Fachkenntnisse und Technologien angeht, sondern auch, was die erwartete Anpassungsfähigkeit betrifft – man hat mit immer mehr unterschiedlichen Aufgaben, Ansprüchen und Szenarien gefälligst zurechtzukommen.

Leistet man diese aktive Anpassung nicht, ist die Gefahr groß, dass man die Schuld bei sich selbst sucht. «Andere Menschen kommen schließlich mit ähnlichen Belastungen zurecht», vergleicht man sich. Dabei wird ignoriert, dass sich äußerer Anschein und inneres Empfinden erheblich unterscheiden können. Scheinbar hochkompetente Personen leiden abends heimlich unter der Bettdecke. Zu leicht und vorschnell zieht der LOBO den Schluss, die Überforderung und damit das Aufschieben ganz allein verschuldet zu haben, und resigniert, obwohl tatsächlich die Ansprüche in ihrer Summe zu hoch sind. Diese Selbstzweifel sind ebenso weit verbreitet wie weitgehend falsch. Nur an einer Stelle ist es wirklich sinnvoll, die Schuld bei sich selbst zu suchen: Jeder LOBO ist dafür verantwortlich, sich eine Umgebung zu suchen oder zu schaffen, die so gut wie möglich zu seinen Fähigkeiten passt.

> «Ein großer Teil der Überforderung durch die Welt entsteht durch eine Angewohnheit von Problemen, die sie mit Menschen gemein haben: Sie machen sich fast immer wichtiger, als sie sind. Probleme korrekt wahrzunehmen und einzuordnen ist mit zunehmender Komplexität des Alltags schwieriger geworden.

Dagegen kann helfen auszuprobieren, was passiert, wenn man auf etwas gemeinhin als absolut unfassbar wichtig Empfundenes einfach nicht reagiert. Ein schönes Trainingsfeld sind Amtsbriefe, deren Farbcodierung sicher wissenschaftlich daraufhin optimiert wurde, maximale Sofortbesorgnis beim Empfänger zu verursachen. Ein Proband aus Berlin, nennen wir ihn Sascha L., hat ein solches Experiment unfreiwillig veranstaltet. Die Ausgangslage war ebenso einfach wie unangenehm: Er empfand autofahrend eine Ampel als gerade noch ausreichend grün. Das an der Kreuzung aufgestellte Blitzgerät gelangte zu einer anderen Meinung.

Es folgte eine Kaskade von Briefen in einem Crescendo der Bedrohlichkeit, die Sascha L. wegen seiner ausgeprägten Stärke, Briefe ungeöffnet liegen lassen zu können, erst ein gutes Jahr später überhaupt zu Gesicht bekam. Der erste Amtsbrief enthielt ein Foto, das qualitativ durchaus als Daguerreotypie hätte durchgehen können. Anhand seiner markanten Gesichtsbehaarung war L. trotzdem leicht zu identifizieren. Neben dem offensichtlichen Schuldbeweis enthielt das Schreiben auch eine Aufforderung an den Halter des Fahrzeugs, doch bitte zum Vorwurf Stellung zu nehmen. Selbst wenn L. den Brief zeitnah geöffnet hätte, wäre eine Beantwortung unwahrscheinlich gewesen: Zur Stärke des Ungeöffnet-Liegenlassens gesellte sich in diesem Fall die Stärke, offene Fragen unbeantwortet zu lassen. In den folgenden Briefen, die etwa im Monatsrhythmus eintrafen, nahm der Ton der Aufforderung an Schärfe zu. Schließlich drohten die Briefe unverhohlen mit einer gerichtlichen Eskalation; die vom Amt dafür verwendeten Formeln sind zu unerfreulich, als dass sie hier reproduziert werden könnten, und müssten dafür ja auch erst mal nachgelesen werden. Das Experiment schien seinem Höhepunkt mit der Härte des Gesetzes entgegenzustreben, L. war beim Öffnen des

letzten Briefes darauf gefasst, eine in Abwesenheit gefällte Verurteilung zu Geldbuße und Haftstrafe aus dem Umschlag zu ziehen und schon Stunden später in Handschellen abgeführt zu werden. Stattdessen stand dort, dass das Verfahren mangels Beweisen eingestellt worden war. Ohne Strafe, ohne Punkte in Flensburg, ohne Konsequenzen, einfach eingestellt.
Wir lernen daraus, dass Probleme selten so wichtig sind, wie sie sich nehmen, und dass nicht zu reagieren manchmal die beste Reaktion darstellt. Jede Äußerung des Halters wäre hier als Schuldeingeständnis interpretiert worden – oder man hätte doch zumindest erkannt, dass sich hier jemand mit der Sache befasst. Probleme sind wie hässliche, dreibeinige Hunde: Sie kommen zu demjenigen, der sich um sie kümmert, und bleiben dann dort, selbst wenn man sie jeden Tag beschimpft.»

(Sascha Lobo)

Triumph des Unwillens

Von Haltung und Gewissen

> «An guten Vorsätzen war er unerschöpflich – Dies machte ihn aber auch beständig mit sich selber unzufrieden, weil der guten Vorsätze zu viele waren, als dass er sich selber jemals hätte ein Genüge tun können.»
> *(Karl Philipp Moritz: «Anton Reiser»)*

In diesem Moment lesen Sie ein Buch, obwohl Sie eigentlich zu tun hätten. Eigentlich sollten Sie Ihren Schreibtisch aufräumen, dringende Korrespondenz erledigen und endlich die To-do-Liste abarbeiten beziehungsweise erst mal schreiben. Dann aber ist Ihnen dieses Buch in die Hände gefallen, als Sie nach Druckerpapier suchten, um etwas ungeheuer Wichtiges auszudrucken. Und Sie haben die Gelegenheit ergriffen, es zu lesen – das hatten Sie sich wahrscheinlich schon mehrmals vorgenommen, aber irgendwie immer wieder aufgeschoben. Wir nehmen Ihnen das alles nicht übel; lesen Sie das Buch einfach genau jetzt, denn vermutlich hängen auch Sie dem Lifestyle of Bad Organisation an – oder vielmehr hängt der Lifestyle Ihnen an: Schlechte Organisation sucht man sich selten aktiv aus, sie läuft einem eher zu, beißt sich fest und lässt sich schließlich kaum mehr abschütteln.

Es leiden offenbar so viele unter einem mehr oder weniger organisationsfernen Lebensstil, dass es sich lohnt, tonnenweise Ratgeberliteratur in die Buchregale zu pressen. Dagegen wäre nichts einzuwenden, nur setzt die überwiegende Mehrheit am völlig falschen Ende an, nämlich an der schlechten Organisation statt am Leiden selbst. Als Hauptgrund für diesen Lebensstil werden in der Regel Disziplinlosigkeit, Angst und einige andere negative oder bemitleidenswerte Charakterzüge genannt. Die meisten empfohlenen Maßnahmen bestehen aus einer Variation der Aufforderung «Reiß dich endlich zusammen» oder versorgen den Hilfesuchenden mit 139 einfachen Tipps und 56 Listensystemen für einen unkomplizierten Alltag. Joseph Ferrari, Psychologieprofessor an der DePaul-Universität in Chicago und Experte für Prokrastination, sagt deutlich, was von solchen Aufforderungen zu halten ist: «Einem Aufschieber zu sagen, er solle einen Wochenplaner kaufen, ist so, als würde man einem chronisch Depressiven befehlen, einfach mal fröhlicher zu sein.» Das mag vom Ansatz her stimmen – geht uns aber nicht weit genug. Denn das Zitat legt nahe, dass Menschen, die Aufgaben aufschieben, unter einer Krankheit oder zumindest einer sozialen Deformation leiden. Wir möchten dieser Auffassung nicht folgen. Nicht der Aufschiebende ist lebensuntauglich, vielmehr ist sein Umfeld mit falschen Erwartungen und überkomplizierten Organisationsstrukturen verseucht. Eigentlich müsste man also einen Ratgeber für das Umfeld und den Alltag schreiben, wie sie besser mit LOBOs zurechtkommen. Aus naheliegenden Gründen handelt aber nur ein kleiner Teil des Buches davon, denn Umfeld und Alltag kommen selten zum Lesen.

Um für die Aufschiebenden die Wartezeit bis zur Besserung der Verhältnisse erträglicher zu gestalten, haben wir ein Ein-Schritt-Verfahren entwickelt. Herkömmliche Ratgeber raten, sich zu ändern, indem man Selbstdisziplin erlernt – unter Zuhilfenahme von: Selbstdisziplin. Unser Ein-Schritt-Verfahren geht einen einfacheren Weg. Wir raten, stattdessen die eigene Haltung zu Menschen und Dingen zu ändern. Dass darüber hinaus auch einige Tipps zu Kommunikation, Organisation und Arbeit im Buch enthalten sind, betrachte man als Kollateralnutzen. Bis auf die Änderung der Haltung ist kein Ratschlag so substanziell, als dass er nicht auch weggelassen werden könnte. Überhaupt wird bei den meisten Ratgebern vollkommen unterschätzt oder ausgeblendet, wie unterschiedlich die Menschen sind. Selbst Probleme, die von außen ähnlich geformt und gleich gefärbt scheinen, können von innen so grundverschieden sein wie ihre Besitzer. Deshalb geben wir zusätzlich zu der Empfehlung, seine Haltung zu ändern, eine größere Anzahl von Ratschlägen, von denen man sich je nach Gusto die am besten passenden aussuchen kann. Die unpassenden werden sowieso nicht funktionieren.

Auch ganz ohne die Gesellschaft und ihre Umstände ist es normal, Aufgaben vor sich herzuschieben, Arbeiten nicht in kürzester Zeit zu erledigen und vieles einfach zu ignorieren. Das ist keine Resignation oder Kapitulation vor der Welt, sondern im Gegenteil für sehr viele Menschen die einzige Möglichkeit, überhaupt zu kämpfen – nämlich nicht an allen Fronten gleichzeitig. Carsten Zorn identifiziert in «Das Populäre der Gesellschaft» den Kapitalismus und seine «magische Empfehlung und Forderung, sich ununterbrochen zu bemühen», als den neuzeitlichen Übeltäter, der uns zwingt, ein Drittel der Wachzeit mit durchorganisierter Arbeit zu verbringen, auch die Freizeit möglichst noch sinnvoll zu nutzen und natürlich erst recht so effektiv wie möglich zu schlafen. Diese Ansicht können wir teilen, wollen aber allzu zornige Kapitalismuskritik vermeiden und vielmehr fragen, wie man sich der Forderung, sich ununterbrochen zu bemühen, entziehen kann, ohne dass das globale Wirtschaftssystem Stunden später in sich zusammenfällt.

Die Antwort liegt im einzigen Schritt, seine Haltung zu ändern: Nicht ich bin unzulänglich, die Welt ist ungünstig eingerichtet und falsch gewartet. Noch dazu bin ich mit dieser Problematik alles andere als allein. Aus dieser Einstellung heraus ergeben sich andere Prioritäten, es empfehlen sich andere Handlungsweisen. Eventuell muss man die eigene Motivation, die persönlichen Ziele und sogar den Beruf in Frage stellen und der neuen Haltung angleichen. Bin ich im Angestelltendasein gut aufgehoben, wenn ich grundsätzlich mit jedem Chef aneinandergerate? Ist ein Ganztagsjob für mich das Richtige, wenn ich selten länger als zweieinhalb Stunden konzentriert arbeiten kann? Gehöre ich ab sieben Uhr dreißig in die Firma, wenn ich nichts lieber tue, als bis halb zwei nachmittags zu schlafen? Bei der Änderung seiner Haltung sollte man trotz allem der Welt ihre Unzulänglichkeit großmütig nachsehen und nicht vergessen, sich selbst und seine Erwartungen an sich und sein Leben zu überprüfen. Dabei sollte man sich nicht durch das Tagesgeschäft ablenken lassen, sondern versuchen, so viel Distanz wie möglich zum eigenen Alltag zu gewinnen, denn von innen betrachtet sehen die Umstände stets dringender und zwingender aus, als sie eigentlich sind. Scheinbaren Dringlichkeiten zu trotzen und im richtigen Moment auch mal nichts oder nicht das Geforderte zu tun ist wesentlich häufiger richtig, als man glaubt.

Nichtstun bei lautestem Schrillen der Alarmglocken hat sogar einmal die Welt gerettet. Stanislaw Petrow, damals verantwortlicher Offizier für die atomare Abwehr der Sowjetunion, entnahm dem Überwachungssystem am 26. September 1983, dass fünf US-amerikanische Atomraketen auf dem Weg nach Russland seien. In den Wochen zuvor hatte es eine Fülle von Nickeligkeiten zwischen den Supermächten im Kalten Krieg gegeben. Gewitzt tat Petrow nichts. Er hätte mit einem Knopfdruck einen nuklearen Gegenangriff auf die USA starten können, und genau das wäre letztlich seine einzige Aufgabe gewesen. Er riskierte damit mindestens sein Leben, falls die Bedrohung sich als real erweisen würde. Auch Nichthistoriker ahnen an dieser Stelle, dass sich die

Systemmeldung als Fehlalarm erwies; eine besondere Wolkenkonstellation hatte Sonnenlicht ungünstig reflektiert und die Satelliten des Überwachungssystems, offenbar ohne funktionierendes Flusensieb, getäuscht. Der Zwischenfall darf als gleißender Meilenstein in der Kunst gelten, scheinbar Dringliches aufzuschieben, bis etwas mehr Ruhe und Klarheit herrscht.

Das Ziel sollte sein, zur richtigen Zeit das Richtige zu tun und davon nur so viel wie unbedingt nötig – und das ist in den meisten Fällen weniger, als man annimmt. Für den Alltag übersetzt, bedeutet das, den ständigen Beschuss der allerwichtigsten Notwendigkeiten, dem wir unterliegen, sinnvoll einzuordnen und sich nicht davon verrückt machen zu lassen – auch und besonders nicht davon, dass man einen Teil der scheinbaren Notwendigkeiten ignoriert.

In diesem Mechanismus liegt ein wesentlicher Bestandteil der Haltungsänderung verborgen: die Abschaffung des schlechten Gewissens. Es ist so selbstverständlich geworden, mindestens fünf Tage die Woche zu arbeiten, Überstunden zu leisten, im Urlaub wenigstens eine Sprache zu lernen, ein paar Fachbücher zu lesen und fitter zu werden, dass man vor seinem Gewissen kaum mehr eine Mittagspause verantworten kann, die länger dauert als eine halbe Stunde. Viele Arbeitgeber verlangen darüber hinaus, dass man seinen knappen Begeisterungsvorrat in ihre mäßig interessanten Arbeitsprozesse investiert, dass man mit Haut, Haaren und Herzblut Protokolle schreibt, Akten abheftet und das menschenverachtende Intranet auf Lotus-Notes-Basis benutzt. Arbeitgeber von heute wollen die Seele des Arbeitnehmers. Erfüllt man diese hohen Erwartungen nicht, fühlt man sich schlecht, weil man sich schlecht fühlen soll. Selbst durchschnittlich disziplinierte Arbeitnehmer haben mit den Full-Service-Ansprüchen heutiger Arbeitgeber oft Probleme.

LOBOs aber benötigen in disziplinkritischen Bereichen den dreifachen Energieaufwand, um ein Drittel zu erreichen. Das kann einen kräftezehrenden Teufelskreis der Anstrengung in Gang setzen, wenn die scheinbar eigene Unzulänglichkeit mit noch mehr Arbeit wettgemacht werden soll.

Aber nicht nur bei Angestellten, auch unter Selbständigen ist das schlechte Gewissen weit verbreitet. Das Fehlen geregelter Arbeitszeiten kann dazu führen, dass man sich selbst nach zwölf Stunden im Home Office schlecht fühlt, weil man schon aufhört, wo doch so viel Arbeit übrig ist. Müsste man nicht noch mehr Energie einsetzen, um ein besseres Ergebnis abzuliefern? Wird man den Ansprüchen des Auftraggebers gerecht? Der so aufgebaute Druck ist oft höher als der tatsächliche Druck des Kunden, und am Ende stehen Verzweiflungskäufe von Zeitmanagement-Literatur. Hier hilft ein Blick in das Kapitel «Halbe Kraft voraus!», um die Forderungen gegenüber sich selbst auf ein geeignetes Maß herunterzuschrauben.

Aus dem schlechten Gewissen des Freiberuflers, wenn er sich mitten in der Woche ein, zwei freie Tage nimmt oder es nicht schafft, eigenen oder fremden Ansprüchen gerecht zu werden, kann eine anhaltende Unzufriedenheit mit der eigenen Arbeit resultieren. Als Reaktion werden die Bemühungen intensiviert. Feierabend wird zu einem Wort aus einer Gewerkschaftsbroschüre, und man würde ausbrennen, wenn man es sich irgendwie leisten könnte. Das schlechte Gewissen, weil man Arbeiten nicht rechtzeitig oder nicht gut genug oder überhaupt nicht erledigt hat, führt so ebenfalls in einen Teufelskreis.

Die Lösung liegt in der Selbstkenntnis und der Abschaffung des schlechten Gewissens, wenn man etwas nicht schafft oder nicht so schafft wie gewünscht. Man hat mit dem Leben als solchem doch schon alle Hände voll zu tun. In vielen Ländern ist es beinahe ein Vollzeitjob, Staatsbürger zu sein; in Italien nehmen sich Menschen einige Tage frei, wenn sie einen Amtsgang tätigen wollen, in Argentinien ist die Beschaffung eines neuen Ausweises ein bürokratischer Akt, der den Job des Warteprofis hervorgebracht hat: Gegen Geld stellt er sich in die verschiedenen Schlangen, unterschreibt qua Vollmacht und informiert per Handy den Auftraggeber, falls dessen persönliche Anwesenheit kurzfristig nötig ist.

Seit weit über zweitausend Jahren forschen Philosophen, Moraltheoretiker, Ethiker, Theologen und seit einiger Zeit auch Neurologen sowie eine Menge selbsternannter Zuständiger daran, wie ein Gewissen zustande kommt und wie und warum es so schnell schlecht wird. Aus der Mehrzahl der Theorien und Erklärungsversuche lässt sich destillieren, dass das Gewissen ein Handlungskorrektiv auf der Basis von Wertvorstellungen ist: Es soll uns davor bewahren, Schlechtes zu tun – wobei wir die Definition von «Schlechtem» aussparen wollen, um uns nicht in philosophische Grabenkämpfe einzumischen, bevor die eine oder andere Seite gewonnen hat. Das Gewissen bezieht sich also auf Gegenwart und Zukunft, die beiden Handlungsebenen, die man noch beeinflussen kann. Das schlechte Gewissen hingegen bezieht sich auf die Vergangenheit und hat es dementsprechend schwer, noch etwas zu ändern.

Statt sich dem schlechten Gewissen hinzugeben, das doch der Fehlervermeidung dienen sollte, kann man sich fragen: Was genau werfe ich mir eigentlich vor? Habe ich tatsächlich etwas falsch gemacht? Wenn ja – wie kann ich den gleichen Fehler beim nächsten Mal vermeiden? Oder wenigstens beim übernächsten? Das schlechte Gewissen entsteht nämlich mit Vorliebe dann, wenn man ein vermutetes eigenes Fehlverhalten im Diffusen belässt; sobald man über die Fehler nachdenkt und sich damit auseinandersetzt, verschwindet es. Oft muss darauf nicht einmal eine Aktion folgen, denn günstigerweise laufen viele Lernprozesse ohne unser Zutun im Hintergrund ab.

Aber auch für Menschen, die der Auseinandersetzung mit den eigenen Handlungen lieber ausweichen, hält unsere Natur Lösungen parat. Schon mit geringem Aufwand lässt sich schlechtes Gewissen in Reue umwandeln. Außer ein wenig Einsicht erfordert Reue nämlich keinerlei Tätigkeit, die man nicht auch im Liegen oder nebenbei beim Radfahren verrichten könnte. Dafür reinigt Reue die Seele wie eine Beichte bei sich selbst. Sogar wer weder sich analysieren noch irgendetwas bereuen möchte, hat noch Chancen auf die Abschaffung des schlechten Gewissens. Ein Forscherteam aus Toronto und Chicago hat kürzlich nachgewiesen, dass simples Waschen auch das Gewissen reinigt. Besonders die Hände zu waschen wirkt hier wie eine Säuberung von Schuld und Selbstvorwürfen. Nicht zufällig gibt es in den Religionen, die seit Jahrtausenden am spirituellen Markt von den Kunden gut nachgefragt werden, symbolische Waschzeremonien: die christliche Taufe, die jüdische Mikwe, das islamische Wudu', die Buddha-Waschung im Buddhismus und viele andere.

Besser noch, als das schlechte Gewissen loszuwerden, nachdem es entstanden ist, ist zweifellos, es gar nicht erst entstehen zu lassen. Die vorher angesprochene Haltungsänderung ist dafür von großem Vorteil, wie in den folgenden Kapiteln des Buches zu sehen sein wird. Den ersten Schritt in diese Richtung kann man gehen, indem man sich sein Lebensziel ins Bewusstsein ruft. Diejenigen, die jetzt etwas vollkommen anderes als «glücklich werden» anführen, möchten sich bitte die entsprechenden Ratgeber wie «Stinkreich in 30 Tagen», «Pflichterfüllung – weil es sich so gehört» oder «Ein besserer Mensch nach nur 50 Wiedergeburten» kaufen. Wir möchten uns in diesem Buch darauf konzentrieren, wie man selbst in diesem Leben mit so wenig zusätzlichem Aufwand wie möglich glücklicher wird. Die Abschaffung des schlechten Gewissens in Arbeitsdingen und anderen Pflichten gehört dazu. Dabei folgen wir dem Utilitaristen Jeremy Bentham ein gutes Stück des Weges. Zur Erinnerung: Utilitaristen glauben, dass man stets so handeln solle, dass das größte Glück für die meisten Beteiligten dabei herauskommt. In der Frage, woher dieses Glück kommen sollte, war Bentham nicht wählerisch: «Kegeln ist genauso gut wie Dichtung», wobei Kegeln zu Benthams Zeiten als Unterschichtvergnügen für Kinder galt. Dahinter steht die Ansicht, dass es keine prinzipiell besseren oder schlechteren Tätigkeiten gibt, sondern nur solche, die Menschen froh machen, und solche, die das eben nicht tun.

In der näheren Definition des Utilitarismus kann man sich sicher jahrelang verheddern, vor allem in der für uns relevanten Frage, ob und wie sich das Unglück des einen mit dem Glück des anderen aufwiegen lässt. Wir möchten lediglich dezent darauf hinweisen, dass die Linderung unseres Leidens am Organisiertheitsdiktat nicht zwingend das Unglück derjenigen bedeutet, die darunter weniger leiden. Die Menschen sollen um 6.30 Uhr ins Büro gehen dürfen, sie sollen weiterhin Steuerberatungssoftware für hunderte Euro kaufen können, sie sollen gern auch in Zukunft bereits bei der allerersten Aufforderung sämtliche Aufgaben auf Listen notieren, erledigen und an alle Beteiligten kommunizieren. Aber wir wollen nicht mit schlechtem Gewissen dastehen müssen, wenn wir die Dinge anders erledigen. Oder später. Oder auch nicht.

5 einfache Übungen

1. Zeitungen Seite für Seite ins Altpapier geben, um so zu erlernen, wie man eine größere Aufgabe in übersichtliche Einheiten zerlegt.

2. Auch mal ein Getränk zwei Jahre vor Ablaufdatum austrinken. Schon hat man eine Aufgabe lange vor der Deadline erledigt.

3. Einige Kabel wohlgeordnet in eine Tasche legen. Eine Stunde abwarten, die Tasche wieder öffnen. Den entstandenen Kabelsalat betrachten und dabei über die Sinnlosigkeit menschlichen Ordnungsstrebens meditieren.

4. Auf Bahngleisen sitzen oder liegen. Rechtzeitig aufstehen, bevor der Zug kommt. Diese Übung vermittelt ein Gefühl für das Tempo, in dem die Deadline herannaht, auch wenn vorher lange Zeit gar nichts passiert ist.

5. Den perfekten Mord planen, dann kurz vor der Ausführung darauf verzichten. Darüber nachdenken, dass Untätigkeit Leben retten kann.

2. ARBEIT

Der innere Zwingli

Vom Arbeitsethos

> «Persönlich habe ich überhaupt nichts gegen Arbeit, insbesondere, wenn sie still und unauffällig von jemand anderem erledigt wird. Ich glaube nur nicht daran, dass Arbeit der passende Anwendungszweck für eine ‹Ethik› ist.»
> *(Barbara Ehrenreich: «Goodbye to the Work Ethic», 1988)*

Unser Körper ist unserem Bewusstsein weit voraus; er hat das Energiesparen zur Kunstform erhoben, tut gerade eben das Notwendigste und manchmal nicht einmal das. Der menschliche Körper schafft es, mit ein paar hundert Gramm Schlachtereiabfällen und fermentierten Pflanzenresten jeden Tag einen Doppelzentner (Durchschnittswert der Autoren) Knochen, Fleisch und Ausrüstungsgegenstände durch die Welt zu bewegen. Die meisten Menschen können aus dem Stand weitgehend problemlos einige Wochen fasten und fühlen sich dabei meistens sogar besser als vorher. Andere Lebewesen haben sich deutlich anstrengendere Modelle ausgesucht: Die Spitzmaus muss jeden Tag ihr eigenes Körpergewicht in Würmern und Insekten verzehren, weil ihr Stoffwechsel ein Workaholic ist – man möchte sich nicht vorstellen, wie die Welt aussähe, wenn der menschliche Körper ähnlich eingerichtet wäre. Was in Gesellschaft und Politik erst in letzter Zeit zum Topthema geworden ist, hat sich in den Millionen Jahren der Entwicklung des menschlichen Körpers als wichtigstes Prinzip herausgestellt: Energiesparen ist mehr als eine Tugend, es ist eine Voraussetzung zum Überleben. Und immerhin ist der Mensch der Spitzmaus nach Ansicht von

Experten in einigen Bereichen überlegen. Von der unbemühten Effizienz des Körpers lernen heißt liegen lernen, heißt Energie sparen lernen, und über viele tausend Jahre war den Menschen das auch bewusst.

Bis zum späten Mittelalter arbeitete die Mehrzahl der (freien) Menschen maximal sechs Stunden am Tag. Der Autor Graham Robb vertrat in der «New York Times» vom 25. November 2007 gar die These, dass eine Art Winterschlaf in vielen Regionen Europas bis ins 19. Jahrhundert hinein üblich war, und das nicht nur in winters unwirtlichen Gegenden wie den Alpen oder Russland, sondern auch zum Beispiel unter Winzern in Burgund. Nach der letzten Weinernte verbrannte man das übrig gebliebene organische Material, reparierte ein paar Geräte und legte sich bis zum Frühjahr hin. Robb zitiert einen französischen Staatsbeamten, der 1844 die wirtschaftliche Situation dieser Weinbauern untersuchen sollte und überrascht feststellte: «Diese lebhaften Menschen werden nun ihre Tage im Bett verbringen, eng zusammenliegend, um warm zu bleiben und weniger Essen zu brauchen. (...) Die Einwohner von Beaucaire an der Rhône haben auf dem Markt im Sommer genug verdient, um den Rest des Jahres damit zu verbringen, zu rauchen, Karten zu spielen, zu jagen und zu schlafen.»

Der Psychologe Robert Levine untersuchte für sein Buch «Eine Landkarte der Zeit», wie Menschen in verschiedenen Kulturen mit Zeit umgehen. Er fand heraus, dass sich der Entwicklungsstand eines Landes daran ablesen lässt, wie viel Zeit seine Bürger mit Arbeit verbringen: Je entwickelter ein Land ist, desto weniger freie Zeit bleibt pro Tag. In Jäger-und-Sammler-Gesellschaften wird, so Levine, am wenigsten gearbeitet: «Die Kapauku auf Papua sind davon überzeugt, dass es nicht gut ist, an zwei aufeinander folgenden Tagen zu arbeiten. Die Kung-Buschmänner arbeiten zweieinhalb

Tage pro Woche, normalerweise sechs Stunden pro Tag. Auf den Sandwich-Inseln arbeiten die Männer nur vier Stunden pro Tag.» An dieser Stelle liegt der Einwand nahe, sie machten sich auf Kosten der Frauen einen schönen Lenz. Auch Frauen aber arbeiten, so Levine, in weniger entwickelten Wirtschaftssystemen durchschnittlich 15 bis 20 Stunden pro Woche, also immer noch deutlich weniger als in Europa vorgesehen. Das schlechte Gewissen, heute schon wieder nichts Vernünftiges getan zu haben, ist nicht nur vielen Kulturen in Afrika, Südamerika oder Asien weitgehend fremd, es scheint auch die Menschen in der westlichen Zivilisation erst mit dem Beginn der Industrialisierung überrollt zu haben.

In unserer heutigen Gesellschaft gibt es ebenfalls eine Reihe von Menschen, die in einigen Monaten genügend verdienen, um theoretisch den Rest des Jahres nicht arbeiten zu müssen oder sich dem Fluss des täglichen Passierens hinzugeben. Hinzu kommt, dass allein im Jahr 2006 die ungeheure Summe von 150 Milliarden Euro in Deutschland vererbt worden ist, naturgemäß zumeist an Menschen im arbeitsfähigen Alter. Aber hört man oft davon, dass sich der begüterte Teil der Erbengeneration von der Büroarbeit ab- und dem geliebten Hobby zuwendet, weil mit dem Erbe die finanzielle Absicherung erreicht ist? Nein, davon hört man wenig, denn in der kapitalistischen Gesellschaft gilt alles, was nicht zielgerichtet, produktiv und effektiv erscheint, als Makel. Daher kennen auch Nichterben, die zugegebenermaßen die Mehrheit stellen, aus anderen Gründen als nur dem finanziellen einen diffusen Arbeitsdrang.

Wir glauben, dass in der allgemein als verbindlich angesehenen gesellschaftlichen Arbeitswut eine der Ursachen dafür liegt, dass sich viele Menschen überfordert fühlen. Wir möchten das Gefühl der ständigen Arbeitsverpflichtung sezieren, was per definitionem erfordert, es vorher abzutöten.

Vor diesem Hintergrund lohnt es sich zu fragen, wo es seine Wurzeln hat und weshalb es vielen Menschen zunächst Unbehagen bereitet, sich davon frei zu machen.

Folgen wir an dieser Stelle Max Weber, um den Ursachen der aktionistischen Arbeitswut auf den Grund zu gehen. Mit seiner Schrift «Die protestantische Ethik und der Geist des Kapitalismus» bringt er uns auf den richtigen Pfad: Das protestantische Arbeitsethos der reformatorischen Bewegung im 16. Jahrhundert ist die Keimzelle des schlechten Gewissens, das wir bekommen, wenn wir uns nicht ständig Mühe geben und nicht bei jeder Aufgabe an unsere Grenzen gehen. Der Urvater dieser lästigen Arbeitsauffassung hatte einen der hässlichstvorstellbaren Namen, der zudem als *telling name* verstanden werden möchte: der Schweizer Reformator Huldrych Zwingli. Seine reformatorischen Bemühungen fußten auf einer talibanesken Gedankenwelt, die es an Freudlosigkeit mit jedem unbeleuchteten Vakuum aufnehmen kann. Zu einem Musikverbot (zumindest in der Kirche) gesellten sich die üblichen protestantischen Zumutungen, gipfelnd in der Einstellung zum Thema Arbeit. Dauernde und fortwährende, freudlose Arbeit setzte er gleich mit Gottesfurcht, harte Plackereien waren in seinen Augen Gebete.

Der ihm wenige Jahre später nachfolgende Johannes Calvin verfeinerte diese Einstellung des Grauens noch und schuf mit seinem Calvinismus die religiösen Voraussetzungen für den durchschlagenden Erfolg des Kapitalismus und der Doktrin des Mühegebens. Max Weber stellte den ursächlichen Zusammenhang zwischen protestantischer Religion und dem arbeitsamen Streben folgendermaßen dar: «Erwerb von Geld und immer mehr Geld, unter strengster Vermeidung alles unbefangenen Genießens, so gänzlich aller eudämonistischen oder gar hedonistischen Gesichtspunkte entkleidet, so rein als Selbstzweck gedacht, dass es als etwas gegenüber dem ‹Glück› oder dem ‹Nutzen› des einzelnen Individuums jedenfalls gänzlich Transzendentes und schlechthin Irrationales erscheint.»

Der Historiker Sigmund Widmer schreibt dazu: «Reichtum und Wohlhabenheit der heutigen Staaten deckt sich, von wenigen Ausnahmen abgesehen, mit der Adaption von Zwinglis Arbeitsethos.» In anderen Worten: Wenn unsere Vorfahren sich die protestantische Arbeitsethik nicht zu eigen gemacht hätten, stünden wir heute ohne Gitarrenverstärker da, womöglich gäbe es noch nicht einmal Internet. Da liegt die Forderung nahe, wir hätten es ihnen gleichzutun, anstatt uns im gemachten Bett zu räkeln. Zum einen heiligt aber der wirtschaftliche Erfolg einer Idee nicht unbedingt alle Mittel. Immerhin haben die Römer auch den Aquädukt, das Dampfbad und die Zentralheizung zustande gebracht, ohne dass wir deshalb heute den Einsatz von Sklaven für das Nonplusultra der betrieblichen Organisation halten. Zum anderen hat die immense Steigerung der Produktivität seit Zwinglis Zeiten nicht so sehr mit Fleiß als vielmehr mit Nachdenken über geeignetere Arbeitsmethoden und -mittel zu tun. Versuchen wir daher lieber, das Gute an der protestantischen Einstellung zur Arbeit behutsam vom Schlechten loszulösen: Der Wunsch nach ständiger Verbesserung und die Aufmerksamkeit für Verbesserungsmöglichkeiten ist nicht dasselbe wie der Wunsch, sich zwecks größerer Gottgefälligkeit 18 Stunden täglich abzuplagen.

Weil das protestantische Arbeitsethos sich längst zu einem Bestandteil des Kapitalismus ausgewachsen hat, muss man nicht lange suchen, um seinen Geist auch im verpflichtenden Gesetzeswerk wiederzufinden. Außerhalb des unbezahlten Urlaubs existiert keine angemessene gesellschaftliche Einordnung für eine Arbeitspause wegen Lustlosigkeit oder einer dringenden zweijährigen Weltreise, man muss stattdessen Arbeitslosigkeit, Selbständigkeit oder gar Studententum vortäuschen, wenn man nicht gravierende Nachteile in Kauf nehmen möchte. Dem protestantischen Arbeitsethos zum Dank zählt die ebenso unnatürliche wie unermüdliche Konstanz auch in der Rentenversicherung absonderlich viel, denn eine Beitragsunterbrechung kann die Rente empfindlich mindern.

Man kann sich leicht vorstellen, dass der Zwingli in uns in Verbindung mit den heute üblichen Arbeiten zwischen Büro und Fabrikhalle uns überhaupt nicht mehr zur Besinnung kommen lässt, weil er das Erwerbsleben vierzig Jahre lang in Arbeit und Erholung von der Arbeit unterteilt. Noch dazu dient der «Erholungsurlaub» arbeitsrechtlich der Erhaltung der Arbeitskraft. Das Bundesurlaubsgesetz (§ 8) schreibt dem Arbeitnehmer vor: «Während des Urlaubs darf der Arbeitnehmer keine dem Urlaubszweck widersprechende Erwerbstätigkeit leisten.» Diese gesetzlich unterstützte Fixierung auf die konstante Leistungserbringung lässt kaum Zeit zum Nachdenken und für wirklich sinnvolle Tätigkeiten.

Die große Welle an Produktivitätsblogs, -websites und -ratgebern, die in den letzten zehn Jahren – vor allem aus Amerika – über uns hereingebrochen ist, zeigt, dass gerade ein uralter, schon seit der industriellen Revolution gehegter Arbeitgebertraum wahr wird: Mussten Arbeitnehmer früher noch beständig kontrolliert, zur Arbeit angehalten und ermahnt werden, nehmen sie es heute selbst auf sich, alles einzuüben, was der vermuteten Steigerung ihrer Produktivität dient. Abseits der protestantischen Irrwege ist auch die Arbeitskultur in Japan auf einem unschönen Weg. Selbstdisziplinierte Arbeitswut gilt dort als derart erstrebenswerte Eigenschaft, dass nicht selten Angestellte gezwungen werden müssen, ihren Urlaub zu nehmen. Die direkte Folge dieses Disziplinexzesses ist Karoshi, der Tod durch Überarbeitung, der seit rund zwei Jahrzehnten in Japan als gesellschaftliches Problem wahrgenommen wird.

Mit Zwingli und Calvin ist die Schweiz das Ursprungsland des deformierten Arbeitsethos im Westen. Gewissermaßen als Wiedergutmachung wurden dort inzwischen eine Reihe von Instrumenten eingeführt, die der Natur des Menschen entgegenkommen: Teilzeitarbeit auch in hochqualifizierten Jobs, munter zwischen 25 und 100 Prozent hin- und herskalierbar, ist anders als in Deutschland gesellschaftliche Normalität. In Schweden und Norwegen existiert ein gesetzliches Recht auf ein Sabbatjahr. Und sogar im kapitalistischen Herzen des protestantischen Arbeitsethos, in den USA, formieren sich die Speerspitzen einer Gegenbewegung. «Best Buy», mit weit über 1000 Ladengeschäften und mehr als 30 Milliarden Dollar Jahresumsatz der größte Elektronik-Discounter Nordamerikas, hat in seiner Zentrale ROWE eingeführt. ROWE, erfunden von den Best-Buy-Mitarbeiterinnen Jody Thompson und Cali Ressler, steht für «Results Only Work Environment» und bedeutet im Wesentlichen, dass vollkommen egal ist, wie viel, wie, wann und wo man arbeitet, wenn die Ergebnisse stimmen. Dafür gibt es einige Regeln, vor allem Kommunikationsregeln, das Wichtigste ist aber, die innere Verpflichtung des Acht-Stunden-Arbeitstages abzulegen und sich im Gegenzug auf Ergebnisse zu konzentrieren. Und die sind dort erstaunlich: In einigen Abteilungen stieg die Produktivität um bis zu 35 Prozent; die Mitarbeiterfluktuation sank um 90 Prozent. Bei der Einführung von ROWE war laut Thompson und Ressler das erste Problem für die Mitarbeiter, den so getauften «sludge» loszuwerden: den geistigen Klärschlamm der Überzeugung, dass es falsch ist, um 14 Uhr ins Kino zu gehen, anstatt am Schreibtisch Arbeit vorzutäuschen. Auch im Hauptquartier von Google im kalifornischen Mountain View praktiziert man die Abkehr von der Bezahlung nach Anwesenheit. Die Angestellten werden an ihren Ergebnissen gemessen und nicht an ihren Überstunden. Das Verfahren setzt allerdings einen klugen Arbeitgeber voraus, der der Versuchung widersteht, seine Mitarbeiter sofort mit der doppelten Menge Arbeit einzudecken, sobald sich herausstellt, dass sie weniger als acht Stunden am Schreibtisch sitzen.

Trotz dieser Anzeichen, dass es in westlichen Gesellschaften eine Gegenentwicklung zum protestantischen Arbeitsethos gibt, peinigt die meisten von uns noch immer die Einstellung, Arbeit müsse mit der Selbstdisziplinierung beginnen, möglichst lange dauern und dürfe nicht allzu viel Freude bereiten. Zum Glück kann man das schlechte Gewissen zielgerichtet bekämpfen. Der erste und wichtigste Schritt ist, sich der anerzogenen Mechanik bewusst zu werden. Man muss das Arbeitsethos ja nicht gleich abschaffen, aber in seiner jetzigen Form kann man es beruhigt in eine Schublade legen und in ein paar Jahren mal nachsehen, ob man es vermisst hat.

Fleißlos glücklich

Lob der Disziplinlosigkeit

> Aber kein Papa war zu sehen und auch keine Mama, und Annika fragte ängstlich:
> «Wohnst du hier ganz allein?»
> «Aber nein, Herr Nilsson und das Pferd wohnen ja auch hier.»
> «Ja aber, ich meine, hast du keine Mama und keinen Papa hier?»
> «Nein, gar nicht», sagte Pippi vergnügt.
> «Aber wer sagt dir, wenn du abends ins Bett gehen sollst und all so was?»
> «Das mach ich selbst», sagte Pippi. «Erst sag ich es ganz freundlich, und wenn ich nicht gehorche, dann sag ich es noch mal streng, und wenn ich dann immer noch nicht hören will, dann gibt es Haue.»
> *(Astrid Lindgren, «Pippi Langstrumpf»)*

Zu Beginn des 21. Jahrhunderts entwickelte sich in Deutschland eine bedenkliche Renaissance der Disziplin als ausschließlich positiver Wert. Ein vieldiskutiertes Beispiel ist die Wiedereinführung der Kopfnoten, also der Schulnoten für Fleiß, Betragen und Ordnung. Jochen Bölsche sieht auf «Spiegel online» «eine allmähliche Wende im Erziehungswesen» und stellt fest: «Der Ruf nach traditionellen Tugenden wie Fleiß, Disziplin, Manieren ist bei Eltern wieder ungemein populär – eine klare Abkehr vom Laisser-faire der 68er.» Den angeblichen pädagogischen Zusammenhang von Disziplin und Selbstdisziplin beschreibt Bernhard Bueb in «Lob der Disziplin», indem er bei Kindern und Jugendlichen die intensive Disziplinierung von außen empfiehlt, bis die Selbstdisziplin beim Heranwachsenden einsetzt.

Dabei ist die Rolle der Selbstdisziplin im Alltag nicht so ausgiebig erforscht, wie man vielleicht denken könnte. Professor Dr. Reinhard Tausch von der Universität Hamburg, Fachbereich Psychologie, stellte 2004 beinahe empört fest: «Trotz der Bedeutung der Selbstdisziplin für die Verminderung von nachteiligem Gesundheitsverhalten fanden wir keine empirische Untersuchung, die die Vorgänge bei der Selbstdisziplin im Alltag klärt!» Aus diesem Grund veranlasste er selbst eine solche Untersuchung mit 225 Teilnehmern, die uns ein empirisch untermauertes Bild vermittelt. Der Glaube an das Wundermittel Selbstdisziplin scheint fest in den Köpfen der Menschen verankert zu sein, wenn es darum geht, Ziele zu erreichen – auch wenn man auf die entsprechende Arbeit keine Lust hat. Der Grund für diese Unlust wird aber zu selten hinterfragt. Stattdessen glauben 77 Prozent der von Tausch für die Studie Befragten, dass «Selbstdisziplin hilft (...), schwierige Aufgaben durchzuhalten.» Leider hilft Selbstdisziplin ebenso, bescheuerte Aufgaben durchzuhalten: Sie ist nämlich ein Mittel der Überwindung der eigenen Gefühle, der eigenen Intelligenz und damit der Freiheit der Entscheidung. Die Notwendigkeit von Selbstdisziplin ist ein klares Zeichen dafür, dass etwas falsch läuft und das Unterbewusstsein diesen Umstand nur früher begriffen hat. Der fatale, aber verbreitete Irrtum besteht darin, Selbstdisziplin mit Motivation zu verwechseln, also sich selbst zu zwingen, etwas zu wollen; eine absurde Konstruktion.

Ein häufig zwischen Küchenmedizin, Volksweisheit und Erziehungsversuchen gehörtes Argument lautet, dass man «auf seinen Körper hören» solle. Kaum jemand wird etwas dagegen haben, körperliche Signale wie Übelkeit und Unwohlsein ernst zu nehmen. Warum aber wird so gut wie nie davon gesprochen, man solle «auf seine Seele hören»? Vermutlich, weil es arg esoterisch klingt. Aber wenn die Seele sich sträubt, bestimmte Tätigkeiten zu verrichten, kann es sich um den gleichen Widerwillen handeln, der einen davon abhält, die Hand auf die heiße Herdplatte zu legen. Der Akt an sich würde nicht besser dadurch, dass man sich mit Hilfe von selbstdisziplinierenden Maßnahmen dazu zwingt.

Selbstdisziplin ist keine Tugend, sondern zunächst die Negation der eigenen Bedürfnisse. Es lohnt sich fast immer, hier die Frage zu stellen: Warum versuche ich überhaupt, Selbstdisziplin einzusetzen? Selbstdisziplin wird oft dort angewandt, wo man Schwächen hat. Wo die eigenen Stärken liegen, ist von ihr selten die Rede. Die Arbeit an den eigenen Schwachstellen macht nicht nur viel weniger Spaß als der Einsatz der vorhandenen Fähigkeiten, sie ist auch nicht besonders effizient. Mit großer Mühe wird man schwach ausgeprägte Fähigkeiten um ein paar Prozentpunkte steigern können. Konzentriert man sich dagegen auf seine Stärken, kommt man ohne Selbstdisziplin aus und erreicht mehr. Training ist in angenehmen Disziplinen effektiver als in verhassten, weil man motivierter bei der Sache ist. Gegen die Vorlieben anzutrainieren bedeutet, gegen die eigene Persönlichkeit zu arbeiten. Aber alles Training der Welt wird aus einer Zange bestenfalls einen mittelmäßigen Hammer machen.

Wer sein bisheriges Leben auf Selbstdisziplin aufgebaut hat, sollte den Entzug schrittweise vornehmen, denn es können ganze Sinngebäude in sich zusammenfallen, wenn man den Selbstzwang zu schnell entfernt. Trotzdem ist eine Kündigung des verhassten Jobs auch nach fünfundzwanzig Jahren kein Fehler, sondern ein Schritt in die richtige Richtung. Auch jüngere Menschen fühlen sich allzu oft für immer festgelegt, wenn sie etwa eine Ausbildung begonnen haben. Abbruch oder Änderung kommen für sie nicht in

Frage, weil damit für sie alle bisherigen Bemühungen vergebens erscheinen würden – eine unglücklich und gefährliche Betrachtungsweise. Denn zum einen sind nur wenige Erfahrungen völlig sinnlos, und zum anderen gilt besonders hier das Sprichwort «Lieber ein Ende mit Schrecken als ein Schrecken ohne Ende».

Ein schmerzhafter Klassiker der falsch eingesetzten Selbstdisziplin ist das Studium, das nicht den eigenen Stärken entsprechend ausgewählt wurde, sondern um Eltern oder ähnlichen Forderungsspezialisten wie den Berufsberatungen des Arbeitsamts zu genügen. Besonders geeignet scheinen Fachrichtungen mit hohem gesellschaftlichem Renommee oder scheinbar guten Karriereaussichten. Ein solches Image vergrößert das Risiko, einem gefährlichen Trugschluss zu erliegen und sich per Wahl des Studienfachs oder der Ausbildung zu disziplinieren.

Oft sollen die Teufel Lustlosigkeit und Unkenntnis der eigenen Ziele mit Hilfe des Beelzebub Selbstdisziplin ausgetrieben werden. Auch mit einer Reihe natürlicher und chemischer Hilfsmittel lassen sich täglicher Lernschmerz oder bohrende Langeweile auf interessante Art und Weise lindern. Die Frage ist aber, weshalb man sich durch die Vorlesungen, Seminare und Repetitorien quält, anstatt darüber nachzudenken, warum einem die Hausaufgabe über die Ausnahmeregelung für die Ausnahmegenehmigung für einen Handwerkerparkausweis für Servicefahrzeuge nach Paragraph 46 der Straßenverkehrsordnung (im Regierungsbezirk Düsseldorf, in der Region Köln/Bonn, im Ruhrgebiet, in Ostwestfalen-Lippe, im Münsterland und in der Region Aachen) so schwerfällt.

Wenn man sich in einem schwergängigen Arbeitsfeld plagt, statt einfach aufzuhören (siehe Kapitel «Jedem Ende wohnt ein Zauber inne»), führt der Einsatz von Selbstdisziplin für LOBOs letztendlich sogar zu mehr Prokrastination: Man läuft Gefahr, seine Zukunft mit Arbeit zu verbringen, die aufschiebefördernd wirkt, weil sie freudlos daherkommt. Wer weniger Aufgaben hat, die Selbstdisziplin erfordern, wird automatisch weniger prokrastinieren.

Arbeit, Schmarbeit

Die zwei Geschmacksrichtungen der Arbeit

«Eigentlich ist gar nichts Arbeit. Außer dann, wenn man lieber etwas anderes tun würde.»
(J. M. Barrie)

Vielleicht würde es helfen, wenn man zwei verschiedene Worte für Arbeit hätte. Eines für schöne Arbeit und eines für unschöne Arbeit – Arbeit und Schmarbeit, zum Beispiel. Das gesellschaftliche Bild der Arbeit ist vergiftet vom unschönen Anteil und dem politisch-bürokratischen Getöse drum herum. Arbeit gilt als etwas Lästiges, etwas Anstrengendes, das man vermeiden und reduzieren sollte, eine Tätigkeit, für die man eine Art Schmerzensgeld bekommt, für das man obendrein auch noch Steuern bezahlen muss; eine «milde Krankheit», wie der Philosoph Frithjof Bergmann sie nennt. Das 20. Jahrhundert hat nicht viele gute Haare am Begriff der Arbeit gelassen. Vermutlich zu Recht, wenn man ein Fabrikfließband oder den Steinkohlebergbau betrachtet, nicht zu reden von Arbeitskonstellationen in anderen Teilen der Welt. Aber wir wollen das 21. Jahrhundert im reichen Europa betrachten. Eine schöne Arbeit kann jede Arbeit sein, wenn man sie subjektiv gut findet – und wir wollen niemandem vorschreiben, welche ästhetischen Maßstäbe er an die eigene Arbeit anzulegen hat.

Die meisten Ratgeberautoren haben keine hohe Meinung von der Arbeit. Das mangels Alternativen als Standardwerk der Studentenberatung geltende Buch «Counseling the Procrastinator in Academic Settings» kommt recht harsch zu dem Schluss, dass Arbeit gefälligst nichts mit Inspiration, Begeisterung oder dem richtigen Moment zu tun haben soll. Arbeit habe als anstrengend und lästig akzeptiert zu werden, alles andere sei eine irrationale Idee einiger prokrastinierender Studenten. Schlimmer noch der Vorwurf: «Prokrastinierer leben für den Moment (...). Für sie ist Zeit etwas, das man auskosten und genießen sollte. Die Zukunft betrachten sie als eine Verlängerung ihres Studentenlebens, und häufig verhalten sie sich, als gäbe es kein Morgen.» Solche Klagen hören sich zwar wissenschaftlicher, aber kaum besser an als das autoritäre «Flausen austreiben», mit dem Generationen von jungen Menschen für jede halbwegs freudvolle Arbeit absichtlich verdorben wurden. Offenbar mit Erfolg: Im Jahr 2007 hat die jährlich stattfindende Arbeitnehmer-Umfrage des Gallup-Institutes ergeben, dass 68 Prozent der Angestellten «Dienst nach Vorschrift leisten», weil sie unzufrieden mit ihrem Job sind, weitere 20 Prozent haben bereits innerlich gekündigt, und nur 12 Prozent sind hochmotiviert.

Auf der anderen Seite hat sich eine amorphe Front derjenigen Autoren gebildet, die Arbeit und ihre Notwendigkeit anders einschätzen. Der kanadische Programmierer und Venture-Kapitalgeber Paul Graham rät dazu, eine Beschäftigung zu finden, die man liebt, und dann dabei zu bleiben. Der Prokrastinationsberater Neil Fiore diagnostiziert in «The Now Habit» das Aufschiebeverhalten nicht zuletzt als Symptom einer latenten Überarbeitung und rät dazu, sich generell weniger vorzunehmen. Piers Steel, Professor für Personalwesen und Organisationsdynamik in Calgary, erklärt, dass die sogenannte «task aversiveness» eine entscheidende Rolle bei der Prokrastination spielt, eine (echte oder vermutete) Unangenehmheit einer zu erledigenden Aufgabe. LOBOs macht diese Unangenehmheit ganz besonders zu schaffen, so wie einige Menschen unter Lärm mehr leiden als andere.

Der Prokrastinationsforscher Allan Blunt unterscheidet ebenfalls gute und schlechte beziehungsweise zielführende oder nicht zielführende Arbeit und stellt fest, dass Prokrastination ein Zeichen von «verinnerlichten, aber falschen Zielen» sein kann. Die Arbeit wird also aufgeschoben, weil man im Innern weiß, dass sie einem nicht nutzt oder sogar schadet. Wer Selbstdisziplin einsetzen muss, um eine unschöne Aufgabe, einen lästigen Job zu verrichten, isst einen Teller vergifteter Suppe auf, ohne sich durch den alarmierend üblen Geschmack davon abbringen zu lassen.

Uns kommt es darauf an, die Haltung zur Arbeit zu überdenken und als Gegenpol zur hässlichen Fratze der Schmarbeit nicht nur die Faulheit gelten zu lassen, sondern auch die schöne Arbeit. Wir schlagen als Definition vor: Schöne Arbeiten sind solche, die man sich samt Rahmenbedingungen überwiegend selbst ausgewählt hat und an denen man deshalb Freude hat. Das Leben der meisten Menschen in Westeuropa enthält einen Anteil schöner und einen Anteil unschöner Arbeit. Das Ziel sollte sein, das Verhältnis zu optimieren. Zwar wird es nicht allen gelingen, die unschöne Arbeit vollumfänglich zu verbannen – aber auf eine Verbesserung kann jeder hinwirken.

Auf der Suche nach beruflicher Erfüllung ist man am Ziel, wenn man mit einer erfreulichen Arbeit Geld verdient, sagt Paul Graham. Viele andere drehen das Modell um, indem sie eine wenig belastende, geldbringende Arbeit und daneben viele unbezahlte schöne Tätigkeiten ausüben – und sind damit glücklich. Graham beschreibt seine eigene Entwicklung in der Haltung zur Arbeit in dem Essay «How to Do What You Love» so: «Erwachsene hatten zu arbeiten, vielleicht aufgrund irgendeines Fluchs. (…) Sosehr wir uns über die Schule beschwerten, alle Erwachsenen erzählten uns, dass erwachsene Arbeit schlimmer war und wir es besser hatten.

Lehrer im Besonderen glaubten bedingungslos, dass Arbeit kein Spaß war. (…) Warum mussten wir auch Hauptstädte auswendig lernen, wenn wir stattdessen hätten Ball spielen können? Aus dem gleichen Grund, aus dem sie uns beaufsichtigen mussten, anstatt am Strand zu liegen. Man konnte einfach nicht tun, was man wollte. (…) Als ich ungefähr neun oder zehn Jahre alt war, sagte mir mein Vater, wenn ich einmal erwachsen sei, könnte ich immer tun, was ich wolle. Solange ich Spaß daran hätte. Ich erinnere mich genau daran, weil es so unüblich schien. Es war wie die Aufforderung, trockenes Wasser zu trinken.»

Dass Graham darüber hinaus einigen unterschwellig neoliberalen Tand in die Welt gesetzt hat, soll uns ebenso wenig stören wie seine Meinung, dass die meisten Menschen in ihrem Streben nach schöner Arbeit scheitern und sich glücklich schätzen sollen, wenn sie mit vierzig oder fünfzig Jahren eine solche Arbeit finden. Das mag mit Grahams etwas überzogener Definition zusammenhängen: «Die Definition von Arbeit ist, einen besonderen Beitrag zur Welt zu leisten, ohne dabei zu verhungern.»

Es geht nämlich auch ohne den Anspruch, «einen besonderen Beitrag» abzuliefern. Eine Aufgabe zu finden, mit der man glücklich wird und Geld verdient, hat seinen Zweck bereits im eigenen Glück erfüllt. Bei der Suche nach einer glücklich machenden Arbeit dient die schädliche Selbstdisziplin als Indikator: Ihre Notwendigkeit ist ein klares Zeichen dafür, dass man die schöne Arbeit noch nicht entdeckt hat, sondern noch in den Brackwassern der Schmarbeit herumdümpelt.

Zweifler mögen einwenden, Arbeit müsse eben Mühe machen, sonst könne sie nicht produktiv sein, der tägliche Kampf ums Überleben im Kapitalismus sei eben ein Kampf, und Kämpfe schmerzten. Aber wie kommt es dann, dass jeder Mensch eine Reihe von Dingen lernt und sich erarbeitet, die nützlich sein können und nicht als mühsame Arbeit empfunden werden? Kinder lernen Laufen, Sprechen und Nasebohren mühelos mit dem Antrieb von Neugier und Begeisterung, hochkomplizierte Computerspiele mit der Steuerungskomplexität einer Raumfähre werden von Erwachsenen mit Freude konsumiert, obwohl sie objektiv betrachtet mindestens so kompliziert, redundant und langwierig sind wie der Kampf auf Leben und Tod mit einer Exceltabelle. Wer ein wenig googeln kann, wird sogar Arbeitsferien auf dem Bauernhof finden, für die der Gast noch bezahlt, während er Ziegen hütet, Hühner schlachtet und Rüben erntet. Auch in Berufen, in denen viel und hart gearbeitet werden muss, gibt es Menschen, die genau diese Arbeit mit Freude erledigen. Ein gegenwärtiger Trend in der Arbeitsgesellschaft ist sogar das Downshifting: Gutbezahlte, komplizierte und belastende Jobs werden beendet zugunsten der einfachen, oft körperlichen Tätigkeit.

Arbeit macht nämlich nicht dann Spaß, wenn sie einer bestimmten Kategorie «besserer» Arbeit angehört, sondern dann, wenn man sie freiwillig und zu den eigenen Bedingungen ausübt. So erklärt sich auch die Karriere einiger Tätigkeiten wie Stricken, Schreinern, Töpfern, Angeln und Gartenarbeit. Sie waren einst ganz normale Arbeit, haben diesen Schmuddelkindstatus aber mittlerweile abgelegt. In Deutschland ist kaum mehr jemand dazu gezwungen, seine Kleidung, seine Möbel oder seine Nahrung selbst herzustellen. Das ebnet den Weg für eine Umdeutung dieser Tätigkeiten zu wohltuenden Freizeit-Fingerübungen. Am eigentlichen Vorgang des Angelns oder Unkrautjätens hat sich dadurch aber nichts geändert.

Alles spricht also dafür, unschöner Arbeit nicht nur kurzfristig durch Prokrastination aus dem Weg zu gehen, sondern sie strategisch so weit wie möglich zu verbannen. Die Entdeckung des ungarischen Glücksforschers Mihály Csikszentmihályi kann man sich nicht oft genug als Leitstern auf dem Weg zu einer schönen Arbeit vor Augen halten: Der Mensch ist erwiesenermaßen am glücklichsten, wenn er arbeitet, und zwar dann, wenn es sich um eine schaffbare, aber fordernde und vor allem selbstgewählte Aufgabe handelt. Nur dann gelangt man in den Flow-Zustand, der so heißt, weil er einen bei der Arbeit Zeit und Raum vergessen lässt; der Flow-Zustand ist so etwas wie der Heilige Gral der Motivation und damit der Arbeit. In diesem Zustand der produktiven Glückseligkeit schüttet der Körper Hormone aus, die auch beim Verliebtsein und beim Sex in die Blutbahn gepumpt werden. Kurz, eine Arbeit, die einen in diesen Zustand versetzt, ist eine, mit der man nicht nur kurz-, sondern auch langfristig glücklich wird. Selbst wenn es sich um etwas handelt, was bisher nicht alle Arbeit nennen.

«Ich habe Ende 1997 den sogenannten großen BGB gemacht, den letzten Schein, den ich brauchte, um mich zum Examen anmelden zu können. Das juristische Staatsexamen erfordert im Schnitt eine Vorbereitung von einem Jahr. Mein Plan war immer, an einem Montag anzufangen. Aber montags habe ich immer den Spiegel gelesen. Und an einem Dienstag fängt man ja keinen Marathon an. Ich mochte zwar Aspekte meines Studiums ganz gern, aber wenn man zwanzig Juristen nimmt und sie in ein Repetitorium steckt, dann weiß man, dass Sartre recht hatte, als er sagte: Die Hölle, das sind die anderen. Die Kultur, die sich um das Juristische herum entwickelt hat, ist mir immer fremd geblieben. Beige Dieseljeans, Halbschuhe mit Bommeln bei den Männern, Perlenketten bei den Frauen. All das ist vermutlich an jeder

Uni so, dass man die Juristen erkennt. Mein ganzes Studium durch musste ich mir anhören: ‹Du siehst gar nicht aus wie ein Jurist.› Die Leute hatten recht. Nun wäre diese Erkenntnis ja ein Grund gewesen, das Studium zu schmeißen und etwas anderes zu machen. Ich hatte aber Gefallen daran gefunden, nichts zu tun. An guten Tagen schaffte ich es, mein Leben so zu organisieren, dass ich mich nicht bewegen musste, an sehr guten bekam ich jemanden dazu, mich zu versorgen. Das waren dann natürlich meistens Mädchen, Prokrastinieren macht mit Mädchen zusammen wesentlich mehr Spaß als alleine. Noch besser als nur Spaß: Eine Freundin suchen, die streitlustig ist. Dann ist immer etwas los, und die Dinge schieben sich von ganz alleine auf.
Da man ja vielleicht nichts tun kann, aber nicht nichts denken, glich mein Leben mit der Zeit einem Trainingscamp für ‹Wer wird Millionär›. Ich häufte Wissen an, Wissen, das kein Mensch braucht. Nichts von dem, was ich tat, konnte für den Lebenslauf verwendet werden. Als ich dann zufällig zum Bloggen kam, zeigte sich, dass der ganze Quatsch, den ich mir angefuttert hatte, wunderbar Artikel um Artikel hervorbrachte. Artikel schiebe ich übrigens nie auf, als Autor bin ich ein Streber. Was die Vermutung nahelegt, dass Prokrastination eine Verweigerung von Dingen ist, die man wirklich nicht machen sollte.»

(Malte Welding)

Das Später-Prinzip

Wie man professionell prokrastiniert

> «Jeder Mensch kann beliebige Mengen Arbeit bewältigen, solange es nicht die Arbeit ist, die er eigentlich machen sollte.»
> *(Robert Benchley: «How to Get Things Done», 1949)*

Nur selten lässt die Evolution ein wirklich sinnloses Ding entstehen. Unnütze Körperteile wie der Blinddarm und die Mandeln sind in den letzten Jahren rehabilitiert worden (sie gelten seitdem als «irgendwie gut fürs Immunsystem»), und selbst Wespen dienen immerhin anderen Tieren als Nahrung. Das menschliche Aufschiebeverhalten ist mindestens so nützlich wie Blinddarm, Rachenmandel und Wespe zusammen, denn es funktioniert als sinnvoller Reizfilter, als Schutz vor unnötiger Arbeit, es hilft, spontan Chancen wahrzunehmen und in komplexen oder überfordernden Situationen die benötigte Distanz zu schaffen. Das Aufschieben hat eine psychische Pufferfunktion, die den steilen Berg Aufgaben, der sich vor einem auftürmt, vielleicht nicht bezwingbar, aber immerhin umgehbar erscheinen lässt. Menschen, die trotz ihrer Aufschiebegewohnheiten ab und zu Dinge geregelt bekommen, haben für sich einen Weg gefunden, die Mühsal angemessen dosiert zu sich zu nehmen. Davon kann man lernen, denn die meisten arbeitenden Menschen leiden von Zeit zu Zeit oder auch ständig an Überlastung. Vieles deutet außerdem darauf hin, dass Prokrastination ein schwierig zu kontrollierender, aber wichtiger Bestandteil kreativer Prozesse ist. Das kecke Tierchen Inspiration kommt nur selten aus dem Bau, wenn man auf den Boden stampft und darauf beharrt. Man legt besser Nüsschen hin, nimmt eine spannungslösende Position ein und wartet gezielt ab, möglichst ohne sich selbst oder die Inspiration unter Druck zu setzen. (Siehe hierzu das Kapitel «Heute jedoch nicht».)

Ein grundsätzliches Argument zur Verteidigung der Prokrastination hat Paul Graham in seinem Essay «Good and Bad Procrastination» dargelegt: «Die meisten Veröffentlichungen zum Thema Prokrastination beschäftigen sich damit, wie sie zu heilen sei. Aber das ist strenggenommen unmöglich. Die Menge der möglichen Tätigkeiten ist unendlich. Ganz egal, woran man arbeitet: Alles andere bleibt ungetan. Die Frage ist daher nicht, wie man Prokrastination vermeidet, sondern wie man richtig prokrastiniert.»

Der erste Schritt zum professionelleren Prokrastinieren ist das Lockerlassen. Die Journalistin Harriet Wolff berichtet: «Ich bin mittlerweile netter zu mir selber. Früher konnte ich mich richtig gegen mich stellen und hatte einen solchen Hass auf mich selber. Man hadert dann so mit sich: ‹Was ist das für eine beschissene Arbeitseinstellung!› Und dann geht erst recht gar nichts mehr. Das mache ich nicht mehr, den Selbstterror muss man echt unterbinden. Seitdem geht's ein bisschen besser.» Durch Selbstvorwürfe sorgt man nicht nur dafür, dass das Aufschieben noch viel weniger Spaß macht als die so vermiedene Arbeit. Es wird durch die so erzeugte schlechte Laune auch noch schwerer, jemals mit der Arbeit anzufangen. (Zu den Ursachen siehe Kapitel «Nimm 2!».)

Das Hadern ist aber schon deshalb unangebracht, weil Umgehen und Aufschieben nicht – wie Laien gern annehmen – mit Faulheit zu verwechseln ist. Unter den Beschäftigungen, denen man nachgehen kann, während man um die eigentliche Arbeit herumschleicht, belegt untätiges Herumliegen keineswegs einen der vorderen Plätze. Im Gegenteil: Je dringender man arbeiten müsste, desto stärker wird die Motivation, stattdessen etwas ganz anderes zu tun. Und «Motivation» ist hier das entscheidende Stichwort, denn dieses ganz Andere tut sich im Gegensatz zur geplanten Arbeit häufig wie von allein. Der Blogger James Bach hat dafür den Begriff «Sprungbrett-Prokrastination» geprägt. Wie man bei manchen Kampfsportarten die Energie des Gegners nutzt, um ihn auf die Matte zu werfen, so münzen geübte Aufschieber den Widerwillen gegen eine Tätigkeit in Produktivität auf anderen Gebieten um.

Der Philosophieprofessor John Perry beschreibt die Technik auf seiner Website structuredprocrastination.com: «Ich wollte diesen Essay schon seit Monaten schreiben. Warum fange ich heute endlich damit an? Weil ich endlich die Zeit gefunden habe? Nein. Ich müsste Hausarbeiten benoten, Lehrbücher bestellen, einen Antrag begutachten, Dissertationsentwürfe lesen. Ich arbeite an diesem Essay, um dem allen aus dem Weg zu gehen.» Perry rät dazu, sich Aufgaben vorzunehmen, die ungemein dringend und wichtig erscheinen, ohne es tatsächlich zu sein. Während man ihnen ausweicht, erledigt sich andere, wichtigere Arbeit wie von allein. «Zum Glück herrscht im Leben kein Mangel an solchen Aufgaben. An Universitäten fällt die überwiegende Mehrheit aller Arbeiten in diese Kategorie, und ich bin mir sicher, dass es in den meisten großen Institutionen nicht anders ist. Nehmen wir zum Beispiel den Eintrag, der gerade ganz oben auf meiner Liste steht. Ich muss einen Essay für einen Sammelband über Sprachphilosophie zu Ende schreiben. Abgabetermin war vor elf Monaten. Ich habe eine Unzahl wichtiger Dinge zustande gebracht, indem ich mich vor dieser Aufgabe gedrückt habe.» Auch der Neuroprothetikforscher und Comiczeichner Jorge Cham erklärt: «Falls ich irgendwem in Erinnerung bleiben sollte, dann verdanke ich das nicht meiner

Forschung oder meinen Veröffentlichungen, sondern den Beschäftigungen, mit denen ich meine Zeit verbracht habe, anstatt zu forschen und zu veröffentlichen.» Nebenberuflich hält Cham an amerikanischen Universitäten Vorträge über die Kraft der Prokrastination.

In manchen Fällen ist diese Ersatztätigkeit weder angenehmer noch interessanter als die Pflicht, der man aus dem Weg geht. Dass sie nicht die «eigentliche Arbeit» ist, genügt bereits, um sie in den Augen des Prokrastinierers attraktiv zu machen. Dieser Umstand birgt eine nicht unwesentliche Gefahr, denn ungeübte Aufschieber neigen dazu, sich mit schlecht gewählten Beschäftigungen vor der Arbeit zu drücken. Paul Graham erläutert im bereits zitierten Essay «Good and Bad Procrastination»: «Je nachdem, was man tut, anstatt an einer bestimmten Aufgabe zu arbeiten, gibt es drei Varianten der Prokrastination: Man kann a) nichts tun, b) etwas weniger Wichtiges tun oder c) etwas Wichtigeres tun. Die dritte Sorte, behaupte ich, ist gute Prokrastination.» Wie wichtig eine bestimmte Tätigkeit eigentlich war, lässt sich allerdings meistens erst im Rückblick feststellen. Samuel Pepys war ein fleißiger britischer Staatssekretär des 17. Jahrhunderts, der heute vergessen wäre, hätte er nicht ein privates Tagebuch geführt, in dem er von Auseinandersetzungen mit seiner Frau, aber auch von der Pest und dem großen Brand Londons berichtet. Und die Flickr-Gründer entwickelten die Foto-Sharing-Plattform, die sie später reich machen sollte, nebenbei und zum Spaß, während sie ein heute vergessenes Spiel für ihre «eigentliche Arbeit» hielten. Wir empfehlen daher als Indikator eher die Begeisterung, mit der man sich einer Aufgabe widmet. Das Sortieren von Belegen, das Aufräumen des Kellers und das Bügeln und Falten sämtlicher Socken verdanken ihre Beliebtheit als Ausweichtätigkeiten jedenfalls weder ihrer Wichtigkeit noch ihrer Vergnüglichkeit, sondern allein ihrer gewissensberuhigenden Wirkung. Sie sollten nur von blutigen Anfängern im ersten Prokrastinationssemester ausgeübt werden.

Prokrastinationsprofis dagegen gelingen oft herausragende Leistungen. Linus Torvalds brauchte acht Jahre, um sein Informatikstudium abzuschließen, weil er währenddessen das Betriebssystem Linux entwickelte. Isaac Newton vernachlässigte die Arbeit auf der Farm seiner Mutter, weil er lieber Bücher las. Robert Schumann spielte Klavier, anstatt sich seinem Jurastudium zu widmen. Und Leonardo da Vincis Arbeit als Hofmaler blieb liegen, weil Geometrie ihn mehr interessierte. Die Brüder Joel und Ethan Coen schrieben das Drehbuch zu «Barton Fink», weil sie mit der Arbeit am Drehbuch zu «Miller's Crossing» nicht vorankamen:

> Ethan: «Es ging nur ganz langsam voran. Wir haben ewig dafür gebraucht. Ich glaube, weil der Plot so verwickelt war, hatten wir es irgendwann einfach satt. Wir haben dann beschlossen, Urlaub vom Drehbuch zu machen, indem wir was anderes schreiben, und das war dann ‹Barton Fink›.»
> Joel: «Wir waren etwa halb fertig, und … es war keine richtige Schreiblähmung, aber manchmal kommt man einfach beim Plot oder an irgendeiner Stelle nicht mehr weiter, und es geht einfacher, wenn man über was anderes nachdenkt. So ist ‹Barton Fink› entstanden. Das ging dann ganz schnell, wir haben ungefähr drei Wochen für das Drehbuch gebraucht. Ich weiß auch nicht, was das heißt.»

Ironischerweise handelt «Barton Fink» von einem Drehbuchautor mit Schreibhemmung, ein klassisches Beispiel für ein konstruktiv gewendetes Problem. (In dieselbe Kategorie gehört das vorliegende Buch.) Aber natürlich müssen bei der Prokrastination keine Drehbücher, Betriebssysteme oder andere Wunderwerke entstehen. Auch ganz alltägliche Tätigkeiten, die sich in ihrer Erfreulichkeit nicht spürbar unterscheiden, lassen sich mit etwas Glück und Übung zu einem Prokrastinationszirkel zusammenschließen. Man erledigt dann jede Aufgabe, um sich einer anderen nicht widmen zu müssen, bis man am Ende versehentlich die ursprünglich vermiedene Tätigkeit hinter sich gebracht hat. Solange die gewählten Übersprungshandlungen ohne Hadern, Unglück und Sockenbügeln vonstattengehen, ist alles in Ordnung. Und eine nicht zu große Prise Schuldgefühle verleiht mit dicken Romanen, einem Stapel DVDs oder mit gar nichts verbrachten Tagen schließlich erst die richtige Würze.

«Prokrastination war immer gut zu mir. Mit dem Studium fing es an, denn kaum hörte man auf, mich wie zu Schulzeiten in enge, tägliche Hausaufgabendeadlines einzusperren, lag ich nur noch herum und las Krimis. Das brachte mir einen schönen Job in einer Krimibuchhandlung ein. Mein Freund P., den sein Studium so sehr langweilte, dass er überhaupt nicht mehr hinging, saß zu Hause herum und guckte Glücksrad, und weil man nicht den ganzen Tag Glücksrad gucken kann, programmierte er nebenher eine eigene Glücksrad-Version. Schon bald wurde er in einem Multimediaunternehmen angestellt und hängte sein Studium an den Haken, heute hat er seine eigene Softwareagentur. Ich prokrastinierte in der Krimibuchhandlung weiter, indem ich der Buchhandlung eine Website baute, was wiederum Aufträge von Verlagen nach sich zog, die ins Internet wollten. An die Uni ging ich jetzt noch seltener als früher, ich hatte auch kaum Zeit dazu, denn weil ich auch gut im Glücksradgucken gewesen war, saugte die Multimediabranche mich gleich mit auf. Während ich mich um die Krimibuchhandlung, die Verlage, die Multimedia-Handlangerdienste und mein Studium hätte kümmern sollen, verbrachte ich viel Zeit in einem SM-Chat. Daraus entstand ein Sachbuch über SM, und weil ich eigentlich das Buch hätte schreiben sollen, gelang es mir, mein Studium abzuschließen. Als das erledigt war, gründete ich mit Freunden zusammen eine Firma, die Zentrale Intelligenz Agentur. Es mussten dringend neue, firmenfremde Ausweichtätigkeiten her, deshalb nahm ich nebenher einige neue Jobs an und trieb ich mich viel im Internetforum hoefliche-paparazzi.de herum, einem Tempel der Zeitverschwendung. Dort lernte ich unter anderem Aleks Scholz und Sascha Lobo kennen, mit denen ich später Bücher schrieb, um mich so vor anderen Tätigkeiten zu drücken. Das alles führte dazu, dass ich indirekt für jahrelanges Herumhängen in Internetforen viel Geld ausgehändigt bekam. Das Einzige, was sich merkwürdigerweise nie für mich ausgezahlt hat, war eine ausgedehnte Tetrisspielperiode in meiner Zeit als studentische Hilfskraft. Aber das kann ja noch kommen.»

(Kathrin Passig)

6 Empfehlungen für professionelles Prokrastinieren

1. **Prokrastination rechtzeitig üben.** Wenn dann eine Lebensaufgabe auftaucht, die bei den meisten Menschen mittelschwere bis dramatische Arbeitsstörungen verursacht, ist man gut vorbereitet. Im Fachbuch «Procrastination and Task Avoidance» heißt es dazu: «Dissertationsprokrastination kommt anders als andere Formen der Prokrastination tatsächlich häufiger bei gewissenhaften Studenten vor. (…) Die Arbeitsstörungen, die bei

der Dissertationsprokrastination auftreten, sind für die Betroffenen gewöhnlich sehr verstörend, weil ihnen die umfangreiche Erfahrung mit unvollendeter Arbeit fehlt, über die der typische Prokrastinierer verfügt. (...) Die Unfähigkeit, eine Aufgabe zu Ende zu bringen, ist sehr beängstigend und bedeutet Kontrollverlust. Genau das macht das Verhalten für diese Prokrastinierenden so beunruhigend. Überraschend viele bis dato sehr erfolgreiche Doktoranden suchen wegen ihrer Dissertationsprokrastination therapeutische Hilfe.» Ein Beispiel aus der Praxis:

«Im Studium lief eigentlich alles super, ich habe ein sehr gutes Vordiplom gemacht, ein fast genauso gutes Diplom, ich habe zwischendurch die Statistik-Hausaufgaben fürs halbe Semester gemacht. Aber mit dem Ende der Diplomarbeit kam die Arbeitsblockade. Ich habe ein halbes Jahr gebraucht, um mit der Doktorarbeit anzufangen, und anfangen heißt in dem Zusammenhang, den Arbeitsplatz überhaupt einzurichten. Klugerweise hatte ich mir für die Doktorarbeit ein Thema ausgewählt, das von anderen Leuten als vollkommen undurchführbar bezeichnet wurde. Ein Jahr lang habe ich vielleicht einen Tag in der Woche tatsächlich was dafür getan und mich ansonsten vor der Arbeit gedrückt. In der Zeit habe ich mir Programmieren beigebracht, einen IRC-Client programmiert, mir das Webseitenmachen beigebracht, diverse Web-Projekte gestemmt und Perl gelernt und damit ein kleines Content-Management-System geschrieben. Dann war die Zeit vorbei, und meine Förderung war ausgelaufen. Und irgendwann bin ich dann einfach gegangen und habe die Tür zugemacht.» (Johannes Jander)

2. **Ausschlafen.** Unangenehm viele Produktivitätsratgeber empfehlen, früh aufzustehen oder sich im Extremfall

mit «polyphasischem Schlafen» zu befassen, einer Technik, die die Gesamtschlafzeit auf zwei Stunden reduzieren kann. Eigentlich sollte als Gegenargument genügen, dass es sehr schön ist, im Bett herumzuliegen, und noch viel schöner, lange dort liegen zu bleiben. Aber für Menschen, denen Produktivität wichtiger ist als Wohlergehen, sei auf ein Ergebnis der Schlafforschung hingewiesen: Ausgeschlafene Versuchspersonen, die man vor ein Problem stellt, kommen eher auf die schnelle, einfache Lösung, während unausgeschlafene sich in mühsame Lösungswege verbeißen. Am Schlaf sparen heißt daher am falschen Ende sparen.

3. **Sich nicht zu wenig vornehmen.** Wenn ein Prokrastinierer zehn Aufgaben vor sich hat, wird er vielleicht ein bis zwei davon erledigen (dafür aber zwölf andere). Gibt man ihm einzig und allein einen Bleistift zu spitzen, bleibt der Bleistift auf ewig ungespitzt. Für dieses Phänomen gibt es eine verhaltensökonomische Erklärung: Wer gleichzeitig an mehreren voneinander unabhängigen Projekten arbeitet und eine Aufgabe heute nicht erledigt, muss diese Aufgabe später auf Kosten der anderen Projekte erledigen. Wer prokrastiniert, tut das, weil die Kosten des Aufschiebens für ihn gering sind. Für Vielbeschäftigte bringt aber auch das Aufschieben höhere Kosten mit sich. Der Autor und Astrophysiker Aleks Scholz berichtet: «Seltsamerweise habe ich in der Zeit, in der ich am ‹Lexikon des Unwissens› geschrieben habe, nicht weniger Astronomie, sondern mehr gemacht. Arbeit ist irgendwie magnetisch. Fängt man einmal damit an, kann man nicht mehr aufhören.»
4. **Alles gleichzeitig anpacken.** Selbst zurechnungsfähige Selbsthilfebuchautoren raten dazu, sich immer nur auf eine einzige Aufgabe zu konzentrieren. Eine Begrün-

dung dafür lautet, dass die «Einrichtungskosten» einer bestimmten Tätigkeit, also die Zeit, die man mit Vorbereitung und Einstieg zubringt, konstant sind und bei jedem Wechsel der Beschäftigung neu anfallen. Aber führt diese Überlegung etwa dazu, dass man bei Tisch zuerst den ganzen Reis, dann das ganze Gemüse und dann das Fleisch isst? Springt man im Schwimmbad erst eine Stunde vom Sprungbrett und isst dann eine Stunde lang Eis? Robert Levine erklärt in «Eine Landkarte der Zeit», dass Monotasking eine spezifische Angewohnheit in «Uhrzeitkulturen» – also den meisten westlichen Ländern – ist. In «Ereigniszeitkulturen» dagegen ziehen die meisten Menschen eine polychrone Planung vor, tun also gern viele Dinge gleichzeitig: «In der polychronen Zeit widmet man sich einem Projekt, bis eine Neigung oder Anregung auftaucht, sich einem anderen zuzuwenden, das wiederum zu einer Idee für ein weiteres führen kann. Dann kehrt man vielleicht zum ersten zurück, mit eingeschobenen und unvorhersagbaren Pausen und Wiederaufnahmen der einen oder anderen Aufgabe. In der P-Zeit machen alle Aufgaben jeweils nur kleine Fortschritte.» Levine rät zum flexiblen Wechsel zwischen polychroner und monochroner Zeit.

Kompromisshalber kann man wenigstens innerhalb einer Aufgabe herumhüpfen – beim Schreiben heißt diese Technik «The Fieldstone Method» und wird von Gerald M. Weinberg im gleichnamigen Buch näher beschrieben. Wenn es an einer Stelle klemmt, geht es dafür an einer anderen voran. Weinberg, Autor zahlreicher Sachbücher, erklärt dazu: «Persönlich weiß ich so gut wie gar nichts darüber, wie man einen Text nach dem anderen schreibt (...) Betrachten wir einmal die Texte, an denen ich gerade arbeite – mein ‹work in progress›-Verzeichnis.

Zählt man das vorliegende Manuskript mit, liegen hier über dreißig Bücher in verschiedenen Stadien der Fertigstellung oder Unfertigkeit herum. Ich habe 36 unvollendete Artikel für meine monatliche Kolumne und 27 für andere Medien oder unbestimmte Zwecke. Dazu kommt ein unüberschaubares Sammelsurium von kleinen Einzelteilen ohne bestimmten Anlass. Vielleicht finde ich eines Tages Verwendung dafür. Vielleicht auch nicht.»

5. **Arbeit liegenlassen.** Noch einmal Aleks Scholz: «Ich habe so einige Leichen im Keller, halbfertige wissenschaftliche Publikationen, über die ich seit Jahren mit schlechtem Gewissen nachdenke. Bei Gesprächen mit Kollegen habe ich gemerkt, dass ausnahmslos jeder solche Arbeiten herumliegen hat. Dann bin ich zu dem Schluss gekommen, dass diese im Keller vergrabenen Leichen womöglich die eigentliche Triebfeder für alles waren, was ich seitdem erledigt und veröffentlicht habe.»
6. **Keine Produktivitätsblogs lesen.** Begründung: siehe den Erfahrungsbericht im folgenden Kasten.

«Ich leide unter schwerer Getting-Things-Done-ADHS. Die bekommt man, wenn man sich so intensiv mit der Frage befasst, wie man produktiv wird, dass man sich nicht mal auf eine einzige Aufgabe konzentrieren kann, weil man stattdessen über den Prozess nachdenkt, wie man *alles* erledigt. Das System beschäftigt mich so, dass ich mich nicht auf die eigentlich anstehende Aufgabe konzentrieren kann. Jedes Mal, wenn ich mich hinsetze, um an meinem E-Book zu arbeiten, frage ich mich, ob das jetzt der beste Einsatz meiner Zeit ist. Wenn ich mich hinsetze, um eine Strategie für meine Zeiteinteilung zu entwickeln, frage ich mich, ob ich nicht das ganze Planen

lassen und es *einfach mal machen* sollte. Ein unproduktiver Teufelskreis!
Schuld daran ist die ‹Getting Things Done›-Methodik und die unrealistischen Erwartungen, die sie weckt. Dahinter steckt eine zentrale Vorstellung: Wenn man sich erst mal ein ‹perfektes› Organisationssystem eingerichtet hat, vergisst man nichts mehr, man wird doppelt so produktiv, man schafft mehr in kürzerer Zeit, und alles ist stressfrei und eitel Sonnenschein. Okay, vielleicht übertreibe ich, aber so kommt es mir jedenfalls vor. Ich stelle mir vor, dass Leute, die *richtig* produktiv und organisiert sind, in einer Welt leben, die ich nie kennenlernen werde. Sie sind mir zehn Schritte voraus, und ich muss mich schon anstrengen, um auch nur den Kopf über Wasser zu halten. Alles, was ich mit meiner kostbaren Zeit anfange, fühlt sich plötzlich wie Zeitverschwendung an. Ich bekomme Panik, dass ich nicht hundertprozentig bei der Sache bin.
Und das Traurigste daran: Wenn ich das Gefühl bekomme, dass meine Projekte mich überschwemmen, dass ich nicht weiß, wofür ich meine Zeit verwenden soll und dass ich mich nicht darauf konzentrieren kann, auch nur *eine* Sache zu erledigen, was mache ich dann? Ich lese Produktivitäts-Blogs. Kein Witz. Ich kann stundenlang Zen Habits, Achieve-IT, LifeDev, Ian's Messy Desk und Organize IT lesen. Ich springe in totaler ADHS-Trance im Internet herum, ich konzentriere mich auf nichts, aber ich habe immer das Gefühl, dass ich die nötigen Informationen zusammentrage, die mich irgendwann in die endgültige ‹Produktivitätszone› befördern werden.»

(Chrissy Clayton: «The Executive Assistant's Toolbox», eatoolbox.com)

Schnarfen und Golken

Die Wahrheit über Zeitverschwendung

«‹Tu ich etwa nichts?›, fragte das rothaarige Mädchen. ‹Ich hüpf hier, was das Zeug hält, und jetzt kommst du und sagst, dass ich nichts tue. Hüpf selbst, dann wirst du sehen, dass man was tut, wenn man hüpft.›»
(Astrid Lindgren: «Pippi Langstrumpf»)

Vor nichts werden aufschiebeanfällige Bevölkerungsgruppen so oft und eindringlich gewarnt wie vor der Zeitverschwendung. Dabei ist echte Zeitverschwendung gar nicht leicht zu finden. In der Online-Enzyklopädie «h2g2» heißt es unter dem Stichwort «Effiziente Zeitverschwendung»: «Wenn eine bestimmte Zeitspanne als verschwendet gelten soll, darf sich keinerlei persönlicher, spiritueller, sozialer oder materieller Nutzen daraus ergeben. Daraus folgt, dass viele Tätigkeiten fälschlich als Zeitverschwendung eingestuft werden. Tatsächlich kann sich fast jede Beschäftigung auf die eine oder andere Art als nützlich erweisen. (Nein, das Nachdenken über nackte Frauen gehört leider nicht dazu.)» Dann listet die Enzyklopädie Ratschläge auf, die verhindern sollen, dass man versehentlich von künstlerischem Schaffen, Philosophie, Soziologie oder dem Internet profitiert. Wer Computerspiele spielt, lernt dabei womöglich eine Fremdsprache, schult sein logisches Denken und seine Reflexe oder trainiert seine Projektleiterfähigkeiten beim Anführen einer «World of Warcraft»-Gilde. Selbst in einem geisteswissenschaftlichen Studium kann man dazulernen, wenn man nicht sehr auf der Hut ist. Tatsächlich scheint sogar das Nachdenken über nackte Frauen gewisse Risiken der Kategorie «materieller Nutzen» zu bergen, wie sonst ließen sich die geschätzten 50 bis 100 Milliarden Euro internationaler Jahresumsatz in der Pornographiebranche erklären? Spätestens seit es möglich ist, als E-Sport-Profi seinen Lebensunterhalt mit hauptberuflichem Computerspielen zu verdienen, ist echte, nachweislich sinnlose Zeitverschwendung so rar geworden, dass man sie vermutlich demnächst unter Naturschutz stellen und von bezahlten Teilzeitkräften ausüben lassen wird, um sie vor dem Aussterben zu bewahren.

Wird eine bestimmte Tätigkeit als Zeitverschwendung kritisiert, heißt das näher betrachtet nur, dass sie gegenwärtig am eigenen Wohnort wenig soziale Anerkennung genießt. Deshalb ist solche Kritik ein gutes Indiz dafür, dass man sich dieser Beschäftigung wirklich aus Begeisterung widmet. Denn der Mensch ist ein leicht zu beeinflussendes Tierchen und tut vieles auch einfach nur, weil die Gesellschaft ihn dafür hinter den Ohren krault. Eine Beschäftigung, der man aus eigener Motivation heraus nachgeht, macht normalerweise mehr Spaß als eine, an der man teilnimmt, weil es alle anderen auch tun.

Diese Freude an einer Tätigkeit ist eigentlich schon Rechtfertigung genug. Aber weil die Welt unerfreulich viele Menschen enthält, die darauf entgegnen werden: «Spaß, Spaß! Man kann nicht immer nur an den Spaß denken!», sei an dieser Stelle darauf verwiesen, dass auch ein Nutzen für den Rest der Welt sich überdurchschnittlich oft dann ergibt, wenn jemand das tut, was ihn begeistert. Ein solcher Nutzen ist allerdings nicht immer auf Anhieb zu erkennen, insbesondere nicht für Eltern oder Lehrer. Charles Darwins Vater hatte große Bedenken gegen die Pläne seines Sohns, mit dem Forschungsschiff «Beagle» zu einer Weltreise aufzubrechen. Die Reise sei schädlich für Darwins Karriere als Geistlicher und außerdem komplette Zeitverschwendung. Zum Glück ignorierte Darwin diesen Einwand, bereiste die Welt und entdeckte die Grundprinzipien der Evolution. Übrigens dauerte es danach noch fast dreißig Jahre, bis er seine Erkenntnisse in «The Origin of Species» veröffentlichte.

Auch wenn Zeitverschwendung nicht gleich das wissenschaftliche Weltbild revolutioniert, bringt sie doch oft neue Chancen, Kontakte und Erkenntnisse mit sich. Der Kommunikationswirt Michael Brake hat damit gute Erfahrungen gemacht: «Einen nicht unwesentlichen Teil meines Geldes verdiene ich momentan mit Jobs, die über das Weblog Riesenmaschine und die Zentrale Intelligenz Agentur vermittelt werden. Kennengelernt habe ich die ganzen Leute über Sascha Lobo, den ich wiederum nur deshalb besser kenne, weil wir beide mal zusammen ein zweitägiges Punkkneipenkickerturnier gewonnen haben, das Finale war so gegen vier Uhr morgens, an einem Dienstag. Dieses Kickernlernen hat natürlich schon einige Zeit in Anspruch genommen, in der hätten karrierebewusste Menschen sicherlich versucht, eine Fremdsprache zu lernen oder ein Zweitstudium zu machen – aber kann man dabei Bier trinken?»

Professionellen Zeitverschwendern mag es gelingen, Beschäftigungen zu finden, die tatsächlich nicht den allergeringsten Nutzen mit sich bringen. Auch dagegen ist nichts einzuwenden, denn der Tag hat ziemlich viele Stunden, und es gibt kein Gesetz, das vorschreibt, sie allesamt sinnvoll zu nutzen. Wenn wir nur eine einzige Stunde arbeiten, sind wir schließlich, dem technischen Fortschritt sei Dank, immer noch produktiver als die meisten unserer Vorfahren an einem ganzen Arbeitstag.

Halten wir fest, dass es keine prinzipiell «besseren» und

«schlechteren» Beschäftigungen gibt. Jeder darf ohne schlechtes Gewissen das tun, was ihn am meisten interessiert. Übellaunige Ratschläge wie diese kann man getrost ignorieren:

> «Tauschen Sie lieber zunächst nur einen Fernsehabend pro Woche gegen einen Leseabend, als dass Sie sich das Fernsehen ganz verbieten. Und am Anfang müssen es auch nicht gleich drei Lesestunden am Stück sein. Wenn Sie täglich nur 10 Seiten lesen, schaffen Sie ein 200 Seiten dickes Buch in 20 Tagen. Und das wiederum macht etwa 18 Bücher im Jahr – falls Sie keine Lesepausen einlegen.»
>
> (Marco von Münchhausen:
> «So zähmen Sie Ihren inneren Schweinehund»)
>
> «Unterbrechen Sie den Serienzwang. ‹Daily soaps› und andere Serienprogramme können süchtig machen. Falls Sie infiziert sind, sehen Sie sich nur noch jede zweite Sendung an. Dann bekommen Sie die Handlung immer noch mit, sparen Zeit und kommen leichter davon los.»
>
> (Werner Tiki Küstenmacher: «Simplify»)

Wem ist damit gedient, wenn sich ein armer Mensch dazu zwingt, achtzehn Bücher im Jahr zu lesen, anstatt «LOST» zu sehen? Früher waren es die Romanlektüre und der Kirchweihtanz, dann das Radio und die Schundhefte, vor denen man die Bürger eindringlich warnte, heute sind es Fernsehen, Internet, das Handy und der Teufel «Ständige Erreichbarkeit». In zwanzig Jahren wird es ein neues Schreckgespenst geben, und die Kulturpessimisten der Zukunft – also eventuell wir selbst – werden die Jugend ermahnen, mehr fernzusehen und weniger zu schnarfen und zu golken. Oder was es dann eben so gibt.

Heute jedoch nicht

Der richtige Moment

> «Da gibt es kein Geheimnis. Man muss nur zur rechten Zeit die rechten Tasten mit der rechten Stärke drücken, dann gibt die Orgel ganz von selber die allerschönste Musik.»
> *(Johann Sebastian Bach)*

Das Warten auf den richtigen Moment wird oft als erbärmliche Ausrede der LOBOs verdammt. Der richtige Moment sei eine üble Schimäre. Man solle sich hüten, an seine Existenz auch nur zu glauben, und ihn erst recht nicht als Erklärung, Begründung oder Ausrede für Prokrastination verwenden. Jetzt ist der richtige Moment gekommen, um den richtigen Moment zu rehabilitieren. Es gibt ihn, und ihm wohnt genau die Kraft inne, von der man immer geträumt hat. Leider ist er ein scheues Wesen, das sich nicht beliebig und zu jeder Aufgabe anlocken lässt. Der wichtigste Ratschlag muss deshalb wie so oft lauten: Nachdenken. Lohnt es sich für diese spezielle Handlung, auf den richtigen Moment zu warten, oder nicht? Dabei ist es zunächst unerheblich, ob es sich um ein hochkreatives Werk mit Weltgeltungsabsichten oder um das Tapezieren des Flurs handelt.

Dann sollte man sich der Suche nach dem richtigen Moment für eine Aufgabe widmen; die Lösung reicht naturgemäß von sofort bis nie. Beide Extreme sollten als Möglichkeit stets in Betracht gezogen werden – gerade der Charme der Entdeckung, dass der korrekte Zeitpunkt für eine Tätigkeit eventuell «nie» ist, darf nicht unterschätzt werden. Peter Glaser, Spezialist der ersten Stunde für die digitale Gesellschaft, schreibt in einer Kolumne über das von ihm so benannte Elvis-Presley-Prinzip der Informationsverarbeitung: «It's now or never». Er bezieht sich auf die Entscheidung, sich nicht sofort mit Artikeln, Mails, Medieninhalten zu befassen, sondern sie in einen Ordner «Noch erledigen» zu sortieren, sie zu markieren oder auf einen Papierstapel zu legen, der bereits aus drei Pfund zu bearbeitendem Papier besteht. Die Welt ist voll von solchen Stapeln. Die meisten wachsen einfach vor sich hin, bis sie irgendwann versehentlich oder absichtlich weggeschmissen werden. Peter Glaser hat für sich und uns entdeckt, dass zumindest im Bereich Information und Medien kein Später existiert. Wir danken ihm, werfen ab heute alles weg, was nicht sofort verarbeitet werden kann, und versuchen, dieses Prinzip auch für andere Bereiche zu überprüfen.

Etwas komplizierter wird es, wenn der richtige Zeitpunkt für eine Tätigkeit nicht jetzt oder nie ist, sondern dazwischen liegt, zum Beispiel in sechzehn Jahren. Das bekannteste Gemälde der Kunstgeschichte, Leonardo da Vincis «Mona Lisa», wurde vermutlich im Frühjahr 1503 begonnen. Leonardo selbst rechnete zunächst mit der Fertigstellung innerhalb eines Jahres, was bereits für eine einigermaßen legere Zeiteinteilung spricht. Einer der ersten Biographen da Vincis, Giorgio Vasari, berichtete schon im 16. Jahrhundert explizit, da Vinci habe das Gemälde nach vier Jahren noch immer nicht beendet. Leonardo behielt es bis kurz vor seinem Tod im Jahr 1519 – vermutlich, weil es ihm noch unfertig erschien. Ungesichert hingegen ist die Anekdote, dass er erst ganz zuletzt das Lächeln gemalt haben soll, das dem Bild seine Unsterblichkeit verliehen hat. Falls sie nicht nur gut erfunden ist, müsste man aus heutiger Sicht sagen, dass da Vinci glücklicherweise sechzehn Jahre mit dem Malen des Lächelns gewartet hat. Was für ein Verlust für die Menschheit, wenn er sich bereits nach zwölf Jahren mit einem halbgaren Grinsen zufriedengegeben hätte!

Die Geschichte der Mona Lisa lässt den Suchenden nach dem richtigen Moment, den Wartenden mit der Vision am Horizont, den Lethargischen mit der Hoffnung auf Energie und allen anderen Aufschiebenden die Möglichkeit, sich auf dem richtigen Weg zu glauben, wenn das halb- oder drittelfertige oder schon beinahe begonnene Werk eben noch in der Ecke liegen und reifen muss, vielleicht, weil der Schöpfer auf die richtige Inspiration wartet. In der Wendung «auf Inspiration warten» ist der Warteprozess korrekterweise zentral integriert. Das gesellschaftliche Verständnis für diese Form des Wartens auf den richtigen Moment beschränkt sich allerdings fast ausschließlich auf anerkannte Künstler im Schaffensprozess. Niemand findet etwas dabei, wenn eine Band drei Jahre für ihr neues Album braucht, das aus neun Liedern à drei Minuten besteht. Kaum ein Schriftsteller wird nörgelnd befragt, weshalb er für seinen Zweitling, eine Sammlung von kurzen Erzählungen, vier Jahre gebraucht hat. Und auch bei der sechzehnjährigen Abwartezeit im Leonardo-Beispiel würde der ärgste Prokrastinationskritiker freundlich mit den Schultern zucken. Im sozialen Alltag schlägt dem LOBO jedoch schon Verachtung entgegen, wenn nicht wenige Stunden nach dem Einzug alle Umzugskartons geleert und die Habseligkeiten in Schränke und Regale einsortiert sind.

Zweifellos existiert in den meisten Kulturen ein Hunger danach, den richtigen Zeitpunkt für eine Handlung zu kennen. Die chinesische Philosophie des I Ging schlägt dem Menschen vor, geduldig zu warten, bis die Zeit gekommen ist; unterdessen könne man einigermaßen sinnvolle Dinge tun.

Im alten Rom wie in vielen Indianerkulturen Nord- und Mittelamerikas gab es Auguren und Schamanen, zu deren Aufgaben unter anderem die Bestimmung des richtigen Zeitpunkts gehörte. Auch heute versuchen sich Menschen in der westlichen Zivilisation, auf mehr oder weniger spirituelle Weise dem richtigen Zeitpunkt zu nähern: Der Biorhythmus ist eine pseudowissenschaftliche Methodik, die intellektuelle Verfassung, emotionalen Zustand und körperliches Wohlbefinden beschreiben und vorhersagen möchte. Es mangelt nicht an Büchern, die Mondphasen für alles menschliche Schaffen verantwortlich machen, und das angesichts des Esoterikbooms beinahe klassisch zu nennende Horoskop besteht ebenfalls zum großen Teil aus Empfehlungen, was man wann tun und lassen soll.

Tauchen wir aus dem Morast der Vermutungen auf und wenden uns anerkannten wissenschaftlichen Erkenntnissen zu: Die Fachrichtung Chronobiologie läuft uns geradewegs ins Zielfernrohr. Es geht dort darum, den Einfluss von Zeitrhythmen wie Tagen, Monaten oder Jahren auf biologische Systeme zu erforschen. Was den Menschen betrifft, so hat die Chronobiologie uns ein paar Erkenntnisse beschert, die man eventuell schon vorher geahnt hat, aber es ist ja immer ganz schön, sein Bauchgefühl von akkuraten Kittelträgern mit Schutzbrillen universitär bestätigt zu bekommen. So unterteilen Chronobiologen Menschen in Lerchen und Eulen. Auch der mäßig geübte Vogelkundler weiß, dass Lerchen morgens singen und tirilieren, wohingegen mit Eulen vor dem Abend wenig anzufangen ist. Leider kommt der gesellschaftliche Tagesrhythmus arg lerchig daher. Eulen tun vollkommen recht daran, eine Arbeit, die ihnen von einer gewissenlosen Cheflerche morgens um neun aufgebürdet wird, bis in den späten Nachmittag hinein liegenzulassen. Denn die Leistungsfähigkeit in kognitiven Prozessen kann je nach Tageszeit stark differieren, wie der Vater der Schlafforschung und Entdecker der REM-Schlafphase, Nathaniel Kleitman, bereits 1933 in einem Artikel im «American Journal of Physiology» dargelegt hat. Interessanterweise gilt das besonders für zwei eigentlich gegensätzliche Eigenschaften, nämlich für die Assoziationsfähigkeit – eine der Grundlagen der Kreativität – und für die Ergebnispräzision etwa beim Multiplizieren von Zahlen. Energiehaushalt, Körpertemperatur, Puls und viele andere physische Kennziffern sind ebenfalls von der Tageszeit abhängig; das Prinzip dahinter ist der circadiane Rhythmus, ein schöner Fachbegriff mit mittelgroßem Imponierpotenzial für den etwa 24 Stunden dauernden Tagesrhythmus des Menschen.

So gibt es um drei Uhr morgens einen allgemeinen Höhepunkt an Geburten, um neun wird das meiste Testosteron produziert, um zwölf zirkulieren die meisten Bluteiweiße, um neunzehn Uhr hat man am häufigsten Zahnschmerzen (was aber auch daran liegen kann, dass dann soeben sämtliche Zahnarztpraxen geschlossen haben), und wieder um vier Uhr morgens scheint der beste Zeitpunkt zum Sterben gekommen zu sein. Über den Tag hinaus gehen die infradianen Rhythmen bei Lebewesen. Hierzu zählen der Winterschlaf und eine Reihe anderer Phänomene quer durch die Fauna wie Brunftzeit, Mauser und Zugvogeltum.

Dass auch für Menschen nicht jeder Tag, jede Woche und jeder Monat gleich ist, bemerken Frauen besonders plastisch am infradianen Phänomen Menstruation und Männer daran, dass sie im März auf der Nordhalbkugel überdurchschnittlich häufig Vater werden, weil sie es im Juni überdurchschnittlich häufig probiert haben. Zieht man die Tatsache hinzu, dass sich das Wetter, vor allem Temperatur und Lichtaufkommen nachweislich auf Laune, Energiehaushalt und Leistungsfähigkeit auswirken, dann wird deutlich, dass es viele falsche und sehr falsche Momente für die entspannte Arbeit gibt.

Das eigene Gefühl liefert die besten Hinweise darauf, wann der richtige Zeitpunkt für eine Tätigkeit gekommen ist, ohne dass man dazu ständig Luftdruck, Rektaltemperatur und allgemeines Brunftverhalten im Auge behalten müsste: Der Mensch wird bis auf wenige Ausnahmen ab Werk mit eingebautem Instinkt geliefert. Leider trainiert uns die heutige Gesellschaft mit ihrem anstrengenden Funktionierfetisch ab, ihm zu folgen. Wir sollen lieber ständig mit niedriger Leistungsfähigkeit vor uns hin arbeiten, als eine günstige emotionale, intellektuelle und körperliche Verfassung abzuwarten. Das Gespür dafür, wann der richtige Zeitpunkt naht, kann man trainieren, indem man erst mal längere Zeit nichts tut und so wieder lernt, auf den Instinkt zu hören.

Besser noch als warten ist, den richtigen Moment zu provozieren. Dafür gibt es eine Reihe von Empfehlungen, die man nacheinander auf ihre Wirksamkeit austesten kann. Versäumen Sie nicht, den aktivierenden Energieschub einer Deadline auszuprobieren. Die Deadline mit ihrem sich stetig erhöhenden Druck steigert die Chance erheblich, den richtigen oder wenigstens einen nicht völlig falschen Zeitpunkt zu erwischen. (Näheres siehe Kapitel «Aufschubumkehr».)

Empfindsamere Gemüter, die mit adrenalinpumpendem Zeitdruck nicht umgehen können oder wollen, arbeiten oft mit dem Gegenstück der Deadline, einem selbstgewählten Zeitpunkt, an dem man mit der Arbeit beginnt. Die Erfahrung zeigt, dass solche Termine tatenlos verstreichen, wenn sie zu knapp gewählt sind. Das liegt daran, dass man die Hintergrundarbeit vor der eigentlichen Arbeit, das psychische Aufwärmtraining, nicht selten unterschätzt. Es empfiehlt sich daher, den Beginn auf einen gefühlt noch weit entfernten Zeitpunkt zu setzen und bis dahin so oft wie möglich an diesen Termin zu denken.

Eine andere gute Methode ist *trial and error* in der LOBO-Variante. Die Wissenschaft kennt das Verfahren als Forschungsmethode: so lange ausprobieren, bis es klappt. Bei der LOBO-Variante versucht man in kurzen Abständen, sich an die Aufgabe heranzumachen. Wenn man es nicht nach wenigen Minuten schafft, lässt man es wieder bleiben. Sehr wichtig ist dabei, die Frustrationstoleranz hoch zu halten und sich keinesfalls aufzuregen oder Sorgen zu machen, sollte es nicht auf Anhieb gelingen, in die Arbeit hineinzufinden. Der feste Glaube an den richtigen Moment, der sich irgendwann plötzlich vor einem auftut, hilft, nicht die Geduld zu verlieren. Zusätzlich kann man diesem Prozess ein spielerisches Element hinzufügen, indem man die vergeblichen Anläufe zählt, vergleichbar mit den Takes bei Dreharbeiten.

Der richtige Moment kann sich aber auch ganz ohne Nachhilfe einstellen: «Manchmal, habe ich den Eindruck, ist es einfach auch Zufall», berichtet Aleks Scholz. «Das Telefon klingelt und reißt einen vom Basketball im Fernsehen los, und wenn man zurückkommt, ist man eine Sekunde lang unkonzentriert und fängt versehentlich mit der Arbeit an.» Diese enge, aber diffuse Beziehung zwischen Arbeit und Ablenkung zeigt sich auch in anderen Varianten, den richtigen Moment zu finden oder zu provozieren. Das süße Gift Ablenkung möchte richtig dosiert werden, beispielsweise kann man sich vornehmen, für fünf Minuten konzentriert zu arbeiten und danach sofort wieder 55 Minuten das Internet durchzulesen, bevor man von neuem mit konzentrierter Arbeit beginnt. Der Prokrastinationsberater Neil Fiore sieht in der engen Verknüpfung von konzentrierten Arbeitsphasen und darauf folgender, direkter Belohnung eine wirkungsvolle Methode; in «ADDitude», einem Magazin für Erwachsene mit Aufmerksamkeitsstörungen, wird von betroffenen Wissenschaftlern dazu geraten, mit den erfreulichen Phasen anzufangen, um den Kopf in Schwung zu bringen. Wir möchten daraus schließen, dass man zur Sicherheit vor und nach der Bearbeitung einer Aufgabe für ausreichend Ablenkung sorgen sollte, damit man den richtigen Moment keinesfalls verpasst.

Die wichtigste Regel ist die alte Fahrlehrerweisheit «Langsam kommenlassen». Man beschäftigt sich in Gedanken mit einer Aufgabe, ganz entspannt und ungezwungen. Wo werde ich sie erledigen? Wie werde ich daran arbeiten? Trinke ich dazu Tee oder Bier? Setze ich mir für die Arbeit einen Kopfhörer mit Meeresrauschen oder Technomusik auf, sperre ich mich in ein stilles Büroverlies mit eigener Kaffeemaschine ein, oder bringe ich sogar die entsprechenden Stellen dazu, einen Arbeitsurlaub in einem abgelegenen Bauernhof als zielfördernd zu betrachten?

Wie einen Raubvogel auf der Suche nach einer geeigneten Beute lässt man das Bewusstsein über dem zu beackernden Feld kreisen, scheinbar mühelos und unbeteiligt. In Wirklichkeit laufen in diesem Vorarbeitsstadium bereits teilbewusste und ganz unbewusste Prozesse ab, die die eigentliche Arbeit vereinfachen oder sogar erst ermöglichen. Schließlich lässt man vollkommen überraschend den Raubvogel auf ein Detail niederstürzen und eifrig daran herumhacken. Bei der Entwicklung eines Konzeptes zum Beispiel bietet sich als ein solches Detail das Inhaltsverzeichnis an. Funktioniert es auf Anhieb, hat man den Anfang geschafft, und der Moment war richtig. Hackt der Raubvogel am Startaufgäbchen länger als eine Stunde erfolglos und vor allem unmotiviert herum, lässt man ihn wieder steigen und fährt erst mal übers Wochenende an die Ostsee, während er weiter kreist. Falls man aber mit dem mühelosen Kreisen bereits nicht zu überwindende Probleme hat, handelt es sich fast immer um eine Aufgabe, für die der richtige Zeitpunkt nie kommt. Dann lagert man die zu erledigende Arbeit entweder aus oder tut nichts und malt sich schon mal bunt die Konsequenzen aus. Oft kommt es ohnehin nicht so schlimm, und wenn doch, hat man es wenigstens vorher geahnt.

Undatierter Brief des Komponisten Gioachino Rossini an einen Unbekannten, der die Frage stellte, zu welcher Zeit man am besten eine Ouvertüre zu einer Oper komponieren sollte:

«Wartet bis zum Abend vor dem Tag der Aufführung. Nichts regt die Eingebung mehr an als die Notwendigkeit, die Gegenwart eines Kopisten, der auf Eure Arbeit wartet, und das Drängen eines geängstigten Impresarios, der sich in Büscheln die Haare ausrauft. Zu meiner Zeit hatten in Italien alle Impresarien mit dreißig Jahren eine Glatze.

Das Vorspiel zum Othello habe ich in einem kleinen Zimmer des Palastes Barbaja komponiert, wo der kahlköpfigste und wildeste aller Direktoren mich nur mit einer Schüssel Makkaroni und unter der Drohung, mich nicht eher aus dem Zimmer herauszulassen, bis ich die letzte Note geschrieben hätte, gewaltsam eingeschlossen hatte.

Das Vorspiel zur Diebischen Elster habe ich am Tage der Uraufführung unter dem Dach der Scala geschrieben, wo mich der Direktor gefangen gesetzt hatte. Ich wurde von vier Maschinisten bewacht, die die Anweisung hatten, meinen Originaltext Blatt für Blatt den Kopisten aus dem Fenster zuzuwerfen, die ihn unten zur Abschrift erwarteten. Falls das Notenpapier ausbleiben sollte, hatten sie die Anweisung, mich selbst aus dem Fenster zu werfen.

Beim Barbier machte ich es mir einfacher; ich komponierte gar kein Vorspiel, sondern nahm das für die halbernste Oper Elisabeth bestimmte. Das Publikum war höchst zufrieden.

Das Vorspiel zum Graf Ory habe ich beim Fischfang mit den Füßen im Wasser in Gesellschaft des Herrn Aguado geschrieben, während dieser mir einen Vortrag über die spanischen Finanzverhältnisse hielt.

Das Vorspiel zum Wilhelm Tell wurde unter fast ähnlichen Umständen geschrieben.

Was den Moses endlich anbetrifft, so schrieb ich dazu gar keins.»

Liegen und liegen lassen

Vom Nutzen des Nichtstuns

> «Ein aufgeräumter, heller und luftiger Keller macht Sie heiter, mutig und versetzt Sie in eine positive Grundstimmung.»
> *(Werner Tiki Küstenmacher: «Simplify your Life»)*

> «Den Keller nicht aufräumen macht noch viel heiterer. Und das Beste: Man kann es nicht nur einmal, sondern jeden Tag lassen!»
> *(Kathrin Passig)*

«Niemals machen und doch bleibt nichts ungetan», heißt es im Daodejing, dem heiligen Text des Daoismus. Das zugrunde liegende Konzept nennt sich «Wu Wei», Handeln durch Nichthandeln. Damit ist nicht schlichte Untätigkeit gemeint, obwohl auch die sehr schön und förderlich sein kann. Wu Wei bedeutet, dass das Notwendige im richtigen Moment getan wird und deshalb ohne Anstrengung und wie von allein geschieht. Wir unerleuchteten Laien können uns diesem Prinzip im Alltag lediglich anzunähern versuchen. Durch jahrelange, gründliche Erforschung des Nichthandelns lässt sich ein Zustand solcher Erleuchtung erreichen, dass man schließlich auch Tätigkeiten, die weder überflüssig noch besonders unangenehm sind, ersatzlos streichen kann. Einfach nur, weil es geht!

Nichthandeln bedeutet für unsere Zwecke, nicht sichtbar an dem Projekt zu arbeiten, an dem man arbeiten will oder sollte. Trotzdem können im Hintergrund Prozesse ablaufen, die die Arbeit voranbringen. «Im Laufe der Jahre», erläutert Lisa Belkin in der «New York Times», «bin ich zu der Einsicht gelangt, dass in den Stunden, in denen ich nicht schreibe, die eigentliche Arbeit getan wird. Wenn sich ein Absatz in meinem Kopf hin und her wendet, auch wenn meine Finger gerade bei Amazon Bücher bestellen. Was nach vertaner Zeit aussieht, ist eigentlich die Zeit, in der Ideen Form annehmen.» Man kann diesen Vorgang zwar befördern – zum Beispiel, indem man sich vor dem Nichtstun mit Informationen vollstopft, auf denen der Geist dann herumkauen kann –, verhindern aber lässt er sich nicht, deshalb subsumieren wir großzügig auch solche Schein-Untätigkeit unter dem Begriff des Nichtstuns.

Viele Aufgaben sind objektiv sinnlos, und man spart viel Zeit und Mühe, indem man sie einfach unterlässt. Alte Ratgeber zur Haushalts- und Lebensführung enthalten die mühsamsten Pflichten, über die der heutige Leser lacht. «Am Bücherregal lehnend, in Kopftuch und Schürze, durchblätterte ich den etwas stockig riechenden Ganzlederband mit Goldschnitt. Aha, da war es: *Zimmerreinigen*. Mit fester Hand hatte Mama die Reihenfolge eingetragen, die man ihr beibrachte. Marmorfiguren zuhängen oder hinaustragen. Portieren ausbürsten. Fein, beides hatte ich nicht. Unter drittens stand: Bohnern lassen. Lassen? Schön, da ließ ich es eben», schreibt Isabella Nadolny in ihrer Autobiographie «Ein Baum wächst übers Dach». Später wird man auf die Anfänge des 21. Jahrhunderts zurückblicken und sich fragen, warum um Himmels willen andauernd staubgesaugt und jede Woche das Auto gewaschen werden musste. «Na gut, es gab damals noch mehr Infektionskrankheiten – aber dachten die Leute wirklich, sie könnten sich an ihrem Auto anstecken?»

Der Schweizer Versicherungsfachmann Christoph Virchow hat in fünfundzwanzig Jahren Berufstätigkeit für Großfirmen festgestellt: «In dem Stapel Papier, den du vielleicht einmal im halben Jahr durcharbeitest, finden sich unglaublich viele Sachen, die man ohne Konsequenzen sofort wegschmeißen kann. Im ersten Moment erkennt man den Unterschied ja nicht. Ein halbes Jahr später weißt du aber: Das hat sich erledigt, Rundablage. Man darf überhaupt nichts beim ersten Mal machen. Alles, was wirklich wichtig ist, meldet sich von alleine wieder.» Das gilt nicht nur für Aufgaben, die auf den Schreibtischen Festangestellter landen, sondern auch für selbst ausgedachte Projekte. Ein gesunder Projektdarwinismus sorgt dafür, dass niemand sämtliche Ideen umsetzen muss, die ihm so durch den Kopf schießen. Nur diejenigen, die sich hartnäckig immer wieder melden, verdienen, dass man Zeit und Energie in ihre Umsetzung investiert.

Überraschend oft passiert gar nichts Grässliches, wenn man seine Aufgaben schlicht ignoriert. Und manches wird auch einfach von alleine wieder gut, wie Alexander Wolf berichtet: «Vor einigen Jahren hatte mein Auto leichte Ausfallerscheinungen, was das Entriegeln der Fahrertür betrifft. Ich lebte einige Zeit lieber umständlich (rumlaufen, Beifahrertür aufschließen, Fahrertür entriegeln, rumlaufen, einsteigen), als einfach mal zur Werkstatt zu fahren und die Jungs das klären zu lassen. Und, ich fasste es selber kaum, eines Tages ging das Schloss wieder. Einfach so. Übrigens scheint das Aussitzen von Problemen bei italienischen Autos überdurchschnittlich oft von Erfolg gekrönt zu sein.»

Selbst vermeintlich zentrale Lebensaufgaben können sich im Nachhinein als gar nicht mal so unaufschiebbar erweisen. Der Mediziner Axel Schneider hat viele Jahre lang die Fertigstellung seiner Dissertation verschoben und ist heute Oberarzt: «Die Doktorarbeit habe ich bis heute nicht abgegeben. Wirkliche Folgen hatte das nicht. Ich bin dementsprechend natürlich nicht habilitierter Chefarzt an der Uni, was aber wegen zu wenig Frühaufstehen während des Studiums und zu viel Urlaub von vornherein zum Scheitern verurteilt gewesen wäre, weil ich schon zu Beginn meines Arbeitslebens zu alt war. Zudem bekommen die jetzigen neuen Chefärzte an der Uni weniger Geld als die leitenden Oberärzte in den St.-Elsewhere-Krankenhäusern wie hier, sodass es finanziell für mich ohne Folgen geblieben ist. Und seit ich Oberarzt bin, steht halt immer OA Schneider da, sodass ein fehlender Dr. nicht so sehr auffällt.» Mit seiner unvollendeten Doktorarbeit befindet sich Axel Schneider übrigens in guter Gesellschaft: 2002 ergab eine Studie an Medizinstudenten der Berliner Charité, dass dort nur 53 Prozent aller Promotionsvorhaben erfolgreich verliefen.

Je mehr Geld und Mühe ein Plan kostet, desto argwöhnischer sollte man ihn daraufhin abklopfen, ob man stattdessen einfach gar nichts tun kann. Der Brite Oliver James schreibt in «Affluenza», einem Buch über die Konsum-Epidemie und ihre ungesunden Folgen: «Vor einiger Zeit quälten meine Frau und ich uns mit der Frage herum, ob wir unsere Hypothek erhöhen sollten, um uns einen Anbau ans Haus leisten zu können. Auch im Haus wollten wir einiges renovieren, weil wir seit dem Einzug praktisch nichts daran gemacht hatten. Eines Tages fand meine Frau aus heiterem Himmel die Lösung: Nichts tun. Wir hatten ein Haus, das für unsere Bedürfnisse großzügig dimensioniert war. Zwar war es zum Teil ziemlich heruntergekommen (scheußliche Küche, trostlose Teppiche), aber eigentlich konnten wir verdammt froh sein, dass wir überhaupt ein Haus hatten. Wir wollten alles Mögliche tun, aber wir *mussten* gar nichts tun außer einen neuen Wasserboiler installieren.»

Nichtstun hat darüber hinaus den Vorteil, dass man sich währenddessen selbst kein Bein stellen kann. Denn es gibt auch eine negative Produktivität: Man setzt sich an den Rechner, arbeitet acht Stunden, stolpert über das Kabel, reißt den Rechner vom Tisch, Festplatte kaputt, Arbeit dahin. Wäre man stattdessen einfach im Bett geblieben, hätte man unterm Strich viel mehr geschafft. Auf dem Finanzsektor sieht es nicht anders aus. Wer gegen Ende der New Economy aus Faulheit den Kauf von Aktien auf «demnächst mal» verschob, hat durch diese Unterlassung wahrscheinlich mehr Geld gespart, als ihn seine Trägheit zeitlebens in Form von Mahn- und Überziehungsgebühren kosten wird. Dasselbe gilt für verfehlten Aktivismus: Wenn man einmal einen falschen Lösungsweg eingeschlagen hat, verschlimmert Tatendrang die Lage nur, und je mehr Arbeit man in den Bau einer Mauer steckt, die am falschen Ort errichtet wird, desto schwerer ist es, sie später wieder abzureißen.

Ebenfalls in die Kategorie «Schadensvermeidung durch Nichtstun» gehört die Beobachtung, dass es sich nicht unbedingt auszahlt, vorzeitig mit der Arbeit zu beginnen. Harriet Wolff hat die Erfahrung gemacht: «Wenn ich – was selten passiert – mich wirklich mal früh an den Schreibtisch setze, dann kommt garantiert ein Anruf von der Redaktion, entweder ‹Das Thema ist gestorben›, dann muss man sich meistens noch rumstreiten wegen Ausfallhonorar, oder ‹Du, das ist jetzt erst mal verschoben›. Das ist oft genau dann so, wenn ich mir mal Mühe gebe, ordentlich zu sein und früh anzufangen.» Verfrühtes Handeln kann nämlich ebenso schädlich sein wie verspätetes. Hätte Romeo seinen Selbstmord am Grab von Julia noch etwas aufgeschoben, wären die beiden gemeinsam alt geworden. Eingedenk dieses traurigen Falles möchten wir diese Erkenntnis auf den Namen «Romeo-Regel» taufen. Fürs Vergiften ist später immer noch Zeit!

«Ich hatte einen feuchten, schimmligen Kohlenkeller voll halb zerfallener Brikettreste, in dem ich im Laufe der Jahre immer mehr kaputtes Zeug verstaut hatte. Mir war klar, dass ich diesen Keller eines Tages entrümpeln und seinen Inhalt zum Sperrmüll schaffen musste. Aber der Schmutz, die Spinnweben und die Tatsache, dass ich kein Auto hatte, schienen mir gute Gründe, diese Entrümpelung mindestens bis zu meinem Auszug zu verschieben. Und vielleicht würde ich ja auch nie mehr umziehen! In dem Fall war es sicher gut, nicht voreilig zu handeln. Nachdem ich etwa zwölf Jahre lang ab und zu über das Problem nachgedacht hatte, fing mein Vermieter an, mir Briefe zu schreiben. Ich möge mein Kellerabteil räumen, stand darin, denn der Keller solle renoviert werden. Dank langjähriger Übung im Umgang mit unangenehmen Schriftstücken gelang es mir, diese Briefe nicht nur zu ignorieren, sondern vollständig zu vergessen. Bis mich eines Tages mein Vermieter im Urlaub anrief: ‹Frau Passig›, sagte er streng, ‹wir brechen Ihr Kellerabteil jetzt auf und werfen alles zum Sperrmüll! Das wird Sie 25 Euro Entsorgungsgebühr kosten!› – ‹Na gut!›, sagte ich frohen Herzens. Wie es dort unten jetzt aussieht, weiß ich nicht, denn ich habe meinen Kellerschlüssel schon um 1999 herum verliehen und nicht wiederbekommen. Aber bestimmt sehr schön.»

(Kathrin Passig)

10 Dinge, die man ohne schlechtes Gewissen unterlassen kann

1. **Überflüssige Versicherungen abschließen.** (Fahrradversicherung, Glasbruchversicherung, Reiseversicherungspakete und viele andere, bei deren Identifikation

die Stiftung Warentest und die Verbraucherzentralen gern behilflich sind.) So entfallen neben jahrelanger lästiger Kommunikation mit diesen Versicherungen auch jede Menge Mahnungen und geplatzte Lastschriften.

2. **Dateien auf dem Computer ordnen.** Neuere Betriebssysteme finden Dateien auch dann problemlos wieder, wenn sie in falschen oder irreführend benannten Ordnern stecken.
3. **Täglich das Aktienportfolio kontrollieren.** Privatanleger neigen zum umtriebigen Aktienhandel, weil sie sich dabei kompetent und wichtig fühlen. Der Ertrag aber fällt schon wegen der Transaktionsgebühren immer geringer aus, je öfter das Depot umgeschichtet wird. Je länger man seine Aktien nicht anrührt, desto besser. Nebenbei spart man auch das zeitraubende Lesen von Börseninformationen.
4. **Zum Arzt gehen.** Erstaunlich vieles heilt ganz von alleine wieder, wenn man den Arztbesuch lange genug verschiebt. Mit dem Rest kann man dann immer noch hingehen, später. Bei echten Problemen kommt man auch ohne Termin dran, oder der Arzt schaut sogar persönlich mit Blaulicht bei einem vorbei.
5. **Ins Fitnessstudio gehen.** Wer mit dem Rad zur Arbeit fährt oder täglich 30 Minuten zügig geht, tut genug für seine Gesundheit. (Zu den Details siehe Kapitel «Schön, schlank und fit in 30 000 Tagen».)
6. **Geschirr abtrocknen.** Erledigt sich früher oder später von alleine.
7. **Selbstmord begehen.** Siehe Geschirr abtrocknen.
8. **Ein Testament machen.** Wenn man es braucht, ist man erstens tot, und zweitens ist auch ohne Testament alles gesetzlich geregelt.

9. **Rasen vertikutieren. Sowie alle anderen Tätigkeiten, die mit «Rasen ...» anfangen.** Das Gras ist viele Millionen Jahre lang ohne den Menschen zurechtgekommen, man muss es nicht ständig beaufsichtigen.
10. **Laub mit dem Gebläse anderswohin blasen.**

9 to 9:05

Weniger arbeiten ist mehr arbeiten

> «Schwierige Aufgaben soll man faulen Menschen geben. Sie finden garantiert einen weniger mühsamen Lösungsweg.»
> *(Volksmund)*

Prokrastinierer leiden häufig unter der Vorstellung, alle anderen Menschen arbeiteten diszipliniert mindestens acht Stunden pro Tag. Die anderen haben zehn Mal so viel Zeit für alles, weil sie früher anfangen! Und sicher sind ihre Ergebnisse zehn Mal so vorzeigbar! Zum Glück sieht die Praxis anders aus, und viele LOBOs werden, wenn sie in sich gehen, dort allerhand Beispiele für in kürzester Zeit abgeschlossene, ziemlich gut geratene Arbeiten finden. Die gebündelte Konzentration und Energie, die man kurz vor der Deadline in eine Aufgabe steckt, kann vorangegangene Versäumnisse ausgleichen und sorgt oft sogar für bessere Ergebnisse.

Was bei der Arbeit herauskommt, ergibt sich nur in seltenen Fällen linear aus der Zeit, die man investiert. Wenn jemand fünf Seiten pro Stunde abtippen kann, wird er in zwei Stunden zehn Seiten tippen – zumindest in Mathematik-Textaufgaben. Im richtigen Leben kommt er hoffentlich gleich zu Anfang auf die Idee, den Text stattdessen einzuscannen. Aber selbst, wenn man der Einfachheit halber davon ausgeht, dass sich eine Tätigkeit nicht vereinfachen lässt und mehr Arbeit daher entsprechend länger dauert, sind acht Stunden noch lange nicht doppelt so produktiv wie vier Stunden. «Als ich halbtags gearbeitet habe», berichtet die

Anwältin Sabine Werthmann, «war ich kaum weniger produktiv als meine Kollegen in acht Stunden. Ich war vier Stunden da und habe vier Stunden gearbeitet. Die anderen haben erst mal gemütlich Kaffee getrunken, und dann war es auch schon fast wieder Zeit für die Mittagspause. Von acht Stunden wurde da vielleicht sechs gearbeitet.»

Mit sechs Stunden ging es in der beschriebenen Anwaltskanzlei noch vergleichsweise diszipliniert zu. In einer von Microsoft veranstalteten Online-Umfrage aus dem Jahr 2005 gaben 38000 Teilnehmer aus 200 Ländern an, im Schnitt 45 Wochenstunden zu arbeiten, 17 dieser Stunden seien unproduktiv. Pro Tag bleiben also knapp fünfeinhalb Stunden echte Arbeitszeit. Als Hauptgründe für die vergeudete Zeit wurden sinnlose Meetings, unklare Ziele, unklare Prioritäten und Prokrastination genannt. Das Ergebnis deckt sich mit einer Studie von AOL und salary.com, die ebenfalls ergab, dass Angestellte nur an drei von fünf Arbeitstagen tatsächlich arbeiten. Beim amerikanischen Web-Unternehmen 37signals hat man die Konsequenzen aus diesen Erkenntnissen gezogen und im Sommer 2007 zunächst mit einer 4-Tage-Woche experimentiert. Weil sich herausstellte, dass in den vier Tagen genauso viel erledigt wurde wie bis dahin in fünf, führte 37signals die 4-Tage-Woche Anfang 2008 dauerhaft ein. Freitags arbeitet nur noch der Kundensupport, die übrigen Mitarbeiter springen in Notfällen ein.

Neil Fiore schildert in «The Now Habit» seine Erfahrungen mit Studenten, die ihre Doktorarbeit vor sich herschieben. Die Studenten, die für Recherche und Schreiben zwei Jahre oder weniger brauchen, sind nach Fiores Beobachtungen weder dümmer, noch haben sie mehr emotionale Probleme als diejenigen, deren Dissertation sich drei bis dreizehn Jahre hinzieht. Der einzige Unterschied: Die langsamen Studenten leiden einfach mehr. Als Charakteristika seiner

Langzeit-Promovierer listet Fiore auf: Sie fühlen sich immer im Einsatz und betrachten ihr Leben als «aufgeschoben». Sie räumen ihre Kalender frei, um ununterbrochen arbeiten zu können, und verschieben Partys, Sport und Treffen mit Freunden auf später. Sie sind der Meinung, Arbeit verlange Opfer und Entbehrungen von ihnen und ihre Dissertation könne nur gelingen, wenn sie leiden. Sie haben ein schlechtes Gewissen, wenn sie Zeit mit ihren Freunden verbringen oder sich amüsieren. Fiores schnelle Studenten dagegen versagen sich nichts.

Fiore rät daher allen, die sich ihre Arbeitszeit selbst einteilen können, nicht mehr als 15 Arbeitsstunden pro Woche einzuplanen. Er warnt vor «Arbeitszeit-Phantasien», die einem zu Wochenbeginn vorgaukeln, man hätte ja schließlich mindestens fünf bis sieben Achtstundentage vor sich, also praktisch unendlich viel Zeit. Durch diese schöne Illusion wird man kaum vor Mittwoch den ersten Handgriff tun. Es muss also eine realistischere Vorstellung der eigentlich zur Verfügung stehenden Arbeitszeit her. Zu dem Zweck gibt es bei Fiore die «Unschedule», eine Art Wochen-Entplaner: In einen Kalender werden sämtliche Freizeitvergnügungen und arbeitsfreien Zeiten eingetragen. Beim Betrachten des Ergebnisses stellt man fest, dass nur am Dienstagnachmittag überhaupt Zeit für die Arbeit frei geblieben ist. Im Idealfall führt diese Einsicht dazu, dass man den kleinen Rest verbleibender Zeit tatsächlich nutzt. Fiores 15 Stunden sollen in kleine Arbeitsblöcke von nicht mehr als 30 Minuten aufgeteilt werden. Natürlich will der Autor seine Leser mit diesem Trick dazu verführen, am Ende doch ein bisschen länger als geplant zu arbeiten. Aber vielleicht stellt sich ja auch heraus, dass 15 Stunden mehr als genug sind.

Der Meinung ist zumindest Timothy Ferriss, der Autor von «Die Vierstundenwoche». 15 Wochenstunden sind für Ferriss immer noch elf Stunden zu viel und beweisen nur, dass man vor der Arbeit nicht gründlich genug nachgedacht hat. «Die meisten Tätigkeiten», so Ferriss, «führen zu gar nichts. Wer vielbeschäftigt ist, praktiziert nur eine andere Form der Faulheit – Denkfaulheit und blinden Aktionismus.» Ferriss weist darauf hin, dass es keinen Grund gibt, warum alle Arbeiten unterschiedslos ausgerechnet fünf Tage à acht Stunden in Anspruch nehmen sollen. «Weil wir acht Stunden Zeit haben, füllen wir acht Stunden mit Arbeit. Wenn wir 15 hätten, würden wir 15 füllen. Wenn wir wegen eines Notfalls in zwei Stunden wegmüssen, aber Deadlines drohen, gelingt es uns wie durch ein Wunder, die Arbeit in zwei Stunden zu erledigen.» Es gilt also, zum einen die Arbeitszeit zu begrenzen, damit die Arbeit nicht alle verfügbare Zeit an sich reißt, und zum anderen durch Nachdenken Tätigkeiten loszuwerden, die überflüssig sind oder sich vereinfachen lassen.

Weil der Arbeitstag von Selbständigen und Managern im ungünstigsten Fall 24 Stunden hat, ist hier eine klare Beschränkung der Arbeitszeit besonders wichtig. Eine niedrige maximale Zahl der täglichen Arbeitsstunden, möglichst viele freie Tage und / oder eine feste Uhrzeit, zu der man sich selbst Feierabend gewährt, haben jede Menge Vorteile. Weniger zur Verfügung stehende Zeit zwingt einen dazu, radikalere Prioritäten zu setzen und Unwichtiges wegzulassen, was dem Ergebnis meistens guttut. Wer genau weiß, wie wenig Zeit er für die Arbeit hat, sagt seltener ja zu Vorschlägen, auf die er gar keine Lust hat. Und «Ich kann nicht, meine innere Gewerkschaft hat mir eine Dreitagewoche verordnet» ist eine gute Begründung für solche Ablehnungen. Es kann allerdings eine Weile dauern, bis sich das mentale Bild der zur Verfügung stehenden Arbeitszeit den neuen Verhältnissen angepasst hat.

Wer es bisher trotz einer Siebentagewoche voll langer

Tage nicht geschafft hat, seine wuchernden To-do-Listen, Pläne und E-Mail-Stapel in den Griff zu bekommen, hat nicht viel zu verlieren. Warum nicht einfach mal einen Monat lang ausprobieren, wozu eine strenge Limitierung der Arbeitszeit führt? Viel schlimmer kann es dadurch auch nicht werden.

«Ohne Kind und die damit verbundenen Einschränkungen hätte ich bis heute kein Examen gemacht, da bin ich sicher. Damals war herrschende Lehre unter den Jurastudenten, dass man ein volles Jahr ausschließlich der Examensvorbereitung zu widmen hätte. Mir war klar, dass ich bei einer solchen Zeitplanung nach zehn Monaten noch nichts getan haben würde. Ich gab mir fünf Monate, in denen ich in der Woche etwa 15 kinderfreie Stunden zur Verfügung hatte, die ich dann höchstens noch zu einem Drittel mit Solitaire-Spielen vertrödelte. Die restliche Zeit verbrachte ich tatsächlich mit Lernen. Internet hatte ich 1994 noch nicht. Die Examensnote war ein dem Aufwand angemessenes Befriedigend.»

(Angela Leinen)

Halbe Kraft voraus!

Energiesparendes Arbeiten

«Wer es schafft, irgendetwas halbherzig zu erledigen, ist ein Einäugiger unter Blinden.»
(Kurt Vonnegut)

1953, an einer Universität im norddeutschen Raum, im Fachbereich Theologie. Es gibt nicht viele Männer, die unbeschadet aus dem Krieg zurückgekommen sind und sich dem Studium der Religion widmen wollen. Einige sind es aber doch, darunter Bernd Vogel, der sich bereits am Ende des Krieges durch präzise Ungenauigkeit selbst das Leben rettete. Als Mitte 1944 seine Einheit nach einem Kurzurlaub wieder an die Ostfront geschickt wurde, stieg er aus Versehen in die falsche S-Bahn und verpasste den Zug, mit dem seine Kameraden Richtung Osten fuhren – keiner von ihnen hat überlebt. Jetzt bereitet Vogel sich auf die Abschlussklausur vor. Sein Professor gilt als unerbittlicher Prüfer, der Bibelfestigkeit als das höchste aller Bildungsziele betrachtet. Nun war der Sommer 1953 mit über 2000 Sonnenstunden in Deutschland ein eher schöner und letztlich wohl auch der Prüfungstermin im späten August äußerst ungünstig gewählt. Vogel besinnt sich der präzisen Ungenauigkeit als erprobtes Mittel und lernt für die Prüfung exakt nichts – bis auf zwei dreizeilige Zitate aus entlegeneren Stellen der Bibelbegleitliteratur. Er führt sie bei beinahe jedem Besuch am Waldsee auf einem Zettelchen mit sich und kann sie schon bald auswendig, denn es mangelt ihm nicht an Tagen am See. Die Zitate sind geschickt gewählt: Sie sind eher allgemeiner Natur und beinhalten viele ansprechende Schlagworte. Seine Kommilitonen opfern den Sommer auf dem Altar der Bildung, nur um wenige Monate später mit dem grauenhaften Winter 1954 belohnt zu werden. Die Bekanntgabe des Klausurthemas trifft sie ins Mark; statt eine Frage aus dem angekündigten Stoffgebiet zu beantworten, sollen die Studenten einen Text von Martin Luther aus religionsethischer Sicht interpretieren, ganz ohne weiteres Material. Kein Problem für Vogel, der seinen Aufsatz mit den Worten beginnt: «Ich bin mir nicht sicher, ob ich mit meiner Vermutung richtigliege – aber ich glaube, dass dieses Zitat gut beschreibt, worum es geht:» Danach schreibt er das etwas besser passende der beiden Zitate hin und konstruiert einen Zusammenhang mit einer Stelle im Luthertext. Dann füllt er Seite um Seite mit den Anekdoten und Standardweisheiten, die der Professor in seinen Vorlesungen so gern verwendet, und schließt – wie er selbst zugibt, beinahe übermütig – mit dem zweiten Zitat, das noch bedeutend entlegener und sperriger ist, aber immerhin irgendwie auf das Handeln der Menschen Bezug nimmt. Oder so gelesen werden könnte. Er bekommt als einziger Student die Bestnote.

Bernd Vogel, ein ehemaliger Kommilitone von Sascha Lobos Großonkel, hat seine Kirchenkarriere auf der präzisen Ungenauigkeit gegründet, die zum Repertoire des LOBOs gehören sollte. Die richtige Mischung aus (scheinbarer) Präzision und faktenmildernder Ungenauigkeit hilft, den Erwartungen anderer Menschen leichter gerecht zu werden und so Arbeit, Mühe und Energie zu sparen, wie es die uns von der Evolution zugewiesene Aufgabe ist. Ein simples Beispiel ist, Deadlines auf die Sekunde genau zu benennen – die dann abzugebende Arbeit aber so weit wie möglich im Ungefähren zu lassen: «Ich schicke Ihnen nächsten Mittwoch Punkt 12 Uhr mittags ein entsprechendes Papier!» Ein «Papier» herzustellen ist meist auch unter erschwerten Bedingungen wie gutes, schlechtes oder so mittleres Wetter machbar – anders als etwa ein «dreißigseitiges Feinkonzept». Sollte man etwa aus Langeweile doch viel Zeit haben, kann man seine Projektpartner gut mit einem umfangreichen Papier überraschen. Aber Vorsicht, allzu leicht sind die Erwartungen an das nächste «Papier» dramatisch erhöht. In diesem Fall ändert man den entsprechenden Begriff und verspricht fortan eine «Skizze» – die allerdings um exakt 15.45 Uhr am Dienstag.

Es ist auch aus wissenschaftlicher Sicht für viele Aufgaben von Vorteil, wenn man in der Lage ist, fünfe grade sein zu lassen. Die kanadischen Psychologen Gordon Flett und Kollegen unterscheiden drei Perfektionismustypen: Nach innen orientierte Perfektionisten erwarten Perfektion von sich selbst, nach außen orientierte Perfektionisten verlangen Perfektion von anderen Menschen, und an der Gesellschaft orientierte Perfektionisten glauben, andere erwarteten perfekte Leistungen von ihnen. Der auf sich selbst bezogene Perfektionismus gilt als günstig, die zweite Art ist nur ein bisschen lästig, aber bei den Anhängern des Gesellschafts-Perfektionismus zeigt sich ein erhöhter Hang zu Depressionen, Essstörungen und anderen Problemen bis hin zum Selbstmord. Flett verwendet dabei den schönen Begriff der «irrationalen Überbewertung von Aufgaben». Ebenfalls Flett und Kollegen verdanken wir die Erforschung des «Perfektionismus-Paradox» im Sport: Ein Hang zum Perfektionismus schmälert bei Sportlern anscheinend die Leistung, anstatt sie zu steigern. Auch hier sind besonders diejenigen Sportler betroffen, die sich stark mit ihrer Wirkung auf andere und den Erwartungen ihrer Umwelt beschäftigen.

Es lohnt sich also, vermeintliche Erwartungen der Umwelt in Perfektionismusfragen entspannt zu ignorieren. Ob man hohe Erwartungen an sich selbst kultivieren will, ist eine

Frage der individuellen Vorlieben. In jedem Fall jedoch sollte man die Latte nicht übermenschlich hoch hängen – es sei denn, man ist Limbotänzer. Denn die perfekte Perfektion gibt es nicht, wie ein Cartoon über die «WTF pro Minute»-Regel zur Unterscheidung von guter und schlechter Software illustriert. Das Bild zeigt zwei Türen. Hinter der einen wird gute Software untersucht und dabei nur hin und wieder «What the fuck!» gerufen. Hinter der anderen Tür wird ohne Unterlass geflucht. Der wahre Kern dieser Beobachtung: Auch das Gute ist immer noch ganz schön schlecht. Ein klassisches Beispiel aus der Softwarebranche ist Donald Knuths Textsatzprogramm TeX. Lexikoneinträge zum Thema «Perfektionismus» sind mit dem Gesicht von Donald Knuth illustriert oder sollten es zumindest sein. Den letzten Fehler in TeX hat Knuth nach eigenen Angaben am 27. November 1985 entfernt. Für alle weiteren Fehler schrieb er einen Finderlohn aus, der zuletzt Mitte der neunziger Jahre ausgezahlt wurde. TeX gilt als sensationell ausgereiftes Programm, konnte sich aber gleichzeitig wegen seiner sperrigen, wenig benutzerfreundlichen Art nie durchsetzen und ist heute sogar in seinem Haupteinsatzgebiet, dem Satz wissenschaftlicher Veröffentlichungen, auf dem Rückzug. Der Physiker Heisenberg stellte (sinngemäß) fest: «Je genauer man eine Sache betrachtet, desto weniger gut kann man dafür eine andere erkennen», und so bringt eben auch Perfektion auf einem Gebiet ihre Kosten in anderen Bereichen mit sich. Weil die meisten Projekte mehr als nur einen einzigen Aspekt haben, ist Perfektion selbst von extremen Perfektionisten wie Donald Knuth nicht zu erzielen.

«Na und?», entgegnet der Perfektionist, «was schadet es, wenn ich Vollkommenheit wenigstens anstrebe?» Aber die für irgendeinen Plan zur Verfügung stehende Zeit ist immer begrenzt, und sei es durch die eigene Lebenszeit. Das Pareto-Prinzip besagt, dass die letzten 20 Prozent einer Arbeit 80 Prozent der aufgewendeten Zeit und Mühe kosten – was umgekehrt aber auch bedeutet, dass nach 20 Prozent der Zeit die Arbeit schon zu 80 Prozent erledigt ist. Damit sind nicht die ersten 20 Prozent der Zeit gemeint, die man sich für eine bestimmte Aufgabe eingeräumt hat (in denen passiert natürlich gar nichts, jedenfalls nichts, was mit dieser Aufgabe zu tun hätte). Es geht vielmehr um die ersten 20 Prozent der echten Arbeitszeit, die etwa viereinhalb Minuten vor der Deadline beginnt. Perfektionisten fällt es nicht schwer, noch einmal 200 Prozent mehr Zeit auf die nebensächlichsten zwei Prozent einer Aufgabe zu verwenden. Auch das wäre noch nicht fatal, wenn es am Schluss stattfände und sich dort einfach aus Zeitgründen streichen ließe. Aber gute Perfektionisten fangen gern mit der Sonderausstattung an und verschieben den uninteressanten Bau des umgebenden Autos auf später.

Edward Yourdon erläutert in seinem Ratgeber «Death March» das Konzept der «Good Enough Software», das sich auch auf andere Arbeitsfelder übertragen lässt. Der Versuch, perfekte Software zu schreiben, führt häufig dazu, dass diese Software zum vereinbarten Termin nicht fertig ist. Yourdon rät dazu, von Anfang an pragmatisch vorzugehen, nicht erst dann, wenn man schon mit dem Rücken zur Wand steht. Dann kann wenigstens an den richtigen Stellen gespart werden anstatt an denjenigen Features – womöglich den allerwichtigsten –, die man ganz zum Schluss in Angriff nehmen wollte. Denn Qualität besteht nicht nur aus Fehlerfreiheit, sondern sehr oft auch darin, dass das Projekt zu einem bestimmten Termin abgeschlossen ist; viele Auftraggeber ziehen eine 70-prozentige, übermorgen fertige Lösung einer zu 99 Prozent perfekten Lösung in drei Monaten vor. Ein Beispiel sind Kommunikationskampagnen für Veranstaltungen, die sogar im Maßstab der recht knapp getakteten Werbewelt unangenehm kurzfristig funktionieren müssen – es gibt keine zweite Chance, eine Premiere zu bewerben. Beim Bau von Olympiastadien sind die Auftraggeber ebenfalls selten bereit, die Spiele auf nächstes Jahr zu verschieben.

Aber auch unter einem anderen praktischen Aspekt ist es gefährlich, an der Leistungsgrenze zu operieren. Wenn man mit anderen Menschen zusammenarbeitet, ist es wichtig, Reserven zu haben, während gleichzeitig niemand erfahren darf, dass man nicht alles gibt. Pablo Picasso hat das folgendermaßen ausgedrückt: «Man sollte seine Möglichkeiten nicht ausschöpfen, sondern darunter bleiben. Wenn man drei Elemente bewältigen kann, beschränke man sich auf zwei. Wenn man zehn bewältigen kann, genügen fünf. So arbeitet man gründlicher, mit mehr Meisterschaft und bewahrt sich das Gefühl, noch Kräfte in Reserve zu haben.» Natürlich hatte Picasso leicht reden, er musste schließlich fast nichts selber malen, die Hauptarbeit erledigten Fälscher nach seinem Tod.

In einem neuen Job erwarten Kollegen und Vorgesetzte zunächst nur, dass man irgendwas tun wird. Wenn man diese Erwartung übererfüllt, gewöhnen sie sich daran, dass man mehr leistet, als sie erwarten. Während der eigenen Leistungsfähigkeit und Zeit Grenzen gesetzt sind, lassen sich Erwartungen beliebig steigern. Irgendwann kommt der Punkt, an dem man nicht mehr tun kann oder will. Ab hier klaffen die Ansprüche und das, was man tatsächlich tut, auseinander, die Kollegen sind enttäuscht und erzählen in der Kaffeeküche herum, was man für ein faules Geschöpf sei.

«Ich bin mit großer Begeisterung in meinen neuen Job eingestiegen, weil das, was ich da mache, spannend ist und Spaß macht und weil es ein Bereich ist, der bisher vernachlässigt worden war. Ich habe ein paar sehr gute

Analysen zu schwierigen Themen gemacht, was von meinem Chef wahrgenommen und erst mal mit Begeisterung begrüßt wurde. Dann kam eine Phase, da gab es keine Begeisterung mehr, sondern immer mehr Aufgaben. Dabei ist natürlich, wie es immer so ist, auch mal was danebengegangen, ich habe Anforderungen falsch verstanden und Fehler gemacht. Das wurde dann schon mit großem Maulen aufgenommen. Inzwischen ist der Zustand so, dass ich sehr viel arbeite und keinerlei Lob mehr für irgendwas bekomme. Stattdessen packt man mir montags die Arbeit für die halbe Woche auf den Tisch, die dann Dienstagmittag fertig sein soll. Wenn ich mich dagegen verwahre und sage, das geht nicht, ist die Enttäuschung groß.»

(Johannes Jander)

Gerade wer zum Prokrastinieren bei unangenehmer Arbeit neigt, ist gleichzeitig gefährdet, sich wie Johannes begeistert in interessante Aufgaben zu verbeißen. LOBOs leben in größerem Frieden mit sich selbst und ihrer Umwelt, wenn es ihnen gelingt, einen Kompromiss zwischen «Gar nicht erst anfangen» und «Rund um die Uhr die Welt verbessern» zu finden. Schließlich reicht das Halbfertige fast immer völlig aus. Carl Clausewitz' militärstrategisches Standardwerk «Vom Kriege» ist eine rohe Materialsammlung, die nach Clausewitz' Tod von dessen Ehefrau herausgegeben wurde. Thomas von Aquins berühmte «Summa Theologiae» ist so unvollendet wie Schloss Neuschwanstein, Thomas Manns «Bekenntnisse des Hochstaplers Felix Krull» und Bachs «Kunst der Fuge». Dem Erfolg aller Werke hat das nicht geschadet, weshalb auch dieses Kapitel einfach so mittendrin

Jedem Ende wohnt ein Zauber inne

Aufgeben – der schnelle Weg zum Sieg

«Sag alles ab!
Geh einfach weg
Halt die Maschine an und frag mich nach dem Zweck
Du musst nie wieder in die Schule gehen
Du wirst das Licht deines Lebens vor dir sehen
Du musst dich doch nicht bemühen, bemühen
Die Bäume werden doch auch von selber grün»
(Tocotronic)

Die Börsenwelt kennt die Regel, schlechtem Geld kein gutes hinterherzuwerfen. Abgesehen davon, dass Menschen ohne Börsen-Know-how das Werfen von Geld sowieso auf Brunnen beschränken sollten, steht hinter dieser Weisheit die Erkenntnis, dass Aufgeben zur rechten Zeit Kosten und Mühen spart, an der Börse wie im richtigen Leben. Dennoch lassen sich Unwissende von ihrem Trotz und ihrem Stolz, in ungünstigem Mischungsverhältnis mit Selbstdisziplin, dazu verleiten, einen Weg weiterzugehen, der offensichtlich in die Irre führt. Dieses Verhalten gleicht dem Versuch, schneller zu laufen, weil man die falsche Abzweigung genommen hat. Wirtschaftsanalytiker sprechen dabei vor allem im Investitionskontext von einer «Eskalation des Engagements».

«Was ich angefangen habe, das bringe ich auch zu Ende.» Dieser Satz aus dem Standardrepertoire von Persönlichkeitstests ist ein Bekenntnis, das den scheinbar erfolgreichen, durchsetzungsstarken und zuverlässigen Lebensteilnehmer auszeichnet. Wenn man den Satz in seiner dummen Absolutheit etwas variiert, wirkt er bedeutend weniger beeindruckend: «Auch völlig bescheuerte, energieraubende und ertraglose Projekte, die ich angefangen habe, bringe ich zu Ende.» Befeuert von der Selbstdisziplin, trainiert man sich ein Durchhaltevermögen an, das einem vor allem hilft, alle Warnzeichen für falsche Tätigkeiten zu ignorieren oder gar nicht erst zu bemerken. Es bildet sich schließlich eine unangenehme Hornhaut im Kopf – genau über dem Teil des Hirns, der uns auf den richtigen Weg lenken oder zumindest vom völlig falschen Weg abbringen sollte. Regelmäßige Stockhiebe auf die Schienbeine werden nicht gesünder, nur weil man sie nach ein paar Monaten weniger spürt.

Woher aber kommt diese Unfähigkeit aufzugeben? Schon im Kindesalter wird uns beigebracht, bloß nicht zu früh «die Flinte ins Korn» zu werfen, sondern hartnäckig zu bleiben und einmal begonnene Projekte weiterzuverfolgen, selbst wenn es mühsam und unerträglich zäh werden sollte: Hier lauert im Hintergrund die Selbstdisziplin und lacht höhnisch ihr schwefeliges Lachen aus der Erziehungshölle. Durchhaltevermögen wird in der Schule als wichtiges Erfolgskriterium gepriesen. Dabei kommt die Entwicklung der Fähigkeit, rechtzeitig aufzuhören, viel zu kurz. Erst in der Oberstufe des Gymnasiums passt sich die Schule ein wenig dem tatsächlichen Leben an, und man kann Französisch abwählen.

Auch nach der Schule hält die Gesellschaft eisern an denselben Werten fest: Viele Stipendien werden nur an Studenten in ihrem ersten Studienfach vergeben. Mit den BAföG-Zuwendungen kann es ebenfalls kompliziert werden, wenn man nach drei Semestern feststellt, dass man Fächer mit -zistik am Ende nicht ertragen kann und erst einmal in Ruhe überlegen oder andere Fächer ausprobieren will. Mit einem Lebenslauf, in dem drei von fünf Jobs nach vier Wochen wieder enden, muss man sich beim nächsten Vorstellungsgespräch schon verdammt gute Erklärungen einfallen lassen.

«Mein neuer Job ist die Hölle, aber wie sieht denn das aus, wenn ich nach zwei Monaten wieder aufhöre?» Eine gute Frage, hier die Antwort: Es sieht für jeden fühlenden Menschen richtig aus. Leider hat sich das unter Personalchefs noch nicht allzu weit herumgesprochen. Auf diese Weise macht uns die Konstruktion der Arbeitswelt das Aufgeben immer schwerer, bis diese Möglichkeit ganz aus dem Blick gerät. Aber die Umwelt ist an der Unterdrückung der Alternative «Aufhören» nicht alleine schuld. Auch unsere eigene Psyche trickst herum und scheut sich davor, den richtigen Zeitpunkt für die Beendigung eines Jobs oder eines Projekts zu erkennen. Zunehmendes Aufschiebeverhalten kann aber ein Anzeichen dafür sein, dass man ein Ziel aufgeben oder ein Projekt beenden sollte, weil sie einen nicht weiterbringen, sondern behindern – eine Schutzmaßnahme des Unterbewusstseins.

Die Psychologin Veronika Brandstätter sieht bereits in der Entscheidung, ein Projekt zu beginnen, den Abschied von dessen objektiver Beurteilung; in diesem Moment komme ein Steuerungsmechanismus in Gang, der das ins Auge gefasste Ziel verkläre: «Das fängt damit an, dass man nach einer Entscheidung bestimmte Dinge ausblendet, nicht mehr wahrnimmt oder sich nicht mehr daran erinnert. Und dass man nur noch an jene Aspekte denkt, die uns der Realisierung des Ziels näherbringen.» («Psychologie Heute», 09/2000) Für erfolgversprechende, glitzernde Projekte mag das Ausblenden von Zweifeln sinnvoll sein – vielleicht ist es sogar die Voraussetzung für den Erfolg. Aber für die meisten Projekte ist dieser Mechanismus eine Gefahr. Eric Klinger, amerikanischer Psychologieprofessor, hat erforscht, wie sich die Ablösung von Projektzielen vollzieht, und dabei drei Phasen unterschieden. Wenn man wiederholt Misserfolge erdulden muss, gibt man sich zunächst noch mehr Mühe und nimmt nur die

Dinge wahr, die für das Ziel sprechen – Zweifel werden, wie beschrieben, einfach ausgeblendet. Folgen weitere Frustrationen, reagieren die Betroffenen aggressiv; Argumenten und Warnzeichen jedoch sind sie ebenso wenig zugänglich wie in der ersten Phase. Falls die Schwierigkeiten sich nicht verflüchtigen, tritt die dritte Phase ein: Die Betroffenen fallen in eine depressive Stimmung. Deren Kennzeichen ist ein allgemeiner Mangel an Interesse – auch am ursprünglichen Ziel. Abgesehen davon, dass uns Klinger damit nebenbei den Sinn von Postbeziehungs-Depressionen erklärt, kann man sich fragen, weshalb man seinen hormongesteuerten Launepegel immer erst in den Keller prügeln muss, bevor man einsieht, dass es so nicht weitergeht. Statt darauf zu warten, dass tagelange Weinkrämpfe im verdunkelten Schlafzimmer einem das unmissverständlich ins Ohr schreien, was die Vorahnung seit Monaten geflüstert hat, sollte man rechtzeitig aufgeben lernen.

Man kann ruhig davon ausgehen, dass Aufhören sehr viel früher objektiv sinnvoll ist, als es subjektiv scheint. Eine Studie des Instituts für Angewandte Betriebswirtschaftslehre und Unternehmensführung der Technischen Hochschule Karlsruhe untersuchte erfolglose Forschungs- und Entwicklungsprojekte in der deutschen Pharmaindustrie. Danach wurden fünfzig Prozent der Projekte nach Auskunft der Befragten zu spät oder viel zu spät abgebrochen. An dieser Stelle sollte man vielleicht zugeben, dass nur schwer herauszufinden ist, ob es auch zu früh abgebrochene Projekte gibt. Aber selbst wenn – die Schäden durch zu spätes Aufhören dürften weit schwerer wiegen als die Nobelpreise für eventuelle Zufallsentdeckungen, die einem so entgehen.

LOBOs neigen dazu, sich in einer Vielzahl von Vorsätzen, Verpflichtungen und vertrackten Versuchsanordnungen zu verheddern. Als Lösungsstrategie fällt ihnen allzu oft nur das ein, was Paul Watzlawick in seinem Antiratgeber «Anleitung zum Unglücklichsein» mit «Mehr desselben» beschrieben hat: Ein Lösungsverfahren, das im schlimmsten Fall noch nie funktioniert hat, wird ohne Überprüfung auf alle zukünftigen Probleme angewandt. Das führt zu einem Bündel wirkungsloser Maßnahmen und schließlich zur Überzeugung, zwar alles versucht, aber nichts erreicht zu haben. Aufgeben hingegen ist eine Lösung, die zu selten als solche erkannt wird. Und das gilt nicht nur für den Beruf, sondern auch für den Privatbereich. Therapien, Beziehungen, Kurse, Vorsätze, Sport – es ist erstaunlich, was man alles mit Genugtuung aufgeben kann, wenn man erst einmal damit anfängt.

Definitiv aufhören sollte man bei körperlich bedenklichen Reaktionen auf eine Aufgabe. Spontane Krankheiten, Kopfschmerzanfälle, Atemnot, allgemeines Unwohlsein – die Symptome unterscheiden sich von Mensch zu Mensch. Gemeinsam ist ihnen, dass eine Arbeit, die die Seele bedroht, auch den Körper zu Abwehrreaktionen treiben kann. «Bedrohung durch Arbeit» mag drastisch klingen. Aber zwischen Karoshi, dem Tod durch Überarbeitung, und der von Timothy Ferriss propagierten Vier-Stunden-Arbeitswoche liegt eine große Grauzone, in der sich eine Aufgabe von der Belastung über die Zumutung bis zum Horror entwickeln kann. Entsprechend abgestuft verhält es sich mit den körperlichen Reaktionen, sodass man leichte Zuckungen in der Schultergegend durchaus als gefährliche Vorstufe zum Karoshi deuten kann und sollte.

Zwischen den Extremen – dem Anfang einer kaum wahrnehmbaren Arbeitsunlust und dem arbeitsbedingten Nahtoderlebnis – erstrecken sich weite Steppen voll mit Warnsignalen, die man umso leichter (und häufiger) findet, je genauer man danach sucht. Eigentlich ist sogar schon die aktive Suche nach solchen Zeichen ein eigenes Warnsignal, denn wann hätte man beim gemeinsamen Herumlungern im Whirlpool je wachsam nach Gründen für einen vorzeitigen Abbruch gesucht?

Um die für sich beste Art des Aufgebens zu finden, muss man sich zunächst vergegenwärtigen, dass es ganz verschiedene Varianten gibt – vom dramatischen Schlussakkord bis zum in Berlin so genannten «polnischen Abgang» (dem grußlosen Verschwinden), vom lauten Knall bis zum leisen Versandenlassen, von radikaler Konfrontation bis zum luftigen Schmuseschluss mit feierlichem Diätsektstehempfang. Befindlichkeiten Dritter sollte man zunächst nach Möglichkeit ausblenden; es kommt vor allem darauf an, wie man sich selbst mit welcher Variante fühlt. In einem zweiten Schritt kann man überlegen, wie was bei wem ankommt. Dabei sollte man immer im Auge behalten, dass sich die meisten problematischen Spannungen vermittels der richtigen Kommunikation wieder geradebiegen lassen. (Siehe Kapitel «Kommunikation der Unzulänglichkeit».) Um ein Gefühl für die richtige Art des Aufhörens zu bekommen, ist die Beschäftigung mit der eigenen Beendigungsgeschichte sinnvoll: Welche Art, Dinge zu beenden, hat sich im Nachhinein als angenehm erwiesen? Diese Analyse der eigenen Erlebnisse – eine kluge Beschäftigung für Momente, in denen man dringend anderes zu tun hätte – hilft auch, bestimmte Fehler nicht häufiger als unbedingt notwendig zu machen. Das Beste am Aufgeben selbst ist nicht das famose Gefühl, wenn man es hinter sich gebracht hat, sondern vor allem, dass endlich Energie und Zeit für die wirklich wichtigen und schönen Projekte frei wird, denen man vorher hinterhergeseufzt hat.

Ein guter Trick zum Schlussmachen sei zum Schluss verraten: Häufiger mal etwas testweise beenden. Auch hier kann eine gewisse Übung nicht schaden. Wenn man bereits mehrfach Projekte wie «Flur streichen» oder «Brief an die E-Mail-lose Großmutter schreiben» mühelos zwischen den Mahlzeiten aufgegeben hat – dann fällt es einem leichter, den beschissenen Job hinzuwerfen. Und wenn es der letzte Job auf der Welt wäre!

3. ALLTAG

Der Kampf gegen die Dinge

Haushaltsprobleme

«‹Fege ordentlich, kehr den Schmutz aus den Winkeln, dann gibt es das alles nicht›, belehrte ihn Oblomow.
‹Heute kehrt man, morgen hat es sich wieder angesammelt.›
‹Nichts sammelt sich wieder an›, unterbrach ihn sein Herr. ‹Das darf eben nicht geschehen.›
‹Es sammelt sich an, ich weiß es›, behauptete der Bediente.
‹Und wenn es sich wieder ansammelt, kehrst du eben wieder aus.›
‹Wie? Jeden Tag alle Winkel ausfegen?›, fragte Sachar. ‹Was für ein Leben wäre denn das? Lieber soll Gott meine Seele zu sich nehmen!›»
(Iwan Gontscharow: «Oblomow»)

Früher, ach, früher hatten es die Menschen schön. Wer sich nicht gerade ins Tischtuch schnäuzte, galt bereits als reinlich. Die Wäsche wurde einmal jährlich erledigt. Und wie viel Unordnung konnte man zu Hause schon anrichten, wenn man kaum mehr als ein Hemd, einen Teller und eine hölzerne Truhe besaß? Aber mit der Verbreitung von Schöner-Wohnen-Zeitschriften stiegen die Erwartungen an den Zustand der Höhle, die ihre Bewohner doch ursprünglich nur wärmen und vor Regen schützen sollte. Heute ist die Lage so weit eskaliert, dass kein Selbsthilfebuch für Unordentliche ohne ausführliche Ratschläge zum Verwalten, Reinigen und Präsentieren der durchschnittlich 15 000* Gegenstände in deutschen Haushalten auskommt.

* «Süddeutsche Zeitung» vom 14. März 2008, S. 18. Wie man zu dieser Zahl gelangt, ist uns nicht ganz klar. Zählen zum Beispiel alle Nägel in der Werkzeugkiste? Wenn die Werkzeugkiste herunterfällt, muss man

In Gisela Steins «Desorganisationsprobleme – Das Messie-Phänomen» heißt es: «Für Menschen, denen es ohnehin schon schwerfällt, ihren Alltag zu organisieren, bedeutet diese Verschiebung der Normen hinsichtlich Wohnästhetik und Reinlichkeit nach oben eine ständige Herausforderung, die sie nicht bewältigen können.» Zwar haben nicht alle LOBOs Probleme mit ihrer Wohnsituation. Manche haben einfach frühzeitig eingesehen, dass sie ohne Putzfrau verloren wären, anderen fällt es leicht, Ordnung zu halten, und ihr Prokrastinationswille bricht sich stattdessen bei der Arbeit Bahn. Auf wissenschaftliche Weise von uns erratene 90 Prozent aller LOBOs aber schieben Putz- und Aufräumarbeiten vor sich her. Beide Tätigkeiten eignen sich dafür ausgezeichnet, weil sie normalerweise weder besonders dringend sind noch auch nur den geringsten Spaß machen.

«Das Gefühl, dass eine bestimmte Pflicht erfüllt werden müsse», schreibt der französische Soziologe Jean-Claude Kaufmann in «Schmutzige Wäsche», «ist paradoxerweise zugleich das erste Zeichen ihres Schwächerwerdens.» Eine Aufgabe, bei der statt Pflichtgefühl ein Gefühl der Selbstverständlichkeit vorherrscht, ist heute etwa das tägliche Duschen oder Sockenwechseln, das selbst unordentlichen Menschen in der Regel leichtfällt. Bis in die sechziger Jahre hinein war es selbstverständlich, dass die Wohnung in Ordnung gehalten werden musste, und damit auch leichter, diese Norm zu

ja schließlich auch sämtliche Nägel wieder aufheben. Beziehungsweise zwei Jahre lang liegen lassen, bis man sich aufraffen kann, sie wieder aufzuheben. Wenn man tausend Nägel in ein Schraubglas füllt, hat man dann tausend Gegenstände weniger als vorher? Zählt jede Seite in einem 500-Blatt-Paket Druckerpapier? Kann man zwei Bretter zusammennageln und hat dann statt drei Gegenständen nur noch einen? Hilft es, einfach alle 15 000 Gegenstände aneinanderzunageln, um so der Unordnung Einhalt zu gebieten?

erfüllen. Aber aus einer ohne bewusstes Nachdenken ablaufenden Handlung, der man sich nur um den Preis verweigern konnte, sich sehr weit außerhalb der Gesellschaft zu stellen, ist inzwischen eine Aufgabe geworden, die man hinterfragen darf und deshalb beständig hinterfragt. «Nun kann es passieren,», so Kaufmann, «dass sich der Körper einer mühseligen Haushaltsarbeit ganz einfach widersetzt.» Wenn der Körper dabei die Ausrede vorbringt, er habe vor lauter Berufstätigkeit keine Zeit zum Aufräumen, dann lügt er übrigens. In Wirklichkeit hat er einfach keine Lust und sollte das ehrlich zugeben.

Schmutz ist, wie Kaufmann feststellt, «ein soziales Konstrukt» und keine objektive Zustandsbeschreibung. Robert Levine erklärt in «Eine Landkarte der Zeit»: «Als zum Beispiel Ende des 17. Jahrhunderts in Holland billiges Fensterglas auf den Markt kam, wurde es plötzlich unmöglich, den Schmutz in den Häusern weiterhin zu ignorieren.» Und Tom Hodgkinson gibt in «How to Be Free» dem hellen elektrischen Licht die Schuld daran, dass der Dreck heute viel sichtbarer ist als früher. Er rät dazu, auf Kerzenlicht umzustellen und so jede Menge Hausarbeit einzusparen. Die meisten Sorten Dreck sind schließlich unschädlich oder womöglich sogar gesund: Übermäßige Hygiene scheint zumindest bei Kindern das Entstehen von Allergien zu fördern. Auch die Umwelt dankt dem Unreinlichen. Bei Max Goldt heißt es: «Wenn das erste Abwasser aus einer Waschmaschine voll Bettwäsche nicht ackerkrumenbraun ist, dann wäscht man zu zeitig und un-öko.»

Ähnliches gilt für das Aufräumen. «Räumen Sie bei besonderer Arbeitsbelastung unbedingt als Erstes den Schreibtisch und dessen Umgebung auf», empfiehlt Werner Tiki Küstenmacher in seinem Ratgeber «Simplify». «Die dafür aufgewendete Zeit wird durch konzentrierteres, fröhlicheres und schnelleres Arbeiten mehr als wettgemacht.» In Wirklichkeit weiß jeder, wie es weitergeht: Man nimmt die ersten Blätter vom Schreibtisch und entdeckt einen Kontoauszug. Genau, die Kontoauszüge wollte man schon immer mal abheften! In einen Ordner, auf dem «Kontoauszüge» steht, so wie bei anderen Leuten auch! Im Keller könnten noch Ordner sein, aber der Schlüssel für den Keller ist bei Laura, bei der man sich erst wieder melden kann, wenn man ihre Fotos gefunden hat, die müssten auch irgendwo auf dem Schreibtisch liegen, nur weiter unten, ah, verdammt, schon ist der ganze Stapel ins Wanken geraten und auf den Boden gerutscht. Wie es hier unten aussieht, staubsaugen könnte man mal wieder. Am besten, man geht erst mal Staubsaugerbeutel kaufen, aber nicht wieder die falschen wie letztes Mal, die übrigens endlich jemand bei eBay einstellen müsste. Den Schreibtisch aufzuräumen ist ein schöner Plan, der wahrscheinlich auch zu irgendwas Nützlichem führt, nur ganz sicher nicht dazu, dass man in absehbarer Zeit mit der eigentlichen Arbeit anfängt.

Gut, dass ein trostloser, unaufgeräumter Arbeitsplatz seine Vorteile hat. Der Autor Alain de Botton schreibt: «Mein Arbeitszimmer ist so hässlich, dass ich keine andere Wahl habe, als in meine Arbeit zu flüchten, um es so vielleicht zu vergessen. Es reizt mich nicht mehr, herumzusitzen und die Äußerlichkeiten des Schriftstellerlebens zu bewundern. Ich hefte die Augen auf den Monitor. Schönheit mag das Glück befördern, aber mir scheint, dass eine wohlkalkulierte Dosis Hässlichkeit Wunder für die Produktivität wirkt.» Als LOBO ist man ohnehin nicht auf Äußerlichkeiten angewiesen, um sich ablenken zu lassen. Was hilft ein aufgeräumter Schreibtisch, wenn im eigenen Kopf zweihundert Gedanken gleichzeitig auf und ab springen und «Ich weiß was, Herr Lehrer!» rufen? Was hilft ein aufgeräumter Schreibtisch, wenn auf dem Schreibtisch ein Rechner mit Internetzugang steht und es im Internet noch viel unordentlicher zugeht als im eigenen Kopf? Ein perfekt aufgeräumter Schreibtisch und eine aufgeräumte Wohnung sind vor allem dann wichtig, wenn man Stress hat, wenn alles schnell gehen muss und man sich keine zusätzliche Verwirrung leisten kann. Wer ein entspannteres Leben führt, stirbt nicht gleich am Herzinfarkt, nur weil Sachen herumliegen. Und wenn man unbedingt einen ordentlichen Arbeitsplatz haben möchte, kann man immer noch den Rechner zuklappen und im nächsten Café weiterarbeiten. Dort kommt regelmäßig ein netter Mensch vorbei und räumt den Tisch ab. Man lächle ihm freundlich zu und sage: «Danke!»

Aber was ist, wenn es nicht nur um ackerkrumenbraunes Waschmaschinen-Abwasser und Papierstapel auf dem Schreibtisch geht? Was, wenn man schon seit Jahren weder die Waschmaschine noch den Schreibtisch aus der Nähe gesehen hat, weil Umzugskartons, Mülltüten, Altpapierstapel und eine wichtige Sammlung alter Röhrenmonitore nicht mehr als einen schmalen Gang von der Haustür zum Klo und zum Sofa frei lassen? Denn ach, das Spektrum des LOBO-Daseins reicht von denjenigen, die nur ab und zu mal eine Mail nicht sofort beantworten, bis hin zu Menschen, die nach ihrem Tod in der Zeitung auftauchen. Und zwar nicht wegen ihrer Verdienste, sondern unter Überschriften wie «Rentner lag tot unter 60 Tonnen Altpapier – Feuerwehr brauchte sechs Stunden, um zur Leiche vorzudringen».

Grundsätzlich kann natürlich jeder so wohnen, wie er will. «Durch eine bloße Unordnung droht der Wohnung kein Schaden», urteilte 1997 das Amtsgericht Wiesbaden. Indizien dafür, dass man ein echtes Problem hat und nicht nur zu selten oben auf den Bilderrahmen Staub wischt, können sein:

- Mehr als zwei volle Mülltüten pro Zimmer.
- Stapel alter Zeitungen und Zeitschriften aus mehr als zwei Jahren.
- Schimmliges Geschirr in der Spüle und / oder anderswo.
- Man öffnet die Tür nicht mehr, wenn es klingelt.
- Wenn Handwerker kommen, behauptet man, man sei nur zu Besuch.
- Die Wohnung riecht merkwürdig. (Um das herauszufinden, muss man sie ab und zu verlassen.)
- In der Wohnung leben zahlreiche Tiere, die man nicht selbst angeschafft hat.

Solche Verwahrlosungstendenzen sollte man spätestens bis zum Rentenalter halbwegs in den Griff bekommen, sonst gibt es Ärger und man wird vor der Zeit ins Heim gesteckt. Im Laufe des Lebens entwickeln die meisten Menschen zwar Kompensationstechniken und Tricks, um den Müll in seine Grenzen zu verweisen, aber in schwierigen Lebenssituationen oder mit zunehmendem Alter kann die Lage eskalieren. Deshalb lohnt es sich, rechtzeitig über Lösungen nachzudenken, die auch für LOBOs funktionieren.

Wer immer wieder am Putzen und Aufräumen gescheitert ist, für den gilt das im Kapitel «Jedem Ende wohnt ein Zauber inne» Geschilderte: Weg mit den guten Vorsätzen und her mit nachhaltigen Lösungen. Viele Einzelprobleme lassen sich auf einen Schlag erledigen, wenn man die Menge der Gegenstände reduziert, die regelmäßig aufgeräumt werden wollen. Dabei hilft es, Gegenstände wie Viren oder Meme zu betrachten, die sich in unseren Haushalten einnisten und uns für ihre Zwecke benutzen. Gegenstände sind der Feind, den es an allen Fronten zu bekämpfen gilt. In schweren Fällen helfen dabei Entrümpelungsdienste, die man jederzeit in Anspruch nehmen kann, auch wenn man gar nicht tot oder zwangsgeräumt ist. Entrümpler sind gern bereit, bei Bedarf jedes Jahr wieder vorbeizuschauen und Gegenstände zu entsorgen, das ist schließlich ihr Beruf. Es ist allerdings eine Illusion, dass die Wohnung nach einmaliger Befreiung vom Terror der Gegenstände für immer sauber und aufgeräumt bleiben wird. Wer echte Fortschritte sehen will, muss entweder eine Haushaltshilfe finden (siehe Kapitel «Jetzt helfe ich mir nicht mehr selbst») oder sich neue Gewohnheiten zulegen, die so unanstrengend sind, dass man sie dauerhaft beibehält. Wer Müll gerne dort fallen lässt, wo er gerade sitzt oder steht, kann sein Problem beispielsweise durch Aufstellen von drei bis vier Mülleimern pro Zimmer lindern. Im Folgenden haben wir einige Tipps für Unordentliche auf einen Haufen gekehrt.

10 Tipps, wie man die Dinge in ihre Schranken verweist

1. **Finger weg von «Aufbewahrungslösungen».** Jede noch so praktische Kiste, die man voller Hoffnung bei IKEA erwirbt, lindert das Problem nicht, sondern zieht neue Gegenstände an, wie das Loch im hohlen Baum das Eichhörnchen anlockt. «Es kommt der Tag, da will die Säge sägen», sagt der Volksmund, aber noch viel sicherer kommt der Tag, da will das Regal beinhalten. Und je größer der zusätzliche Stauraum, desto größer wird das Problem. Eva Roth schreibt in «Einmal Messie – immer Messie?»: «Mittlerweile habe ich – und das ist die nackte Wahrheit – weit über 1000 Bananenkartons in dreieinhalb angemieteten Lagerräumen untergebracht, die mich jährlich so viel kosten wie ein sechswöchiger Urlaub auf den Malediven mit allem Drum

und Dran inklusive die Flüge.» Wenn man Probleme mit Gegenständen hat, ist der Kauf neuer Gegenstände keine Lösung.

2. **Virtueller Besitz ist der bessere Besitz.** Alles, was es im Internet gibt, kann man getrost wegwerfen, verschenken oder verkaufen. Aber Vorsicht: Wer Fotos, Musik oder Texte auf der Festplatte lagert, ersetzt nur eine beschwerliche Besitzform durch eine andere. Mit dem Einscannen, Rippen, Kopieren, Hochladen und Kategorisieren von Daten kann man genauso viel Zeit auf genauso langweilige Weise verbringen wie mit dem Abstauben und Sortieren realer Besitztümer.
3. **Im Zweifelsfall weg damit.** Dabei hilft ein persönlicher Wegwerfberater. Für diese Position qualifiziert sich jeder Freund, der nicht gerade noch größere Wegwerfprobleme hat als man selbst. Wenn man sich selbst nicht entscheiden kann, ob man sich wirklich von einer schönen Sammlung alter Wäscheschleudern trennen soll, schildert man dem Wegwerfberater das Problem. Das Wort «Aufheben» sollte nur in Verbindung mit Heruntergefallenem verwendet werden.
4. **Großpackungen sind Teufelswerk.** Niemals Sonderangebote oder Großpackungen kaufen, die mehr als das enthalten, was man gerade braucht, ganz egal, wie viel billiger sie sind. Jedem LOBO stehen drei individuelle Ausnahmen von dieser Regel zu, die seine schlimmsten Probleme lindern, unsere Empfehlung wären Glühbirnen, Briefmarken und Mülltüten.
5. **Niemals vorsorgen.** Es wird alles auch später noch zu kaufen oder herunterzuladen geben. Vor einigen Jahren begann eine deutsche Messie-Selbsthilfewebsite sinngemäß mit den Worten: «Drucken Sie diese Seiten auf keinen Fall aus, Sie wissen genau, wozu das führt. Unser An-

gebot wird immer unter dieser Adresse zu finden sein.» Natürlich gibt es die Website heute nicht mehr, aber an ihre Stelle sind andere, bessere getreten.

6. **Vorausschauend kaufen.** Es darf kein Gerät ins Haus, das regelmäßig neue Batterien (insbesondere Spezialknopfzellen) oder andere Verschleißteile braucht. Man wird es nie schaffen, Ersatz zu besorgen, und putzt sich dann entweder zehn Jahre mit demselben Bürstenkopf die Zähne oder hat nach einem Jahr ein nicht mehr funktionierendes elektronisches Fieberthermometer, das man nicht wegwerfen kann, weil man ja nur eine neue Batterie kaufen müsste. Drei bis vier Vorwürfe auf einmal zerren an einem, man hat wieder ein herumliegendes Ding mehr, und die Schachtel voll alter Knopfzellen müsste auch endlich mal zur Sammelstelle.
7. **Renovierungspläne in kleine Abschnitte unterteilen.** Es kommt immer mal vor, dass man nicht zu Ende bringen kann, was man sich vorgenommen hat, dafür gibt es viele gute und schlechte Gründe. In Fallberichten über das Vermüllungssyndrom wird die komplette Unbewohnbarkeit einer Wohnung nicht selten auf einen lange zurückliegenden Renovierungsversuch zurückgeführt. Aufgaben müssen deshalb so strukturiert werden, dass man sie an jedem Punkt ohne allzu große Unannehmlichkeiten für ein Jahr unterbrechen kann.
8. **Aussortieren genügt nicht.** Aussortiertes möchte sich im Keller, auf dem Dachboden oder unter dem Bett festkrallen und muss daher so schnell wie möglich aus dem Haus. LOBOs sollten rechtzeitig jemand anderen bitten oder beauftragen, sich um die Verteilung an Wohlfahrt, eBay und Müll zu kümmern.
9. **Die Dinge sollen mal schön die Klappe halten.** In Gisela Steins «Das Messie-Phänomen» heißt es: «Gleich-

zeitig empfinden viele hortende Menschen auch eine große Verantwortung gegenüber ihren Dingen. Diese Verantwortung rührt teilweise von den emotionalen Bindungen an die Objekte. Da diesen oft menschenähnliche Eigenschaften zugesprochen werden, erhöht sich auch das Gefühl persönlicher Verantwortung diesen Dingen gegenüber.» Fangen Sie klein an, werfen Sie ein Blatt Papier weg. Schon bald können Sie sich zu einfachen Kleidungsstücken wie Socken und Unterhosen vorarbeiten, und vielleicht erreichen Sie eines Tages die höchste Stufe der Wegwerf-Erleuchtung und bewältigen selbst handschriftliche Notizen, Fotos, Geschenke und Stofftiere, ohne mit der Wimper zu zucken.

10. **Rettung der Wohnung geht vor Rettung der Welt.** Viele Messies glauben, durch ihr eigenes Verhalten die Welt retten zu müssen. Deshalb kann der Müll nicht einfach in die Tonne, obwohl sich die vollen Mülltüten schon bis zur Decke stapeln, sondern er muss erst gespült und sortiert werden. Irgendwann mal. Sobald man sich von dieser Vorstellung frei macht, wird alles viel leichter. Unternehmen dürfen ihre Umweltverschmutzung durch Emissionshandel ausgleichen – warum also nicht privat den Müll unsortiert lassen, wenn man dafür regelmäßig an Greenpeace spendet. (Achtung: Zur Teilnahme an diesem Verfahren berechtigt sind ausschließlich Personen, die durch Mülltrennungsvorsätze in Teufels Küche geraten sind und diese mehrere Jahre lang bewohnt haben.)

«Fünf Monate nach meinem Einzug in diese Wohnung warten noch etliche Kartons darauf, ausgepackt zu werden. Die stehen hier rum und haben sich über die Zeit, zu einem für mich unsichtbaren ‹Blinden Fleck› entwickelt. Jedes Mal, wenn ich den Raum betrete, in dem die Kartons stehen, sehe ich sie nicht, während andere Menschen sofort diesen Ausdruck in den Augen bekommen, der so viel heißt wie ‹Na, den will ich aber nicht heiraten›. Also ungefähr derselbe Blick, den sie bekommen, wenn man ein Glas Wein anbietet und dann erst mal verschämt die Gläser abwäscht, weil sie seit drei Wochen nur immer mal mit Wasser durchgespült wurden und zwischen Schreibtisch und Küche pendelten und dementsprechend aussehen.

Auf jeden Fall ist Weihnachten, und da ich nichts geschenkt bekommen habe, also nicht wie alle anderen knietief in aufgerissenem Geschenkpapier waten durfte, dachte ich mir heute: ‹Mensch Don, mach doch mal einen Karton auf.› Also packte ich blind einen Karton aus meinem blinden Fleck und öffnete ihn. Es war ein Karton Bücher. Ich freute mich unter anderem sehr über die Walter-Serner-Komplettausgabe, einen vergriffenen Bildband über Dadaismus, ungefähr 30 ‹Mister Dynamit›-Agententhriller, die 60. Auflage (265. bis 269. Tausend) des 1926 erschienenen Buches ‹Die vollkommene Ehe – eine Studie über ihre Physiologie und Technik› von Dr. Th. H. van de Velde und einen Roman namens ‹Abschied auf Englisch – Eine Kriminalkomödie› in abwaschbarer, durchsichtiger Plastikhülle. Da ich meine Bücher nicht in Kondome einschweiße, war mir sofort klar, dass dies nicht mein Buch sein konnte. Also blätterte ich ein wenig vorne rum, um eventuell den Originalbesitzer ausfindig machen zu können, obwohl ich hoffentlich niemanden kenne oder gekannt habe, der seine Bücher in Plastikfolie einschweißt. Hinten wurde ich dann fündig, denn da steht fett eingestempelt ‹Eigentum der Bezirksbücherei Bonn-Bad Godesberg›. Und gleich daneben der Laufzettel mit dem allerspätesten Abgabedatum: ‹11.04.1988›. Wie konnte mir das entgehen? Wie konnte ich fast fünfzehn Jahre lang vergessen, dieses teure Paperback zurückzugeben? Und warum habe ich mir mit zwanzig so einen Scheiß-Roman ausgeliehen? Und was soll ich jetzt machen? Anonym zurückschicken? Behalten und auf Partys damit angeben? Was passiert, wenn mal eine heiratswillige Frau meine Gemächer betritt, die Kartons verschwunden, die Gläser fein poliert sind, sie aber dieses Buch findet? Die denkt doch sofort ‹Oh, wenn der so was schon vergisst, dann vergisst er sicher auch irgendwann mal, nach Hause zu kommen. Ne, so einen will ich nicht›. Herrje – mein ganzes charakterliches Elend, in einem billigen Roman manifestiert.»

(Don Dahlmann)

Schön, schlank und fit in 30 000 Tagen

Das Getue um den Körper

> «Ein hart gekochtes Ei zu verdauen kostet den Körper mehr Kalorien, als das Ei tatsächlich hat. Ergo nimmt man bei hart gekochten Eiern schon während des Essens ab, man zehrt praktisch aus. Mit Mineralwasser verhält es sich übrigens ähnlich.»
> *(Christiane Rösinger: «Das schöne Leben»)*

Selbsthilfebücher gegen das Aufschieben sind voll mit guten Ratschlägen, wie man sich dazu überwindet, täglich joggen zu gehen, sich gesünder zu ernähren und endlich mal konsequent Diät zu halten. Als ob es nicht schon schlimm genug wäre, dass die Welt um einen herum einem lästige Dinge abverlangt! Wer falsch parkt, muss sich nur vom Staat herumkommandieren lassen. Wer sich selbst herumkommandiert, hat bereits doppelt so viel Arbeit. Das Mindeste, was man für sich als Bürger im Staat der eigenen Persönlichkeit tun kann, ist daher, keine sinnlosen und undurchführbaren Gesetze zu erlassen.

Das Argument, eine bestimmte Verhaltensweise sei gesünder als andere, hat historisch gesehen andere Konditionierungsinstrumente abgelöst, mit deren Hilfe die Gesellschaft uns ein schlechtes Gewissen machen will. Während man früher versuchte, seine Mitmenschen durch den Hinweis auf die Gottgefälligkeit oder Sündigkeit einer Handlung zu Verhaltensänderungen zu bewegen, werden heute Gesundheitsargumente angeführt, um den Lebenswandel anderer Menschen in Misskredit zu bringen. Dabei fehlt etwa dem gegenwärtigen Schlankheitsideal die wissenschaftliche Begründung, denn zwischen Normalgewicht und Gesundheitsproblemen liegt ein sehr breiter Speckgürtel schlimmstenfalls ästhetisch beklagenswerter Kilos. Diverse kluge Menschen, darunter der Philosoph Michel Foucault, vermuten im Schlankheitsideal eine Verlagerung äußerer Kontrollmechanismen ins Innere des Menschen. Ein schlanker, sportlicher Körper macht für alle sichtbar, dass man nicht jeder Versuchung folgt, sondern sich erfolgreich selbst diszipliniert hat.

Aber wenn die schöne Kunst der Prokrastination mit Hilfe von Gesundheitsargumenten madiggemacht werden soll, können wir nicht tatenlos zusehen. Das Aufschieben von Plänen, so heißt es immer wieder, sei kein harmloser Spaß, sondern mit ernsten Gesundheitsgefahren verbunden, weil die Betroffenen mit Arztbesuchen und gesunden Verhaltensänderungen zu lange warteten. Die erwiesene Fähigkeit von LOBOs, unter Termin- oder anderem Druck ihren Pflichten doch noch einigermaßen nachzukommen, lässt allerdings darauf schließen, dass sie sich durchaus in die Arztpraxis bewegen, sobald es einen zwingenden Grund dafür gibt. Und ohne zwingenden Grund zum Arzt zu laufen ist weder dem Kontostand noch der Gesundheit zuträglich. Den Schäden durch Nichthandeln stehen Schäden durch unnötiges Handeln gegenüber – seit man beispielsweise die Hormonersatztherapie in den Wechseljahren reduziert, fallen in allen Industrieländern die Raten an neu festgestellten Brustkrebsfällen.

Der häufigste medizinische Vorwurf, den man Prokrastinierern macht, ist dabei, dass sie Früherkennungsuntersuchungen zu lange hinausschieben. Hauptgründe für die Nichtteilnahme an Krebsfrüherkennungsangeboten sind zwar tatsächlich Bequemlichkeit und Vergesslichkeit, aber 76 von 100 männlichen und 65 von 100 weiblichen Krebstoten sterben an Tumorarten, für die es bislang gar keine sinnvolle Früherkennung gibt. Und auch dort, wo es eine gibt, liegt ihr Nutzen keineswegs auf der Hand. Im Juni 2003 war in der «Zeit» unter dem Titel «Vom Segen des Nichtwissens» zu lesen: «Plötzlich wird offen darüber diskutiert, dass allzu eifrige Kontrolle sogar mehr schaden als nützen kann. An der seit 1971 praktizierten Früherkennung von Darm-, Prostata-, Brust-, Haut- und Gebärmutterhalskrebs lässt sich demonstrieren, dass Nichtstun eine ernst zu nehmende Alternative ist. Früherkennung ist im Kern ein Tauschgeschäft: Man tauscht ein Risiko gegen ein Bündel anderer Risiken. Von 1000 Teilnehmern können bestenfalls einige wenige erwarten, dass Früherkennung sie vor einem vorzeitigen Tod durch einen Krebs bewahrt. Keine Frage, das ist ein sehr starkes Argument für Früherkennung. Doch dieser Gruppe stehen etwa gleich viele Teilnehmer gegenüber, bei denen Früherkennung die Gesundheit angreift, die sie eigentlich erhalten soll.» Ob Prokrastinierer krebsbedingt auch nur einen Tag früher sterben als gut organisierte Menschen, ist bisher mangels entsprechender Forschungsarbeiten unbekannt.

Unbestritten wäre es ganz gut, zweimal jährlich beim Zahnarzt zu erscheinen und hin und wieder seinen Blutdruck messen zu lassen. Wenn das nicht gelingt, wird man ein kariöseres und eventuell kürzeres Leben führen und sollte daher zum Ausgleich wenigstens nicht rauchen oder Motorrad fahren. Ist man Raucher, Motorradfahrer, Taucher und Arztbesuchvermeider, kann man sich immer noch darauf berufen, dass jeder Mensch das Recht auf selbstgewählte Risiken hat. Der Gesellschaft schadet man damit nicht, denn wer früher stirbt, liegt seinen Mitmenschen weniger auf der Tasche. Auch Präventionsmaßnahmen kosten fast immer mehr, als sie einsparen helfen – ein Schluss, zu dem die Wirtschaftswissenschaftlerin Louise B. Russell schon 1986 in ihrem Buch «Is Prevention Better Than Cure?» kam und der seither in zahlreichen Studien bestätigt wurde. Der einzige Punkt, an dem die Gesellschaft ein berechtigtes Einmischungsinteresse hat, sind Impfungen, denn nur bei einer hohen Durchimpfungsrate entsteht eine «Herdenimmunität», die die Ausbreitung von Infektionskrankheiten eindämmt. Zum Glück wird man normalerweise von den Eltern gezwungen, sich impfen zu lassen, und kann eigene Kinder dazu zwingen. Was bekanntlich viel einfacher ist, als sich selbst zu irgendetwas zu bewegen.

Während der Wunsch, LOBOs sollten öfter mal zum Arzt gehen, vorwiegend von außen an sie herangetragen wird, sind die dominierenden Gesundheitsvorsätze in Selbsthilfeforen «Endlich mal regelmäßig Sport treiben» und «Endlich mal konsequent Diät halten». Beides zusammen ist für gefühlte 90 Prozent aller öffentlich geäußerten guten Vorsätze verantwortlich, und an Tipps und Tricks, wie man «den inneren Schweinehund überlistet», herrscht kein Mangel.

Wer sich immer wieder mit Tricks dazu überwinden muss, joggen zu gehen oder im Fitnessstudio langweilige Dinge zu tun, sollte sich fragen, ob er sich nicht einfach für die falsche Beschäftigung entschieden hat. Es ist ja kein Ding der Unmöglichkeit, die für einen selbst passende Form körperlicher Betätigung zu finden: Man erkennt sie daran, dass sie Spaß macht und man sich nicht zu ihr zwingen muss. Eventuell macht Treppensteigen auf dem Stairmaster ein oder zwei Menschen auf der Welt wirklich Spaß, es gibt ja die seltsamsten Dinge da draußen. Aber wer schon ahnt, dass er keine dieser zwei Personen ist, der kündige sein Abo fürs Fitnessstudio und fange mit dem Geld was Lustigeres an.

Gegen dieses Abo spricht übrigens nicht nur die Langweiligkeit von Fitnessstudios. Wie die Wirtschaftswissenschaftler Stefano DellaVigna und Ulrike Malmendier 2006 herausfanden, zahlen Inhaber von Fitnessstudio-Monatsabos pro

Besuch im Schnitt 70 Prozent mehr, als wenn sie sich Einzel- oder Zehnerkarten kaufen würden. Ein Fitnessstudiobesucher, der keine Lust mehr hat und dessen Abonnement sich automatisch verlängert, braucht im Durchschnitt weitere 2,29 Monate, um zu kündigen. Wer ein Abonnement abschließt, tut das vermutlich im Glauben, man könne sich auf diese Art leichter motivieren, regelmäßig Sport zu treiben. Genau das Gegenteil tritt ein: Die Wahrscheinlichkeit, dass man das Fitnessstudio nach einem Jahr immer noch aufsucht, liegt bei Jahresabos *niedriger* als bei Monatsabos. Denselben Effekt kann jeder an Menschen beobachten, die sich ein Trimmrad zugelegt haben: Erkundigen Sie sich ruhig im Bekanntenkreis, wie viele Besitzer eines Trimmrads das teure Gerät auch nur unregelmäßig benutzen – und zwar nicht, um die gebügelten Hemden dran aufzuhängen.

«1997 zog ich in Berlin um. Der Transport einer Waschmaschine in den vierten Stock eines Mietshauses führt einem die eigene Kurzatmigkeit erbarmungslos alle drei Stufen vor. Ich beschloss zu handeln und mich beim Fitnessstudio, glücklicherweise kaum mehr als 100 Meter entfernt, anzumelden. Ich hatte die Wahl zwischen einer unverbindlichen Tageskarte, zehn Trainingseinheiten für 120 DM, und einem Jahresvertrag für 600 DM. Im festen Glauben, dass ich regelmäßig dorthin gehen würde, entschied ich mich für den Vertrag. Im folgenden Jahr war ich fünf Mal dort trainieren, weil der Waschraum ein schlechtes Karma hatte (120 DM / Training). 1998 kaufte ich, obwohl vollkommen pleite, einen teuren Hometrainer. Meine strategische Begründung war gut durchdacht: ein derart teures Gerät würde ich wohl kaum herumstehen lassen. Entsprechend benutzte ich es mindestens sechs Mal, zweimal davon für Filmaufnahmen, bevor ich durch glückliche Fügung einen gutbezahlten Job bekam. Entsprechend wurde es schlagartig weniger schmerzhaft, ein teures Gerät nicht zu benutzen; die Folgen lassen sich erraten (250 DM / Training). 1999 ließ ich mich durch ein Studio, das zwar 40 Fahrminuten von meiner Wohnung entfernt, aber in Fahrradweite der Wohnung meiner Freundin lag und vor allem 24 Stunden am Tag geöffnet war, derart beeindrucken, dass ich einen Jahresvertrag abschloss. Meine Freundin zog um. Ich besuchte das Studio vier Mal, kein einziges Mal davon außerhalb normaler Öffnungszeiten (125 DM / Training). 2003 wollte ich aus Fehlern lernen, in der neubezogenen Kreuzberger Wohnung war auch kaum Platz für eigenes Sportgerät, sodass ich ein mittelweit entfernt gelegenes Fitnessstudio auswählte – aber clever nur einen Vertrag über ein halbes Jahr abschloss. Die Entfernung erwies sich dann aber doch als zu groß, um regelmäßig dorthin zu fahren, sodass ich insgesamt drei Mal trainierte. Die Vertragscleverness hielt sich für mich überraschend insofern in Grenzen, als sich der halbjährige Vertrag von allein verlängerte und eine Kündigungsfrist von drei Monaten für mich ein kaum zu überwindendes Kündigungshindernis darstellte. Ich blieb dort zwei Jahre lang Mitglied, ließ online die Abbuchungen im zweiten Jahr aber immer wieder zurückgehen, was für mich gedanklich vollkommen als gefühlte fristlose Kündigung ausreichte. Die Rechtsabteilung der Fitnesskette neigte zu einer anderen Auffassung, und leider folgte das Mahngericht dieser Argumentation wohl weitestgehend, wie ich zwei oder drei Jahre später entsprechenden Briefen entnehmen sollte. Im ersten Jahr zahlte ich also für drei Besuche 600 Euro, im zweiten Jahr für null Besuche inklusive Mahngebühren, Amtskosten, Rechtsanwaltskosten und Ähnlichem 1.200 Euro. Um diesen Höhepunkt nicht so allein im Raum stehenzulassen, ließ ich meine Erfahrung 2006 und 2007 mit zwei Jahren in einem Luxus-Fitnessstudio ausklingen. Im ersten Jahr schaffte ich beachtliche zwanzig Besuche, zehn davon mit einem Privattrainer für 400 Euro im Monat, zusätzlich zu den 80 Euro Monatsgebühr (Goldmitgliedschaft mit weltweiter Trainingsberechtigung). Das zweite Jahr wohnte ich nicht mehr nur weit, sondern durch einen Umzug irrwitzig weit entfernt von dem Luxus-Fitnessstudio. Leider hatte ich die Kündigungsfrist (drei Monate) verpasst (1 Training).»

(Sascha Lobo)

Diese Mühen und guten Vorsätze entspringen in fast allen Fällen der Überzeugung, Sport sei das beste Mittel zur Gewichtsabnahme – eine Theorie, die allerdings in den letzten Jahren eher in Lifestylezeitschriften als in wissenschaftlichen Veröffentlichungen vertreten wird. Die Vorstellung, der Körper sei eine Art Maschine, die Kalorien verzehrt, durch Bewegung Kalorien verbraucht und den Unterschied grammgenau und unbarmherzig in Fettpolster umwandelt, ist relativ neu. Erst seit den sechziger Jahren setzte sich die Ansicht durch, Übergewicht ließe sich durch Bewegung reduzieren. Da ein solcher Zusammenhang bis heute nicht schlüssig nachgewiesen werden konnte, ist die Fachwelt inzwischen in ihren Ratschlägen vorsichtig geworden. Die «American Heart Association» und das «American College of Sport Medicine» veröffentlichten 2007 einen gemeinsamen Leitfaden zum Thema «Bewegung und Gesundheit». Er rät – wie auch die meisten deutschen Veröffentlichungen – dazu, sich aus Gesundheitsgründen an fünf Tagen die Woche je dreißig Minuten lang gemäßigt zu bewegen. Fünf Tage die Woche dreißig Minuten gemäßigt, das bedeutet, dass es vollkommen ausreicht, mit dem Fahrrad zur Arbeit zu fahren oder jeden Tag eine halbe Stunde zu Fuß zu gehen. Selbst Staubsaugen, Treppensteigen und Unkrautjäten werden hin und wieder unter den fitnessfördernden Beschäftigungen aufgeführt. Zum Thema «Abnehmen durch Bewegung» heißt es im genannten Leitfaden allerdings sehr zurückhaltend: «Man darf annehmen, dass bei Menschen mit relativ hohem täglichen Energieverbrauch eine Gewichtszunahme langfristig weniger wahrscheinlich ist als bei Menschen mit niedrigem Energieverbrauch. Bisher sind die Daten zur Untermauerung dieser Hypothese nicht gerade überzeugend.»

Dasselbe gilt für die Details der Ernährung: Ob Fett überhaupt fett macht und, wenn ja, ob sich dadurch das Leben verkürzt, von welchen Faktoren Übergewicht eigentlich herrührt, das alles und noch viel mehr ist ungeklärt. Es gibt bis heute keine Ernährungsrichtung, deren Nutzen nicht regelmäßig von Forschern bezweifelt wird. Hier ein kurzer Überblick:

- Mehr Fett, weniger Kohlenhydrate: umstritten
- Weniger Fett, mehr Kohlenhydrate: umstritten
- Nutzen von Vitaminzusätzen: umstritten
- Nutzen von mehr Obst und Gemüse: umstritten
- Nutzen von Ballaststoffen: umstritten

Wer uns – was verständlich wäre – nicht einfach so glauben will, dass man darüber immer noch nichts Genaues herausgefunden hat, kann die Details in Gary Taubes' «Good Calories, Bad Calories» nachlesen. Der Autor fasst darin auf 600 Seiten die bemerkenswert widersprüchlichen Ergebnisse von einhundert Jahren Ernährungsforschung zusammen. Schneller und billiger ist eine «Google Scholar»-Suche nach jüngeren Studien zum Nutzen unterschiedlicher Diätformen. Unabhängig von der jeweiligen Diät- und Glaubensrichtung weisen alle Studien geringe oder gar keine Erfolge aus, wenn es um langfristige Gewichtsabnahme geht.

Die einzige Ausnahme – ständige leichte Unterernährung – beweist ihre gesundheitlichen Vorteile zwar immer wieder an Labormäusen und in Kriegszeiten, wenn die Anzahl der Diabetes- und Herz-Kreislauf-Erkrankungen drastisch zurückgeht. Unter normalen Bedingungen ist sie aber außer für essgestörte Menschen nicht dauerhaft durchzuhalten. Wir möchten niemanden von dem Vorsatz abbringen, seine Gewohnheiten oder seine Ernährung umzustellen, aber wenn der neue Lebensentwurf nicht so angelegt wird, dass er langfristig ohne jede Aufbringung von Selbstdisziplin funktioniert, ist im günstigsten Fall alle Mühe vergeblich. Im ungünstigeren Fall kommt es zum Jo-Jo-Effekt, wenig später sind die vertriebenen Kilos wieder da und haben noch Freunde mitgebracht. Verschiedenen Studien zufolge zeigen nur etwa 15 Prozent aller durchgeführten Diäten langfristig *irgendeinen* Erfolg. Meditieren Sie bei Gelegenheit darüber, wie wahrscheinlich es ist, dass ausgerechnet Sie als Leser dieses Buchs zu diesen 15 Prozent zählen.

Aus einer Studie der Wirtschaftswissenschaftler David Cutler und Ed Glaeser aus dem Jahr 2005 geht hervor, dass gesundes wie ungesundes Verhalten sich meist auf einzelne Bereiche beschränkt und keineswegs das ganze Leben erfasst: «Die Korrelation unterschiedlicher gesundheitsrelevanter Verhaltensweisen bei ein und demselben Menschen ist praktisch null.» Raucher trinken nicht überdurchschnittlich viel Alkohol, Trinker sind nicht häufiger übergewichtig, und Übergewichtige sind nicht nachlässiger als andere, wenn es um die regelmäßige Einnahme blutdrucksenkender Medikamente geht. Ob jemand an den empfohlenen Terminen an Krebsfrüherkennungsuntersuchungen teilnimmt oder sich beim Autofahren angurtet, ist unabhängig von seinen Rauch-, Ess- oder Trinkgewohnheiten. Die Wirtschaftswissenschaftler Emre Ozdenoren, Stephen Salant und Dan Silverman folgern daraus, dass die bei allen Menschen nur begrenzt vorhandene Willenskraft (siehe Kapitel «Nimm 2!») lediglich für wenige empfohlene Verhaltensweisen auszureichen scheint. Offenbar gelingt es so gut wie niemandem, alle Gesundheitsempfehlungen gleichzeitig einzuhalten.

Solange sich die Fachwelt nicht auf halbwegs fundierte Ernährungs- und Verhaltensrichtlinien einigen kann, sollten wir daher den Körper in Ruhe lassen. In Erstweltländern geht es ihm heute besser als je zuvor, und wenn wir die unstrittigen Empfehlungen umsetzen, also regelmäßig Zähne putzen, möglichst nicht rauchen, nichts Radioaktives frühstücken und mit dem Rad zur Arbeit fahren, haben wir schon genug zu tun. Der Nutzen von Diät- und Sportterror für den Körper ist ungewiss, der Verlust an Lebensqualität offensichtlich.

6 Tipps für ein gesünderes LOBO-Leben

1. **Schöne Wege sind besser als schöne Ziele.** Schlecht gewählte Motive für gesünderes Verhalten erschöpfen sich schnell, gute Gründe halten viele Jahre lang. «Ich will mich mehr bewegen, um einen schöneren Körper zu haben» ist eine ungünstige Motivation, weil sie sich ausschließlich auf das Ziel konzentriert. Für manche Menschen mag das reichen; diejenigen, die dieses Buch in der Hand halten, gehören wahrscheinlich nicht dazu.
2. **Sport ist keine Fortsetzung der Arbeit mit anderen Mitteln.** Das zwanghafte Messen, Beziffern und Vergleichen

von Fortschritten ist bei der Arbeit wie beim Sport eins der ungünstigsten Motivationsmittel, weil es nur über die ersten Hindernisse hinwegträgt und danach erlahmt. Durch therapeutische Wahl der Sportart (Angeln oder Boule) lässt sich hier bei leistungsdruckgefährdeten Personen Schlimmeres verhindern. Wenn das aus Langeweilegründen nicht möglich ist, sollte man sich wenigstens sinnlose Ziele setzen und ohne Flaschensauerstoff den höchsten Punkt der Malediven zu besteigen versuchen (laut Wikipedia ein unbenannter Ort auf der Insel Wilingili im Addu-Atoll, zwei Meter über dem Meeresspiegel).

3. **Den Ball flach halten.** Je größer das schlechte Gesundheitsgewissen, desto martialischere Vorsätze werden in der Regel gefasst. Drastische Sport- und Ernährungsumstellungen sind aber nicht nur viel anstrengender und scheitern schon deshalb öfter. Meistens sind sie auch weniger gesund als bescheidene Pläne. Statt «beim nächsten Marathon mitlaufen» reicht auch «ab und zu mal Yoga», statt «ab sofort null Kohlenhydrate» tut es auch «langsamer essen». Nur zum Angeben vor den Freunden eignen sich entspanntere Vorsätze nicht so gut.
4. **Schlafen macht schlank.** Wie die Mediziner Steven Heymsfield und James Gangwisch in einer großangelegten Studie herausfanden, sind Menschen, die nur fünf Stunden schlafen, mit um 73 Prozent höherer Wahrscheinlichkeit übergewichtig als Menschen, die sieben bis neun Stunden Schlaf bekommen. Schon eine einzige Stunde weniger Schlaf führt zu messbaren Gewichtsunterschieden. Damit ist der Einfluss von ausreichend Schlaf auf das Körpergewicht deutlich ausgeprägter als der Einfluss von Bewegung.
5. **Einbildung macht schlank.** In einer Studie der Psychologin Ellen Langer an Hotelzimmermädchen stellte sich

heraus, dass deren Körperfettanteil, Blutdruck und Body-Mass-Index sich trotz ihrer körperlich anstrengenden Tätigkeit nicht von den Werten sitzender Kopfarbeiter unterschied. Die Frauen hielten ihre Lebensweise für ungesund – schließlich suchten sie nie ein Fitnessstudio auf. Sobald man ihnen allerdings mitteilte, dass sie sich im Beruf deutlich mehr bewegten als andere beim Sport, sanken ihr Blutdruck und ihr Gewicht umgehend. Langer erklärt dieses Ergebnis mit dem guten alten Placeboeffekt.

6. **Glücklich sein.** Der Glücksforscher Ruut Veenhoven fand heraus, dass «Glück das Leben verlängert, wobei sich die Wirkung der Zufriedenheit durchaus damit vergleichen lässt, ob man raucht oder nicht». Anstatt das Rauchen aufzugeben, kann man also versuchen, das Leben mit mehr glückverheißenden Elementen zu möblieren. Näheres regelt die Glücksforschung.

Letzte Mahnung!

Vom Umgang mit Post, Geld und Staat

«Das Ministerium hat ihm schon mindestens fünfzig Briefe geschrieben. Natürlich kam nie eine Antwort. Es ist nicht möglich, jemand öfter als dreimal zu warnen, geschweige denn ihm zu drohen: Beim vierten Mal ist die Drohung zum Wiegenlied geworden ...»
(Halldór Laxness: «Am Gletscher»)

Die Gedanken, die vielen LOBOs wie dunkle Schatten auf der Seele lasten, drehen sich oft um die Verwicklungen und Bedrohungen aus dem Problemfeld Post, Geld und Staat. Die wichtigste Fähigkeit, die man zur Problemminimierung in diesem Bereich bis zur Vollendung beherrschen sollte, ist das Nichtstun zur rechten Zeit: Die nicht vermiedene Aktion ist die Mutter aller Probleme. Hier sei uns die Sorgenlosigkeit des Eremiten Vorbild, wenn sich auch sein Sozialleben überschaubar gestalten mag. Aber da wir uns wider besseres Wissen aus emotionalen Gründen mitten ins gesellschaftliche Getümmel stürzen wollen, gilt es, zwei Problemkomplexe zu unterscheiden: private Probleme, deren Auswirkungen sich ausschließlich im eigenen oder in fremden Köpfen abspielen, und offizielle Probleme, die ganz konkrete Folgen haben. In diesen zweiten, unangenehmeren Komplex gehören fast immer die drei Bereiche Post, Geld und Staat.

Der Grund dafür ist schnell erklärt. Alle Kommunikation, die irgendwelche schwerwiegenden Konsequenzen nach sich zieht, gelangt per Post zu uns. Man wird sogar per Post über seine demnächst anzutretende Gefängnisstrafe informiert, wenn man nicht sowieso in Untersuchungshaft sitzt und den entsprechenden Brief persönlich überreicht bekommt. Der zweite Punkt ist Geld, denn sehr viele offizielle Probleme haben darin ihren Dreh- und Angelpunkt. Das Ungünstige ist, dass gerade LOBOs dazu neigen, in Geldprobleme zu geraten, weil konsequentes Verplanen teuer werden kann. Und schließlich drittens der Staat, denn nur der Staat ist mit seinen ärgerlich zahlreichen Exekutivorganen und -orgänchen berechtigt, uns zu irgendetwas zu zwingen.

Woher kommt nun die Empfehlung, nichts zu tun? Wir müssen präzisieren – es geht darum, bestimmte Dinge nicht zu tun. Offizielle Probleme entstehen dadurch, dass ein geschäftlicher Prozess begonnen, aber nicht abgeschlossen wird: Häufig haben sie ihren Ursprung in einem Vertrag. Obwohl Verträge auch ohne Unterschrift zustande kommen können – jeder Kauf eines Lollis ist rechtlich gesehen ein Vertrag –, sind diejenigen mit Unterschrift die gefährlichen, ob beim Kauf per EC-Karte ohne Kontodeckung, beim Abschluss eines Mobilfunkvertrags, bei dem Eintritt in ein Fitnessstudio (siehe Kapitel «Schön, schlank und fit in 30 000 Tagen») oder dem Abschluss von Kredit- oder Versicherungsverträgen. Verträge sind Damoklesschwerter. Alle Menschen, und LOBOs insbesondere, sind also gut beraten, vor jeder Unterschrift – unter welches Papier außerhalb einer Geburtstagskarte auch immer – gut zu überlegen, ob dieser Vertrag sinnvoll ist. Man kann sich angewöhnen, sich vor jeder Unterschrift das Worst-Case-Szenario bei Nichterfüllung vorzustellen und es gegen die Vorteile des Vertrages abzuwägen. Das schreckt ab und kann vor törichten Handlungen bewahren. «Ich weiß ja, dass ich Chance um Chance verspiele / in meiner Warteschleife / aber kann man Chancen / nicht auch als Gefahr begreifen?», fragt Popmusiker Jens Friebe in seinem Song «Jede Menge Ziele». Das ist der Geist, in dem LOBOs an neue Verträge herangehen sollten.

Schon allein, weil Verträge dazu neigen, ein hohes Briefaufkommen zu produzieren. Post öffnen, Post bearbeiten, Post herstellen und Post wegbringen gehören ohne jeden Zweifel zu den schwierigsten Aufgaben der Menschheit, auch wenn einige vermutlich von Außerirdischen Abstammende das Gegenteil behaupten. Aber nicht umsonst unterscheiden sich Pest und Post nur durch einen Buchstaben, und so gilt es, das Postaufkommen zu minimieren. Ein trauriges Wort nebenbei: Post wird es immer geben, weil das System mit ihrer Hilfe Kontakt zum Individuum aufnimmt. Günstigstenfalls wird sie irgendwann durch E-Mail ersetzt, was Postprobleme leicht verbessern mag, aber nicht löst. Wer darunter leidet, sollte unbedingt eine Ausweichmethode finden.

Die beste Alternative ist die Auslagerung an andere Menschen. (Siehe Kapitel «Jetzt helfe ich mir nicht mehr selbst».) Wenn man die Post mit einem guten Freund über Kreuz erledigt, kann das bereits Linderung verschaffen, denn nur bei Briefen, die man selbst bekommen hat, fällt schon das Öffnen schwer. Was sich darin verbirgt, fühlt sich bei der eigenen Post oft nach Angst an, bei fremder hingegen verwandelt sie sich in Neugier. Diese Methode setzt natürlich eine sehr vertrauensvolle und hilfsbereite Person voraus und die Möglichkeit, sich alle acht Wochen zu treffen. In jedem Fall gilt die Dreierregel: Briefe werden erst dann geöffnet, wenn der dritte derselben Sorte gekommen ist. In den meisten Fällen ist dann schon erhebliches Eskalationspotenzial ausgeschöpft worden – Rechnung, Mahnung, letzte Mahnung –, aber es ist selten für alle Gegenmaßnahmen zu spät. Der Vorteil: Man muss bloß ein Drittel der Post öffnen – oder weniger, denn nur wirklich wichtige Angelegenheiten verursachen überhaupt zwei Folgebriefe. Vieles versandet, vieles andere ist auch einfach egal. Trotzdem sollte man sich zumindest darüber im Klaren sein, dass allzu nachlässige Bearbeitung der Kommunikation von vielen Menschen als Boshaftigkeit verstanden wird. Eventuell, so wollen wir eingestehen, nicht einmal ganz zu Unrecht.

Grundsätzlich reicht es aus, Post im Zweimonatsrhythmus zu bearbeiten. Mit etwas gutem Gespür und Antizipation lässt sich dieser Zeitraum auf ein Vierteljahr ausdehnen. Man kann von außen in der Regel einschätzen, ob der Brief besser sofort geöffnet werden sollte oder auf einen Stapel neben oder in den Mülleimer gelegt werden kann. Briefe der GEZ zum Beispiel kann man gefahrlos ungeöffnet wegwerfen, wenn es gelingt, das mit dem eigenen Rechtsempfinden zu vereinbaren. GEZ-Briefe eignen sich daher gut, um sich einen entspannten Umgang mit offiziös anmutender Post anzutrainieren. Ansonsten überprüfe man für sich selbst, auf welche Leistungen man ungern verzichten würde. Gehören Wohnen, Internet, Handy und Krankenversicherung dazu, sollte man die entsprechenden Schreiben zeitnah öffnen.

Natürlich ist in finanziellen Dingen die letzte Mahnung nicht die letzte Mahnung. Wenn man es darauf anlegt, kann man auch diese ignorieren. Es beginnt ein Prozess, der von einem größeren Teil der Gesellschaft nicht mehr als normal und alltäglich empfunden wird – zu Unrecht. Wir beschreiben hier, was passiert und wie man die Konsequenzen einzuschätzen hat, um den Menschen die Angst und die Scham zu nehmen. Denn das alles mag unangenehm sein, aber es ist bei weitem nicht so schlimm, wie man in seinen Albträumen befürchtet.

Nach der wirklich letzten Frist im Kontakt mit dem direkten Vertragspartner teilt sich der Weg, den ein solcher Vorgang beschreiten kann: Entweder führt er direkt zum zuständigen Staatsarm, dem Mahngericht, oder die offene Rechnung wird für einen Bruchteil der Forderung an die Mahnindustrie verkauft und verwandelt sich in eine Art Spekulationsobjekt für Inkassounternehmen. Der Käufer versucht nun, die Forderung einzutreiben, ohne selbst allzu viel Geld auszugeben. Das passiert in automatisierten Prozessen mit Briefen, vielen Briefen, einer unfassbaren Anzahl von Briefen. Ein einziger Vorgang kann leicht zehn Briefe hervorbringen, denn jede erneute Zustellung erhöht den Prozentsatz der endlich doch Bezahlenden. Etwa im dritten Brief bietet das Inkassobüro oft an, die Forderung um bis zu 50 Prozent zu reduzieren, falls man sie innerhalb einer gewissen Frist begleicht. Forderungen unter einer gewissen Summe, die je nach Unternehmen bis zu fünfzig Euro beträgt, werden nach ein paar Briefen nicht weiter verfolgt. Auch hier gilt das Nichtstu-Gebot; es ist nicht sinnvoll, sich bei einem Inkassobüro telefonisch zu melden. Denn dort weiß man: Bei Menschen, die sich kümmern, ist eher Geld zu holen. Deshalb bekommen sie seltener einen Nachlass, und noch seltener werden die Bemühungen bei kleinen Beträgen eingestellt. Ansonsten endet der Briefverkehr mit Inkassobüros früher oder später mit der Bezahlung – oder beim Mahngericht.

Das Mahngericht ist eine unerbittliche Instanz und gewissermaßen der Fährmann über den Styx zwischen Vorhölle Post und der Unterwelt des staatlichen Zwangs. Wie in der Natur, wo Gelb als Signalfarbe für giftige Tiere gilt, versendet auch das Mahngericht gelbe Umschläge, die sogenannten förmlichen Zustellungen. Vor ihnen droht akute Gefahr, wenn man wie die meisten LOBOs «akut» als «binnen weniger Wochen» versteht. In den gelben, mit einem Datum versehenen Umschlägen findet sich zunächst ein Mahnbescheid. Diesem kann man mit einer Frist von zwei Wochen widersprechen – falls man der Meinung ist, er sei unbegründet. Der Gläubiger müsste dann vor Gericht auf Zahlung klagen. Was er gar nicht so oft tut, wie man glaubt, aber häufiger, als man hofft.

Widerspricht man dem Mahnbescheid nicht, erlässt das Mahngericht einen Vollstreckungsbescheid, das heißt, von nun an schuldet man den dort eingetragenen Betrag wirklich und wahrhaftig und amtsbekannt – bis hierher war alles privatwirtschaftliche Vertrags- und damit letztlich Auslegungssache. Der Vollstreckungsbescheid gelangt ebenfalls per förmlicher Zustellung in gefahrengelbem Umschlag zum Adressaten. Es handelt sich dabei um eine Ankündigung, dass demnächst der Gerichtsvollzieher vorbeischauen wird. Auch jetzt besteht noch die Chance, die ausstehenden Gelder samt Gebühren zu bezahlen und so die Angelegenheit für den Staat zu erledigen. Andernfalls setzt sich der Gerichtsvollzieher mit dem Schuldner in Verbindung. Das kann je nach Bezirk und Arbeitsbelastung zwischen ein paar Wochen und mehr als einem Jahr dauern. Gerichtsvollzieher schreiben einen Brief, in dem sie einen Termin für einen Hausbesuch vorschlagen. Eine Kontaktaufnahme zum Beispiel zwecks Terminverschiebung ist keine einfache Aufgabe, denn deutsche Gerichtsvollzieher haben die merkwürdigsten und kürzesten Kontaktzeiten der Welt («telefonische Sprechstunde montags von 8.00 bis 9.00 Uhr»).

Steht der Gerichtsvollzieher schließlich vor der Tür, erweist er sich in den meisten Fällen als nette Person. Trotzdem kann man ihn mittelfristig nur mit Geld befriedigen. Anfangs wird er über verschiedene Zahlungsmodalitäten und -zeiträume mit sich reden und sich sogar ein- oder zweimal vertrösten lassen. Dann aber wird er unerbittlich und kommt je nach Fall mit einigen kräftigen Personen oder der Polizei zurück. Er darf sich Zugang zur Wohnung verschaffen, um darin nach Pfändbarem zu suchen. Gutgelaunte Gerichtsvollzieher tun das nur oberflächlich, weil sie wissen, dass sich in

Gläubigerwohnungen selten Wertpapiere oder größere Summen Bargeld finden. Schlechter gelaunte Gerichtsvollzieher zücken eine Liste mit Dingen, die sie pfänden dürfen, indem sie sie mit einem Siegel versehen oder vom Hilfspersonal mitnehmen lassen.

Wer eine besonders ungünstige Methode sucht, seine Schulden zu begleichen, der sollte diesen Weg wählen, denn gepfändete Gegenstände fließen zu extrem geringen Sätzen in die Rechnung ein; für Unterhaltungselektronik oder Computer sind zehn Prozent des Neuwerts keine Ausnahme. Gerichtsvollzieher dürfen unter bestimmten Voraussetzungen auch ein Konto pfänden lassen, es verwandelt sich dann in eine unbarmherzige Einbahnstraße: Geld kann nur noch eingezahlt, aber nicht abgehoben oder überwiesen werden, selbst wenn genügend Deckung vorhanden wäre. Eine solche Pfändung lässt sich nur mit viel Mühe wieder aufheben: Dazu ist die Zahlung (oder Freigabe) des Geldes erforderlich, der Beweis der Zahlung und die Bestätigung des Gläubigers bei der Bank, dass das Geld eingetroffen ist – ein langwieriger Prozess. Ähnlich unangenehm sind Gehaltspfändungen, denn der Arbeitgeber erfährt von dieser Maßnahme.

Das Wissen um die Funktionsweisen und die Schwerfälligkeit des Mahnwesens und seine Lücken sollte jedoch nicht dazu führen, dass man grundsätzlich alle in Anspruch genommenen Leistungen erst bezahlt, wenn das Inkassobüro einen satten Nachlass gewährt hat. Zum einen trifft eine schlechte Zahlungsmoral besonders kleinere Unternehmen oder Selbständige mit voller Wucht. Nicht wenige Unternehmenskonkurse sind das Produkt einer Menge säumiger Schuldner. Zum Zweiten ist der Grat zwischen bösartig und unorganisiert nirgends schmaler als genau an dieser Stelle.

Zum Dritten gibt es die SCHUFA, die «Schutzgemeinschaft für allgemeine Kreditsicherung». Die SCHUFA ist ein privatrechtliches Unternehmen, das über fast alle Bürger fast alle Finanzdaten sammelt und so intransparent wie möglich auswertet. Aus den Daten über eine Person berechnet die SCHUFA einen Score, der die Kreditwürdigkeit im Allgemeinen und in speziellen Bereichen angibt, zum Beispiel was den Abschluss von Mobilfunkverträgen betrifft, die als besondere Form eines Kreditvertrages angesehen werden. Viele Unternehmen akzeptieren keine Kunden, deren Score zu niedrig ist – die SCHUFA schützt also vor einer Reihe von potenziell schädlichen Verträgen und hat daher auch ihre guten Seiten.

Dass sie trotzdem eher Teil des Problems ist als Teil der Lösung, muss nicht eigens betont werden, denn allzu leicht gerät der LOBO aus einer leichten Organisationsschwierigkeit heraus in den Ruch, ein bösartiger Halbkrimineller ohne jede Zahlungsmoral zu sein. Nach unserer eigenen Schätzung beruhen mindestens die Hälfte aller SCHUFA-Einträge auf ungenügender Organisation, zum Beispiel in Form von ein paar Monate zu spät geöffneter Post. Man kann die SCHUFA deshalb auch als Prokrastiniererdatei betrachten, umso mehr, als es eines größeren organisatorischen Aufwands bedarf, dort wieder herauszukommen. Man muss oft selbst beweisen, dass eine Schuld beglichen worden ist, und Anträge auf Löschung der Einträge stellen, was in der Regel frühestens zwei Jahre nach der Schuldbegleichung möglich ist. Solche Schikanen bevorzugen eindeutig den gut organisierten Betrüger gegenüber dem gutmütigen Unorganisierten.

Die Überschneidung aus den Problemfeldern Geld und Staat heißt Finanzamt. Es stellt die Ausnahme von der Regel dar, dass Kontakt mit Staatsorganen möglichst zu vermeiden ist, weil dabei nie etwas Besseres als nichts herauskommt.

Denn anders als die meisten LOBOs befürchten, kann man mit dem Finanzamt reden. Ein Besuch bei der zuständigen Person verwandelt den Prokrastinierer von einer Nummer in ein Gesicht und ist daher denjenigen LOBOs umso nachdrücklicher zu empfehlen, denen ein solcher Besuch (oft ohne Anmeldung möglich) leichter fällt, als einen Brief zu schreiben. Die persönliche Vorstellung und interessierte, freundliche Nachfragen und Erklärungen können dazu führen, dass der fast überall vorhandene Ermessensspielraum zugunsten des geplagten LOBOs ausgeschöpft wird. Es hilft auch, wenn man seine eigene Situation erläutert und sich als organisatorisch herausgeforderter, aber kooperationswilliger Mensch darstellt. Denn in den Augen vieler Finanzamtsbediensteten ist jeder Steuerzahler zunächst jemand, dem man mit Misstrauen begegnet. Vermutlich zu Recht. Gerade deshalb sollten LOBOs zeigen, dass kein Spiel auf Zeit, keine Heimtücke oder Boshaftigkeit dahintersteckt, wenn der ein oder andere Brief kaum mehr als zehn Monate nach Ablauf der Frist mit einem verwirrten Telefonanruf beantwortet wird. Es sollte sich bei der Kontaktaufnahme mit dem Finanzamt allerdings um betreutes Reden handeln, und zwar betreut von einem Steuerberater.

Der Zeitpunkt, einen Steuerberater Rotz und Wasser heulend aufzusuchen, ist spätestens dann gekommen, wenn man die vom Finanzamt verlangte Steuererklärung über längere Zeit aufschiebt und plötzlich überraschend geschätzt wird. Geschätzt werden ist das Gegenteil von geschätzt sein, denn nun ist man für das Finanzamt bis zum Beweis des Gegenteils ein Schlingel. Schätzungen des Finanzamts sind oft verhältnismäßig hoch, weil sie eine starke Motivation beinhalten sollen, innerhalb weniger Tage eine Steuererklärung abzugeben. Tut man das nicht, ist die Forderung vorläufig verbindlich, und man muss gegebenenfalls Steuern auf Einkünfte entrichten, die man niemals hatte. Man bekommt sie zwar wieder zurück, sobald man beweist, dass man zu viel bezahlt hat, aber in der Zwischenzeit hat man Gelegenheit, den zuständigen Gerichtsvollzieher kennenzulernen.

In wirtschaftlichen Notlagen können Schuldnerberatungen ein Licht in der Brandung sein. Sie informieren über das gesetzliche Instrumentarium wie eidesstattliche Versicherung und Privatinsolvenz, das den Verschuldeten vor dem Schlimmsten bewahren soll. Definitiv kein Ausweg ist es, bei fragwürdigen Anbietern neue Schulden aufzunehmen; diese scheinbar angenehme Lösung wird von einer Reihe dubioser Finanzberater und Kreditgeber im Internet propagiert. Hier, wie in fast allen anderen Fällen, gilt die Regel: Niemals in der Menschheitsgeschichte lag die Lösung eines schwerwiegenden Problems hinter einem hässlichen, blinkenden Banner verborgen (außer eventuell bei Potenzproblemen).

5 Tipps zum Umgang mit Post, Geld und Staat:

1. **Kreditkartenrechnung und Kontoauszüge sofort öffnen.** Allerdings nur dann, wenn man in der Lage ist, gegen unberechtigte Abbuchungen innerhalb der Frist von 42 Tagen Einspruch zu erheben. Weiß man schon vorher, dass das sowieso nicht klappt, kann man beides ungeöffnet in den Karton mit Unterlagen für den Steuerberater legen.
2. **Dispokredit abschaffen.** Er bietet für LOBOs ausschließlich Nachteile und erhöht sich schlimmstenfalls regelmäßig von allein, wodurch die Schulden automatisch mitwachsen. Ein Konto, bei dem einem die Bank garantiert niemals einen Dispokredit einräumen wird, heißt Gutha-

benkonto und ist eine gute Sache. Wahlweise kann man in einem günstigen (weil schuldenfreien) Moment die Bank bitten, den vorhandenen Dispokredit zu streichen. Das geht sogar schrittweise, dann wird der Dispo jeden Monat um 50 oder 100 Euro abgesenkt.

3. **Rechtsschutzversicherung abschließen.** Rechtsschutzversicherungen sind ein zweischneidiges Schwert, denn um sie abzuschließen, muss man einen Vertrag unterschreiben, was die üblichen Nachteile mit sich bringt. Trotzdem raten wir dazu – als LOBO wird man zwar kaum von sich aus einen Rechtsstreit anzetteln, ist aber den Machenschaften besser organisierter Menschen hilflos ausgeliefert. Daher sollte man sich im Wissen um die eigenen Schwächen rechtzeitig Beistand sichern. Mietrechtsschutz sollte unbedingt im Umfang enthalten sein. Versicherte können sich auch leichter in Rechtsfragen beraten lassen, was immer wieder mal nötig werden kann. Als teurere, aber dafür kooperative Versicherung gilt die AdvoCard. Hier ist die Wahrscheinlichkeit etwas geringer als anderswo, dass der Briefwechsel mit der Versicherung mehr Nerven kostet als das eigentliche Rechtsproblem.
4. **Privathaftpflichtversicherung abschließen.** Dieser Ratschlag gilt für alle Menschen, nicht nur für LOBOs, und es handelt sich strenggenommen auch nicht um einen Ratschlag, sondern um einen Befehl. Lesen Sie nicht weiter, bevor Sie eine abgeschlossen haben. Fragen Sie nicht, weshalb, schicken Sie uns einfach einen guten Riesling (Weingut Barth, «Hattenheim Wisselbrunnen», Jahrgang 2006), wenn Ihre Waschmaschine einen Wohnblock unter Wasser setzt oder Sie einen klagewütigen Beamten mit Tendenz zur Arbeitsunfähigkeit mit dem Fahrrad angefahren haben.

5. **Unter keinen Umständen jemals im Internet Waren bestellen, die verzollt werden müssen.** Auch dann nicht, wenn sie nur ein Zehntel kosten. Es sei denn, Sie möchten gern Bekanntschaft mit der «Benachrichtigung über den Eingang einer Sendung mit Drittlandsware» machen. Die darin verlangten Belege und Amtsgänge decken den durchschnittlichen LOBO-Jahresbedarf an bürokratischen Zumutungen.

Im Jahre 2006 war mein Konto irgendwann im Frühjahr kurz nicht ausreichend gedeckt, weil ich traditionell erst dann Rechnungen schreibe, wenn der EC-Automat nichts mehr ausspucken möchte. Unglücklicherweise versuchte genau in diesem Zeitraum die Kfz-Versicherung vergeblich und von mir unbemerkt den Jahresbeitrag abzubuchen. Bereits im Herbst entschloss ich mich, die Briefe der Versicherung zu öffnen; es wäre vermessen, Postbearbeitung zu meinen Stärken zählen zu wollen. Nach drei Mahnungen war im vierten und letzten Schreiben die Mitteilung zu finden, dass der Versicherungsschutz aufgehoben, die Polizei informiert worden war und darüber hinaus das Fahrzeug sofort aus dem Verkehr zu ziehen sei, anderenfalls mache man sich irrwitzig strafbar. Dieser Brief war zu diesem Zeitpunkt kaum mehr als vier Wochen alt.
Im Wissen, dass das Fahren ohne Versicherung teuer werden kann, parkte ich das Auto vor meiner Haustür und ließ es zunächst stehen, mit dem festen Vorsatz, so bald wie möglich eine neue Versicherung zu beantragen. Schon wenige Wochen später klebte ein gelber Punkt auf der Windschutzscheibe. Was war passiert? Die Polizei hatte die Mitteilung bekommen, mein Wagen sei nicht mehr versichert, und hatte mich daraufhin zweimal per Brief aufgefordert, die neue Versicherungspolice beizubrin-

gen. Als das nicht geschehen war, hatte eine zuständige Fachkraft die Gegend um meine Berliner Meldeadresse herum nach dem unversicherten Kraftfahrzeug abgesucht, es gefunden und an Ort und Stelle abgemeldet. Daher der runde, gelbe Aufkleber auf der Frontscheibe. In mir erwachte ein Forschungsinteresse, das – unterstützt von einer gewissen Aufschiebeneigung – bewirkte, dass ich sogleich gezielt nichts tat. Ich wollte den gesamten Vorgang als gesellschaftspolitisches Experiment betrachten. Was passiert mit einem Auto, das unversichert und abgemeldet herumsteht? Kann man sich auf die Mechanismen eines Verwaltungsstaates mit Ordnungsfetisch verlassen?
Von meinem Balkon aus konnte ich den Wagen herumstehen sehen. Zwei Wochen lang bis in den Dezember hinein beobachtete ich ihn mit quasiwissenschaftlicher Wissbegier. Urplötzlich stand er nicht mehr dort, was man – wie ich später googelte – auch dem gelben Aufkleber hätte entnehmen können. Das Ordnungsamt hatte ein Abschleppunternehmen beauftragt. Ich setzte mir selbst eine Frist von vier bis fünf, höchstens sechs, maximal sieben Wochen, mich um das Auto und dessen Verbleib zu kümmern. Ich fahre gern Auto und brauche es eigentlich auch, daher dieses knappe, kaum einhaltbare Ultimatum. Nach kaum mehr als zweieinhalb Monaten fiel mir beim Wühlen in wichtigen Unterlagen mitten in der Nacht ein Brief des Ordnungsamts in die Hände. Begeistert öffnete ich ihn, in der zugegeben naiven Hoffnung, darin stünde etwas Ermunterndes wie ‹Alles nicht so schlimm, komm' Se vorbei, wir kriegen das hin›. Stattdessen warf man mit einem Bündel Fristen um sich, von denen die entscheidende etwa seit einer Woche vergangen war: nämlich die zur Abholung des Wagens nach vorheriger Zahlung eines mittelerheblichen Geldbetrages. Am nächsten Tag

handelte ich: Gleich morgens notierte ich auf einem Zettel den Plan, später unbedingt beim Ordnungsamt anzurufen. Wiederum wenige Tage später rief ich tatsächlich an. Ein freundlicher Mensch teilte mir die zu zahlende Summe mit, knapp 300 Euro, ein Schnäppchen geradezu. Dazu kämen aber Gebühren, Strafen, andere Gebühren und noch dritte Gebühren. Außerdem solle ich so schnell wie möglich bei der dem Abschleppunternehmen angeschlossenen Autoverwertung anrufen, vielleicht sei es noch nicht zu spät.

Es war noch nicht zu spät, wie mir der mürrische Verwerter mitteilte, ich könne den Wagen abholen. Und zwar 40 Kilometer nördlich von Berlin, an einem Ort, der weiter von jedem öffentlichen Nahverkehr nicht hätte entfernt sein können. Ein paar Tage später schaffte ich es, zum Ordnungsamt zu fahren. Beim zweiten Besuch am darauffolgenden Tag hatte es dann auch geöffnet, ich bezahlte etwa 600 Euro und bekam ein Papier mit unspektakulären Stempeln darauf ausgehändigt, für das ich auf dem freien Markt allenfalls 6 Euro bezahlt hätte. Eine Woche später, mitten im Frühling, holte ich mit einem mir bekannten Automechaniker den Wagen ab. Dass der TÜV abgelaufen war, der Schein für die ASU verloren und die Bremskolben vom vielen Herumstehen defekt, dass das Auto deshalb repariert werden musste, wobei der Automechaniker den einzigen Schlüssel verlor, der erst wiederauftauchte, als ich mich Wochen später dazu aufraffen konnte, mit dem Kfz-Brief eine Kopie anfertigen zu lassen, und dass deshalb nach der Abholung noch fünf Monate vergingen, bis ich tatsächlich wieder mit dem Auto fahren konnte, war schon nicht mehr Teil des Experiments. Aber eigentlich auch ganz interessant.»

(Sascha Lobo)

Fortschritt durch Faulheit

Technische Lösungen

> Bender: «Freunde, ich bin hier, um euch von euren komplizierten Leben zu befreien … also vom Komplizierten befreien, meine ich, nicht vom Leben.»
> *(Futurama)*

Die Suche nach technischen Lösungen für die eigenen Probleme entspringt der Überzeugung: «Nicht ich muss mich ändern, die Bedingungen müssen sich ändern!» Chester Carlson erfand den Kopierer, weil er keine Lust hatte, Dokumente für das US-Patentamt immer wieder neu abzutippen und abzuzeichnen. Dan Bricklin schrieb die Tabellenkalkulationssoftware VisiCalc, einen Vorläufer von Excel, weil ihm die Buchhaltungs-Übungsaufgaben im Studium zu mühsam waren. Der Informatikpionier John Backus gab im Interview zu Protokoll: «Ein Großteil meiner Arbeit beruht auf meiner Faulheit.» Weil er nicht gern programmierte, entwickelte er die Programmiersprache Fortran, um sich die Arbeit zu erleichtern. Die ersten Vibratoren wurden um 1890 herum gebaut, weil es Ärzten zu mühselig wurde, die «hysterische Krise» bei ihren Patientinnen von Hand auszulösen. Und Larry Wall, der Entwickler der Programmiersprache Perl, wird häufig mit seiner Aussage zitiert, die drei wichtigsten Eigenschaften guter Programmierer seien Faulheit, Hybris und Ungeduld. Denn wer über Geduld und Fleiß verfügt, dem fehlt die Motivation, langweilige, mühsame Aufgaben zu vereinfachen.

Auch wenn technische Verbesserungen häufig neue Komplikationen mit sich bringen, haben sie die Welt für LOBOs zweifellos an vielen Stellen bewohnbarer gemacht. Onlinebanking etwa kostet viel weniger Überwindung als der früher nötige Gang zur Bank, und in den Zeiten der Digitalkamera muss sich niemand mehr monatelang aufraffen, einen Film wegzubringen, die Negative durchzusehen, Abzüge in Auftrag zu geben und die Fotos abzuholen.

Natürlich ist Vereinfachung des Alltags kein Selbstzweck. Beschäftigungen, die zwar unnötig umständlich, aber eigentlich ganz angenehm sind, darf man ruhig beibehalten. Oft hören LOBOs beispielsweise den Rat, zwecks Bekämpfung der Postwegbringschwäche immer genug Briefmarken und Briefumschläge für tausend Jahre vorrätig zu halten. Das ist an sich nicht verkehrt, denn Aufgaben, die aus einem einzigen Arbeitsgang bestehen, haben deutlich bessere Chancen, erledigt zu werden. Warum er diesen Rat trotzdem ignoriert, beschreibt der Science-Fiction-Autor Kurt Vonnegut: «‹Aha›, sagt meine Frau, ‹aber du bist doch kein armer Mann. Kauf dir doch einfach im Internet hundert Umschläge und leg sie in den Schrank.› Ich tu dann so, als hätte ich sie nicht gehört. Und gehe mir einen Umschlag kaufen, weil ich nämlich viel Spaß beim Umschlagkaufen haben werde. Ich treffe viele Leute. Und ich sehe ein paar schöne Frauen. Und ein Feuerwehrauto fährt vorbei. Ich winke den Feuerwehrleuten zu. Und ich frage eine Frau, was das für ein Hund ist. Und, ach, ich weiß auch nicht. Die Moral von der Geschichte ist: Wir sind hier auf Erden, um rumzulungern.»

Was keinen Spaß macht, darf aber rücksichtslos eingespart oder automatisiert werden. Wir widmen uns im Folgenden beispielhaft einigen Lösungen allgemein unbeliebter Aufgaben.

Die Einzugsermächtigung

Angeblich leben da draußen Menschen, die sich weigern, Einzugsermächtigungen auszufüllen. («Da könnte ja dann jeder kommen und abbuchen, was er will.») Gegen dieses religiöse Argument ist wenig einzuwenden, die einen tragen härene Hemden und geißeln sich, die anderen glauben, dass beim Fernsehen der Astralleib in den Äther fährt. Wenn allerdings keine Glaubensdinge dagegen sprechen, sind Einzugsermächtigungen sofort und widerstandslos auszufüllen. Damit entfallen übers Jahr gerechnet zahllose erste bis vierundfünfzigste Mahnungen. Per Einzugsermächtigung Abgebuchtes lässt sich zwar sechs Wochen lang zurückholen, aber natürlich wird kein Leser dieses Buchs seine Kontoauszüge innerhalb der Frist kontrollieren. So muss man eben mit dem Risiko leben, dass Telekommunikationsprovider nach Kündigung des Anschlusses noch ein paar Jahre Geld vom Konto abbuchen. Mit etwas Glück wird man gar nicht bemerken, dass der Vorgang unberechtigt ist, und sich daher auch nicht darüber ärgern. Sollen andere das Unternehmen verklagen, wir sind so lange auf dem Sonnendeck. Schade nur, dass Einzugsermächtigungen arg schnell beleidigt sind und sich selbst löschen, wenn bei der versuchten Abbuchung keine Kontodeckung vorhanden ist. Hier gibt es noch Optimierungspotenzial, zum Beispiel wäre eine optionale «intelligente Einzugsermächtigung» ein schönes neues Banking-Tool.

Die Steuervorauszahlung

Falls man nicht festangestellt ist, kann man seinen Steuerberater beauftragen, vierteljährliche Steuervorauszahlungen in Gang zu setzen. (Zur Anschaffung eines Steuerberaters siehe Kapitel «Jetzt helfe ich mir nicht mehr selbst».) Steuerberater hören dieses Ansinnen weder oft noch gern und schneiden komische Grimassen, wenn ihre Mandanten dem Finanzamt vor der Zeit Geld überweisen wollen. Aber LOBOs neigen dazu, vorhandenes Geld auch auszugeben, und Finanzämter neigen ihrerseits dazu, am Ende des Jahres überraschende Forderungen zu stellen. Wer vorher schon drei bis vier Vorauszahlungen geleistet hat, bekommt dagegen manchmal am Jahresende sogar Geld zurück. Na gut, selten. Na gut, eigentlich nie. Aber es wäre theoretisch denkbar! (Wir verschweigen an dieser Stelle, dass es eine Konstruktion namens «Rückwirkende Vorauszahlung» gibt, die direkt aus der Hölle kommt. Lassen Sie sich darüber von Ihrem Steuerberater aufklären. Lagern Sie dabei die Beine höher als den Kopf und atmen Sie gleichmäßig.) Die Vorauszahlungen begleicht man wiederum per Dauerauftrag oder noch einfacher, indem man dem Finanzamt eine Einzugsermächtigung erteilt.

Der Onlinekalender

Onlinekalender haben den unschätzbaren Vorteil, dass sie einen per Mail und SMS über die anstehenden Termine informieren. Nie mehr Geburtstage vergessen, Meetings verpassen oder raten müssen, ob der Flug jetzt um 11.30 Uhr oder um halb elf ging! Nebenbei vereinfachen sie die Zusammenarbeit mit anderen Menschen, und wenn man selbst komplett außerstande ist, mit Terminen und Kalendern umzugehen, kann man Freunden oder Mitarbeitern das Recht einräumen, den eigenen Kalender zu bearbeiten.

Das mobileTAN-Verfahren

Wenn vor einer langweiligen oder unangenehmen Tätigkeit auch noch ein organisatorisches Hindernis steht, sind dreijährige Verspätungen unausweichlich. Hilfreich ist es daher, wiederkehrende technische Aufschiebegründe auszuräumen. Einige Banken schicken zum Beispiel TAN-Nummern bei Bedarf per SMS. So lassen sich nicht nur Überweisungen endlich von jedem Ort aus erledigen, sondern auch pro Jahr etwa 70 Stunden Suche nach dem TAN-Block einsparen. Natürlich können LOBOs unmöglich die Bank wechseln. Aber falls sowieso ein neues Konto hermuss, sollte man auf das Stichwort «mobileTAN»- oder «mTAN»-Verfahren achten. Wahlweise hilft es, den TAN-Block abzufotografieren oder einzuscannen, wovon die Bank allerdings nie erfahren darf.

Die Digitalisierung

Eines der größten organisatorischen Hindernisse vor dem Erledigen von Aufgaben ist das Wiederfinden der dafür benötigten Unterlagen. Viele Selbsthilferatgeber singen in diesem Zusammenhang das Loblied der Hängeregistratur. Vom üblichen Schreibtischgebirge unterscheidet sich die Hängeregistratur vor allem dadurch, dass sie sämtliche Dokumente gleichzeitig zugänglich macht, ohne dass staubige Stapel durchwühlt werden müssen. Vor der Anschaffung sollte man aber kurz innehalten und sich die Frage stellen: Bin ich wirklich ein Mensch, der eine Hängeregistratur besitzen will? Ist das mein Leben? Eine *Hängeregistratur*? Abgesehen davon sind die in einer Hängeregistratur verstauten Dokumente viel zu wenig präsent, um irgendeinen Einfluss auf abgebrühte Aufschieber auszuüben. Leider haben wir auch keine konkreten Lösungen anzubieten beziehungsweise liegt der Zettel, auf dem wir sie notiert hatten, irgendwo weiter unten auf dem Schreibtisch. Allerdings ist es in letzter Zeit viel leichter geworden, Dokumente auf dem eigenen Rechner oder im Internet wiederzufinden, ganz egal, in welchem ungeeigneten und schlampig beschrifteten Ordner sie versteckt sind. Das lässt vermuten, dass die Digitalisierung der Welt mittelfristig Besserung schaffen wird. Wenn man dieses eine ultrawichtige Versicherungsdokument, das man jedes Jahr wieder für die Steuer braucht, einfach herunterladen kann, anstatt drei Tage lang danach zu kramen, wird man eventuell kaum mehr bemerken, dass man ein desorganisierter Mensch ist. Daher müssen wir unter Hintanstellung von Privatsphärenbedenken dazu raten, alles irgend Mögliche online zu erledigen. Solange man die dazu notwendigen Passwörter nicht auf Zettel notiert, die man dann auf den Schreibtisch legt.

Die «Procrastinator's Clock»

Dieses praktische Gerät ist bisher leider nur in Softwareform für PC und Mac unter davidseah.com / tools / pclock / erhältlich. Die Procrastinator's Clock geht auf unvorhersehbare Weise um bis zu fünfzehn Minuten vor. Oder auch nicht. Wir warten ungeduldig darauf, dass jemand einen echten Wecker oder die Uhr im Handy mit dieser Funktion ausstattet.

Technische Lösungen müssen aber nicht unbedingt Technik beinhalten. Jedes Verfahren, das den Antrieb zu einer lästigen Tätigkeit nach außen verlagert, darf als technische Lösung gelten. Wer beispielsweise trotz der in diesem Buch verteilten Warnungen unbedingt früh aufstehen möchte, kann sich einfach ein paar Katzen anschaffen, die ihn morgens aus dem Bett miauen. Auch das Beispiel von Ulrike «Supatopcheckerbunny» Sterblich demonstriert eine vorbildliche technische Lösung eines sozialen Problems:

«Kurz nach der Einschulung fing ich an, bei den Hausaufgaben zu prokrastinieren. Ich wollte die Hausaufgaben spät am Abend kurz vor dem Schlafengehen machen, meine Mutter wollte, dass ich sie früher am Tag mache. Der Konflikt darüber eskalierte, und meine Mutter sagte, ich solle doch machen, was ich will, sie habe jetzt keine Lust mehr, sich um meine Hausaufgaben zu kümmern. Mit diesem Ergebnis war ich recht zufrieden, stellte aber fest, dass ich spät am Abend tatsächlich keine Lust mehr hatte, Hausaufgaben zu machen. Schließlich kam ich auf den Trick mit dem Wasser. Vor dem Schlafengehen trank ich ein großes Glas Wasser. Dadurch wachte ich nachts kurz nach 2 zuverlässig auf. Ich ging Pipi, dann machte ich meine Hausaufgaben, dann ging ich wieder schlafen. Nie wieder im Leben habe ich um elterliche Hilfe bei Hausaufgaben ersucht. Selbstredend waren meine schulischen Leistungen exzellent.»

Natürlich ist die Arbeit an Vereinfachungen die schönste Prokrastinationszeit. Douglas Adams beschreibt in «Die letzten ihrer Art» einen indonesischen Vogel, der in mühsamer Kleinarbeit einen Bruthügel errichtet, nur um nicht selbst brüten zu müssen. Die Beweggründe des Vogels erscheinen ihm absolut nachvollziehbar, denn «ich bin selten glücklicher, als wenn ich einen ganzen Tag meinen Computer so programmiere, dass er eine Aufgabe automatisch erledigt, die mich sonst gute zehn Sekunden Arbeit kosten würde. Zehn Sekunden, sage ich mir, sind zehn Sekunden. Zeit ist ein wertvolles Gut, und zehn Sekunden sind es allemal wert, dass ich einen Tag mit der angenehmen Arbeit verbringe, diese zehn Sekunden einzusparen.»

Genauso denkt vermutlich Keith Blount, von dessen Existenz uns Eberhard Flutwasser informiert: «Mein liebster Prokrastinierer ist Keith Blount, ein in London lebender ‹aspiring novelist›, also einer von denen, die unbedingt ein Buch schreiben wollen, aber aus irgendeinem Grund nicht damit anfangen. Er hat, wie das so üblich ist, eine Ausrede nach der nächsten ins Feld geführt, warum er zwar jetzt noch nicht, aber garantiert demnächst seinen Roman – Science-Fiction – schreiben wird. Bis er dann, alle anderen hatte er wohl durch, zu der gelangte, dass die vorhandene Schreibsoftware einfach zu grässlich sei, um damit wirklich kreativ arbeiten zu können. So weit, so gewöhnlich. Allerdings hat Blount sich hingesetzt und das Schreibprogramm, das er gerne hätte, programmiert. Und herausgekommen ist dabei *Scrivener*, ‹the Scarlett Johansson of code›, wie ein Bewunderer das Programm nennt. *Scrivener* ist ein so zauberschönes Programm (sein Yin-Yang-Icon beiseite), dass es jeden Schreibenden sofort glücklich macht. Und sogar die Nicht-Schreibenden: Man möchte den ganzen Tag etwas damit machen, wenn man bloß wüsste, was. Auf der *Scrivener*-Website www.literatureeandlatte.com weist Keith Blount potenzielle Käufer darauf hin, sie sollten sich bewusst sein, dass sie für ihr Geld genau das Programm bekommen, wie es jetzt angeboten wird. Mit einer Weiterentwicklung sei nicht zu rechnen, denn er, Blount, habe *Scrivener* ja hauptsächlich deswegen programmiert, um seinen Roman damit zu schreiben, was wahrscheinlich schon morgen losgehen könne. Spätestens aber übermorgen.»

Jeder gute Prokrastinierer wird lieber einen ganzen Tag voll Tatendrang an einer Methode zur Umgehung einer unangenehmen oder uninteressanten Aufgabe arbeiten, als eine halbe Stunde mit ihrer Erledigung zuzubringen. Und der mit angenehmer Arbeit verbrachte Tag wird sich immer noch kürzer anfühlen als die lästige halbe Stunde. Zum Glück gibt es einen wachsenden Markt für solche Methoden, sodass wir optimistisch auf Stellenanzeigen warten dürfen, in denen endlich Faulheit, Hybris und Ungeduld verlangt werden.

Jemand müsste mal …

Weltverbesserungsforderungen

> «Work it harder
> Make it better
> Do it faster
> Makes us stronger
> More than ever
> Hour after
> Our work is never over.»
> *(Daft Punk)*

Die politische Komponente der Weltverbesserung – der Kampf für eine gerechtere Welt ohne Armut, Krankheit und Umweltverschmutzung – drängt ihre Alltagskomponente manchmal etwas aus dem Blickfeld. Aber nur wer in seinem eigenen Leben erfahren hat, dass konkrete Verbesserungen möglich sind, kann wenigstens im Ansatz an die Lösbarkeit der wirklich großen Weltprobleme glauben. Nebenbei bemerkt bleibt mehr Zeit zur Bearbeitung dieser Probleme übrig, wenn der Alltag reibungsärmer funktioniert.

Zum Glück gibt es etwa seit den neunziger Jahren eine Reihe von positiven Ansätzen. Wir halten diesen Zeitpunkt nicht für zufällig, sondern führen ihn auf das damalige massive Eindringen der Informationstechnologie in alle möglichen Bereiche des Alltags der Menschen zurück. Während die Benutzeroberfläche der realen Welt allein durch die Macht der Gewohnheit nicht als Zumutung erschien, tat sich eine neue, virtuelle Welt der Hochtechnologie auf. Damit ist nicht nur das Internet gemeint: Vom Handymenü bis zum Touchscreen auf der Mikrowelle hat alles, was sich nicht durch die althergebrachten Schalter, Knöpfe und Drehregler steuern lässt, die Benutzeroberfläche der realen Welt verändert. Worte wie «Usability», also Bedienungsfreundlichkeit, und «Intuitive Benutzerführung» wurden in dieser Zeit zu – wenn auch häufig missbrauchten – Leitlinien des Designs.

Seitdem denken wesentlich mehr Menschen darüber nach, wie etwas zu benutzen ist und wie sich diese Benutzung verbessern lässt – zuvor war Usability eine weniger beachtete Spielecke einiger Industriedesigner. Jetzt kamen große Teile der Gesellschaft in direkten Kontakt mit dem, was sich Ingenieure an grauen Hartplastikschreibtischen ausgedacht hatten. Außerdem handelte es sich nicht mehr nur um den Fernseher mit fünf Kanälen und drei Bildeinstellungsmöglichkeiten, sondern um hochkomplexe Geräte mit umfassenden Steuerungsmöglichkeiten. Mit der Macht des Marktes entschieden die Kunden langsam, aber stetig, dass Technologie gefälligst einfacher zu sein hatte. Es ist kein Zufall, dass die bei weitem erfolgreichste Firma im Internet von einem Produkt lebt, das im Wesentlichen aus einer Eingabezeile und zwei Knöpfen besteht: Google.

Die Erkenntnis, dass das Streben nach Einfachheit ein wichtiger Teil der Weltverbesserung ist, scheint sich in vielen, auch technologieferneren Bereichen langsam durchzusetzen. Vielleicht hängt das damit zusammen, dass das Internet in seiner Geschwindigkeit und Interaktivität die Menschen, die es benutzen, ungeduldiger macht. Wer in vierzig Minuten per Mail komplexe Unternehmungen mit mehreren Parteien in verschiedenen Ländern organisieren kann, findet sich vermutlich schwerer mit überkomplizierten Verwaltungsapparaten ab. Jeder, der an seinen letzten Amtsbesuch gegen 1987 mit Entsetzen zurückdenkt, wird jedoch von der neuen Serviceorientierung der Bürgerämter positiv überrascht werden: Es hat sich etwas geändert, vielleicht, weil genügend Menschen ungeduldig herumgemosert haben. Insofern kann Mosern ein wichtiger Teil der aktiven Weltverbesserung sein, denn wer sich nicht beschwert, dem wird ärgerlicherweise oft stumme Zustimmung unterstellt; durchaus einer der Gründe, weshalb dieses Buch entstanden ist. Neben dem Mosern («So nicht!») darf aber auch nicht vergessen werden, die guten Veränderungen zu loben («So geht's!»), damit die ebenso schwerfällige wie schwerhörige Welt weiß, in welche Richtung sie weiterhin zwecks Verbesserung zu taumeln hat.

Eine der in Deutschland noch wenig bekannten Spielarten der Weltverbesserung heißt Universal Design. Universal Design geht von der zentralen These aus, dass Gegenstände, Websites und Benutzeroberflächen sich verbessern, wenn sie so einfach sind, dass sie jeder benutzen kann, einschließlich sehr alter, sehr junger und behinderter Menschen. Ein großer Fahrstuhl ist nicht nur für Rollstuhlfahrer unverzichtbar, sondern erleichtert auch dem kerngesunden Zehnkämpfer das Leben, wenn er zwei Einkaufstüten in der Hand hält. Ist der Fahrstuhl darüber hinaus mit großen Tasten ausgestattet, kann der Zehnkämpfer sie mit den Zwillingen im Arm ebenso leicht finden und drücken wie ein sehbehinderter Mensch. Universal Design ist eine Gestaltungsphilosophie, die den Unperfekten im Alltag Respekt entgegenbringt; schon allein deshalb sollte sie den LOBOs sympathisch erscheinen.

Der Vorteil der Einfachheit wird aber nicht nur in technologischen Bereichen entdeckt, sondern zum Beispiel auch im Verkehrswesen. An den Straßen in Mitteleuropa stehen so viele verschiedene, einander auf komplexe Weise beeinflussende Verkehrsschilder, dass die Gesamtheit aller Schilder als eigene Symbolsprache verstanden werden muss. Deren flüssige Beherrschung und Befolgung schien bisher die

Grundvoraussetzung dafür zu sein, dass der Straßenverkehr überhaupt funktioniert. Neue Untersuchungen und Experimente zeigen, dass vielleicht das Gegenteil der Fall ist.

Das EU-Projekt «Shared Space» des 2008 verstorbenen Niederländers Hans Monderman beruht auf einer extremen Reduzierung der Komplexität – nämlich der Abschaffung sämtlicher Verkehrsschilder, der meisten Verkehrsregeln und sogar des Unterschieds zwischen Straße und Bürgersteig, daher auch der Name Shared Space. Eine Handvoll Gemeinden in Europa, darunter das niedersächsische Bohmte, nehmen an diesem Modellversuch teil, bei dem innerstädtische öffentliche Flächen ohne Bordsteine, Ampeln und Geschwindigkeitsbegrenzungsschilder neu gestaltet werden. Die Entkomplizierung hat dort, wo sie getestet wurde, zu einer deutlichen Reduktion der Zahl und Schwere von Unfällen geführt. Dabei ist die einzige verbleibende Verkehrsregel «rechts vor links». Der Rest bleibt dem gesunden Menschenverstand der Verkehrsteilnehmer überlassen, die die öffentlichen Flächen so benutzen, wie sie es den Umständen entsprechend für angemessen halten, und nicht so, wie sie es laut Schild dürfen.

Das in den Medien am häufigsten diskutierte Beispiel für Vereinfachung ist Entbürokratisierung. Vergleicht man die Zahl der Willensbekundungen an entscheidenden politischen Stellen mit der tatsächlichen Wirkung, dann scheint der Bürokratieabbau allerdings schwieriger zu sein als die Kernfusion zur Energiegewinnung. Der Verwaltungsapparat ist offenbar ein riesiges krakenhaftes Lebewesen, das sich aus Selbstschutz wehrt, wenn man ihm ein paar unnütze Tentakel abschneiden möchte. Niemand gibt schließlich gern zu, dass er eine überflüssige Aufgabe verrichtet. Und so bekämpft die Bundesregierung Feuer mit noch mehr Feuer und hat 2006 den Normenkontrollrat ins Leben gerufen:

«Als unabhängiges Beratungs- und Kontrollorgan», heißt es auf dessen Website, «hat der Nationale Normenkontrollrat (NKR) die Aufgabe, die Bundesregierung dabei zu unterstützen, die durch Gesetze verursachten Bürokratiekosten durch Anwendung, Beobachtung und Fortentwicklung einer standardisierten Bürokratiekostenmessung auf der Grundlage des Standardkosten-Modells zu reduzieren.»

Man muss nicht weiter ausführen, dass sich hinter dem Standardkosten-Modell eine Vielzahl von komplexen Formeln verbirgt, mit denen die für bürokratieorientierte Tätigkeiten aufgewendete Zeit und die daraus folgenden direkten Kosten berechnet werden sollen – und zwar anhand der sogenannten Informationspflicht, also des für alle möglichen Arbeitsprozesse notwendigen Formularaufkommens. Wären die Ratschläge des NKR befolgt worden, hätte das eine Reduktion der Bürokratiekosten von über 700 Millionen Euro bedeutet. Hätte? Ja, denn auch hier gilt wie bei Ethikrat, Presserat und einigen anderen Räten: Zwischen Rat und Tat liegen ein Buchstabe und eine Welt. Der NKR ist eine rein beratende, berechnende und publizierende Institution ohne Handlungsauftrag und -möglichkeit, also ein reinrassiges Beispiel für Bürokratie. Obwohl er sicher sinnvolle Arbeit tut, darf man durchaus argwöhnisch gucken, wenn ein Bock einem anderen erklärt, wie man Gärtner wird.

Die schon erwähnten Bürgerämter zeigen aber, dass auch die Verwaltung zu weitreichenden Vereinfachungen in der Lage ist: Inzwischen gibt es Rathäuser, in denen, wie in Berlin Mitte, ein Fotograf bei Bedarf Passfotos schießt und ausdruckt. So nahe diese beglückend gute Idee liegt, man hätte sie jahrzehntelang vermutlich mit der Standardausrede «unüberbrückbare versicherungstechnische Schwierigkeiten» abgetan. Es hat also offenbar eine Haltungsänderung in der

Amtslandschaft begonnen, die solche Vereinfachungen ermöglicht.

Schwierig zu loben hingegen ist das deutsche Steuersystem, das allen Vereinfachungsbemühungen hartnäckig widersteht. Sogar das Internet, sonst ein Wunderquell der Vereinfachung der meisten Dienstleistungen, bringt keinen Segen in dieses dunkle, verworrene System, sondern lässt sich umgekehrt von der Überkompliziertheit anstecken, wie man an der finanzamtseigenen Steuererklärungswebsite ElsterOnline erkennen kann. Allein der Benutzungsleitfaden für die Website ist einhundert Seiten lang. Der Anmeldungsprozess wird auf mehr als dreißig Seiten beschrieben und enthält unter anderem die Erklärung, wie man den Aktivierungscode, die Schlüsseldatei, die PIN-Nummer, die Aktivierungs-ID, die Signatur-Karte, das vom ELSTER-Trustcenter zu verifizierende Software-Zertifikat, den ELSTER-Stick und den Aktivierungsbrief korrekt anwendet. Dann erst kann man zum noch viel komplizierteren Hauptteil – der Steuererklärung selbst – vordringen.

Ginge es um den Abwurf von Atomsprengköpfen, wäre ein solches Verfahren nachvollziehbar, aber es handelt sich um eine Steuererklärung, deren Grad an Sicherheit und Vertraulichkeit ziemlich genau dem eines etwa fünfzigmal einfacheren Online-Kontozugangs einer Bank entsprechen dürfte. Aber in diesem technischen Verfahren, dessen Komplexität zudem die Sicherheit durch seine Unüberschaubarkeit eher gefährdet als erhöht, spiegelt sich wahrscheinlich nur die deutsche Steuergesetzgebung.

Das Gegenteil davon ist die Flat Tax, ein stark vereinfachtes Einkommensteuersystem mit einem einzigen Steuersatz. Dieses Steuerprinzip wurde inzwischen in vielen Ländern eingeführt. In Estland, Litauen, Serbien, Russland, der Ukraine, der Slowakei, aber auch in wirtschaftlich schon länger solide operierenden Ländern wie Singapur, Hongkong und eingeschränkt in Island gibt es Erfahrungen mit der Flat Tax. Wirtschaft und Staatsfinanzen sind dort nicht umgehend zusammengebrochen. Über Freibeträge und negative Einkommensteuern (also Zuzahlungen für Geringstverdiener) lässt sich eine Annäherung an ein progressives Steuersystem und damit größere soziale Gerechtigkeit erreichen. Dass wir hier den Punkt Steuersystem nur stark vereinfacht behandeln können, weil kaum jemand genau vorhersagen kann und will, welche Stellschrauben was bewirken, liegt an exakt der Kompliziertheit, die es abzuschaffen gilt. Als Anreiz zur Weltverbesserung können wir dem Finanzamt aber versprechen, dass sich aller psychologischen Wahrscheinlichkeit nach die Steuermoral verbessert, wenn man weiß, warum man wann wie viele Steuern zahlt – und wenn das auch ohne abenteuerliche Ausnahmen für alle anderen natürlichen und juristischen Personen gilt. Eine Zeitungsmeldung darüber, dass Konzern X in Jahr Y keinen Euro Steuern gezahlt hat, verursacht in der Summe wahrscheinlich mehr Steuertricksereien als alle Banken in Liechtenstein zusammen.

Um nicht nur auf Deutschland und der Gegenwart herumzuhacken, sondern konstruktive Kritik zu üben, haben wir einen Forderungskatalog aufgestellt, dessen Umsetzung das LOBO-Leben deutlich vereinfachen kann. Davon profitiert auch die organisationsfähige Restbevölkerung, denn dass man in der Lage ist, in den Weg gerollte Steine zu beseitigen, heißt noch lange nicht, dass man Spaß am Steinewälzen hat.

1. Auf Wunsch persönliche Abschaffung der Papierpost und Einführung eines Scan- bzw. Ausdruck-Services, sodass auch mit rückschrittlichen Stellen elektronisch kommuniziert werden kann.
2. Vereinfachung der Zahlungssysteme besonders bei kleineren und kleinsten Beträgen.
3. Einführung einer zentralen Anlaufstelle für bürokratische Angelegenheiten (eine Art Metabürgeramt) – in Dänemark muss ein Umzug nur einmal einer Behörde gemeldet werden, und von der Autoummeldung bis zur Umleitung der Post muss sich der Bürger um nichts mehr kümmern.
4. Verlagerung aller Interaktionen mit dem Staat (bis auf Wählen) ins Internet.
5. Eine zusammengefasste Online-Vertragsverwaltung, bei der man sämtliche abgeschlossenen Verträge im Netz zentral bearbeiten und umstandslos kündigen kann.
6. Abschaffung der GEZ und Steuerfinanzierung des öffentlich-rechtlichen Systems, dessen politische Unabhängigkeit dadurch sicher nicht mehr gefährdet würde als bisher.
7. Vereinfachung des Gesundheitssystems durch weniger verschreibungspflichtige und weniger apothekenpflichtige Medikamente. In anderen Ländern kann man Kopfschmerztabletten im Supermarkt kaufen, ohne dass die Bürger sterben wie die Fliegen.
8. Einführung von Dauerrezepten für dauernd gebrauchte Medikamente. Als Frau im gebärfähigen Alter verbringt man gefühlt drei Monate pro Jahr im Arztwartezimmer, nur um das Pillenrezept verlängern zu lassen. Von den

Problemen chronisch kranker Patienten ganz zu schweigen.

9. Entkomplizierung des Versicherungswesens für Patienten wie für Ärzte, die im Gegenzug entspanntere Öffnungszeiten einführen als von acht bis zwölf und donnerstags auch am Nachmittag.
10. Mülltrennung im Verwertungsunternehmen – bisher wird diese Arbeit auf komplizierte, ineffiziente und fehleranfällige Weise auf den Verbraucher abgewälzt, dessen Arbeit in der Bilanz des Recyclingsystems unberücksichtigt bleibt. Das bisherige System mit den fünf Standardmüllsorten Verpackungen, Papier, Flaschen, Bioabfall und Restmüll endet vermutlich darin, dass man jedes Stück Müll einzeln in einem Umschlag an die zuständige Stelle schickt. Würde man die Zeit, die Verbraucher in Mülltrennung investieren, zu geringsten Sätzen in Geld umrechnen und in die Forschung zur automatischen Mülltrennungstechnik investieren, könnte man wahrscheinlich längst alles von allem trennen.
11. Einführung einer Option beim Abschließen von Abos, Mitgliedschaften und Verträgen: «Ich bin desorganisiert und möchte daher im Bedarfsfall einfach durch Einstellen meiner Beitragszahlungen kündigen. Ich hinterlege sofort soundso viel Euro Kaution, aus denen in diesem Fall die Gebühren für drei Mahnungen bestritten werden können. Ein Jahr nach der letzten Zahlung gelte ich dann als ordnungsgemäß gekündigt und erhalte den Rest der Kaution zurück.»
12. Online-Abrechnungen müssen unbegrenzt auf der Website des jeweiligen Vertragspartners vorgehalten werden. Es darf nicht sein, dass Kontoauszüge im Datennirwana verschwinden, nur weil man sie nicht innerhalb empörend weniger Monate heruntergeladen hat.

13. Viele unerwünschte Handlungen sind bereits sehr einfach, siehe das Süßigkeiten-Impulskaufregal direkt neben der Kasse. Erwünschte Handlungen wie das Spenden von Geld oder das Abschließen von Ökostromverträgen gleichen dagegen oft einem Hürdenlauf, bei dem noch der beste Vorsatz auf halber Strecke aufgibt. Der Impuls, das Richtige zu tun, muss ohne Umwege in die Tat zu überführen sein, zum Beispiel durch einen einzigen impulsiven Mausklick oder eine SMS.
14. Formulare und deren hilfreiche Erläuterungen müssen an Menschen mit einem IQ von 100 auf Verständlichkeit getestet werden, bevor sie in den Massenversand gehen. Die Künstlersozialkasse geht hier mit gutem Vorbild voran.
15. Die Post muss dazu gezwungen werden, ihren Kunden wenigstens mitzuteilen, wer das Paket zu schicken versucht hat, das nach Ablauf von sieben Werktagen wieder zurück an den Absender ging.
16. Flächendeckende Grundversorgung mit Internet per drahtloser Übertragung. Das hat nur zum Teil mit Prokrastination zu tun, gehört aber in jeden ordentlichen Forderungskatalog.
17. Einführung eines «Verpeiler-Kontos» als Bankprodukt. Das Verpeiler-Konto kann ruhig, sagen wir, das Fünffache eines normalen Kontos kosten, wenn dafür keine Strafgebühren bei Rückbuchungen und ähnlichen Schwierigkeiten erhoben werden. Es sollte den Besitzer bei bestimmten Vorgängen automatisch per SMS, Mail oder Anruf informieren, zum Beispiel, wenn eine bestimmte Summe unter- oder überschritten wird.
18. Vollständiges Verbot von Online-Formularen, die man zwar online ausfüllen kann, dann aber ausdrucken, unterschreiben und per Fax oder gar mit der Post verschicken muss. Insbesondere Verbot des Postident-Verfahrens, bei

dem man auf dem Postamt erscheinen muss; Ersetzung durch irgendwas mit dem Handy.

19. Glücklicherweise ist es inzwischen einfach, beliebige Waren einzukaufen, zum Beispiel mit einem Klick im Internet. Was fehlt, ist ein geregelter Weg, auf dem diese Waren die Wohnung wieder verlassen. Wir fordern daher eine Gegenpost, die alles Mögliche für ein bisschen Porto abholt und an die zuständigen Stellen von eBay bis Sondermülldeponie weiterleitet.
20. In der Schweiz fordert man schon seit längerem die «Steuererklärung per Postkarte». Dieser Forderung schließen wir uns an und möchten sie lediglich um den Vorschlag ergänzen, die Postkarte wegzulassen.

4. ABHILFE

Wir müssen nur wollen

Motivation diesseits des Lustprinzips

> «Mein ganzes Leben lang habe ich das Konzept, man müsse ‹sich Mühe geben›, außerordentlich abstoßend gefunden. Ich hasse diese Vorstellung heute noch genauso wie damals als Kind. Ich weiß nicht, warum ich sie so hasse; es ist eben so.»
> *(Raymond Smullyan: «The Tao Is Silent»)*

Wenn man etwas wirklich will, dann schafft man es auch – wer schon einmal eine Castingshow beobachtet hat, weiß, dass dieser Satz Unfug ist. Korrekt müsste er lauten: Wenn man etwas wirklich will oder dringend muss, hat man eine größere Chance, es vielleicht zu schaffen, wenn die Umstände stimmen. Ein Satz, der auf Veranstaltungen von Motivationstrainern nur für mäßig gute Stimmung sorgen würde, aber der komplexen Motivationslandschaft des Menschen eher entspricht.

Motivation – die Bereitschaft, etwas zu tun – ist verhaltenspsychologisch oft untersucht und mit einer Vielzahl verschiedener Theorien beschrieben worden, nach denen sich das störrische Wesen Motivation im Einzelfall leider nicht immer richtet. Als Erklärungsansatz soll uns deshalb eine Vereinfachung dienen, die immerhin einige Rätsel der prokrastinierenden Psyche zu lüften vermag: die Unterscheidung von intrinsischer und extrinsischer Motivation. Intrinsische Motivation kommt von innen heraus, extrinsische Motivation wird von außen durch positive oder negative Anreize erzeugt. Andrew Howell und David Watson, zwei Psychologen aus dem in der Prokrastinationsforschung äußerst umtriebigen Kanada, haben nachgewiesen, dass Studenten, die intrinsisch motiviert an ihre universitären Aufgaben herangehen, weniger bis gar nicht unter Aufschiebeproblemen leiden. Diese Art der Motivation oder vielmehr ihr Fehlen scheint demnach ein Schlüssel zur Prokrastination zu sein.

Es ist für uns selbst oft schwierig zu sagen, weshalb genau wir etwas tun, und noch schwieriger herauszufinden, warum wir etwas nicht tun, also zum Beispiel prokrastinieren. Noch sind die dunklen Ecken im Innern der intrinsischen Motivation von Psychologen allenfalls mit flackernden Funzeln beleuchtet worden. Warum es dem einen nicht schwerfällt, tagelang Puzzles mit bayerischen Burgen zusammenzupfriemeln, während der andere das als nervtötende Arbeit ansieht, kann man kaum erklären. Eine Erkenntnis ist aber wichtig für uns: Wer Puzzles ungern löst, ist von außen selbst mit viel Geld, Liebesversprechen und Palmenstrandverheißungen nicht so nachhaltig zu motivieren wie jemand, der Puzzles liebt: Die intrinsische Motivation schlägt die extrinsische Motivation um Längen.

Leider reagiert die intrinsische Motivation empfindlich auf die für das Berufsleben typischen Einflussfaktoren Geld und Zeitdruck. Wer eine Tätigkeit liebt, aber zusätzlich von außen motiviert wird, spürt häufig ein lähmendes Gefühl der Verpflichtung. Aus dem, was man bisher zum Spaß getan hat, scheint plötzlich eine fremdbestimmte Tätigkeit geworden. Dieses Modell erklärt nebenbei, weshalb man ab dem Zeitpunkt, an dem man eine Jahreskarte fürs Schwimmbad gekauft hat, weniger oft hingeht. Vereinfacht gesprochen: Die intrinsische Motivation, die Begeisterung fürs Schwimmen, wird ersetzt oder ergänzt durch die extrinsische Motivation, die Jahreskarte voll auszunutzen, damit sie sich gelohnt hat. Es sieht so aus, als wäre unsere intrinsische Motivation eine kapriziöse Künstlerin, die sich pikiert zurückzieht, sobald ihr extrinsischer Handwerker-Kollege um die Ecke kommt. Diese Metapher trägt sogar noch etwas weiter, denn auch die Kreativität schwindet dahin, sobald von außen motiviert wird.

Freilich darf man diese merkwürdige Motivationsverschiebung nicht überbewerten und daraus folgern, dass man lieber doch keinen Beruf aus einer geliebten Tätigkeit machen sollte. Vielmehr geht es darum, sich die intrinsische Motivation zu bewahren und nicht allzu stark durch die extrinsische verunreinigen zu lassen. Man kann sich durchaus dazu bringen, Geld bei seinem Traumjob nicht als Motivation, sondern als Zusatznutzen anzusehen. Außerdem wirkt unter bestimmten Umständen zusätzliche Motivation von außen tatsächlich anregend (siehe unten).

Für viele LOBOs existieren nur zwei Schattierungen der Motivation: «ich will» und «ich muss unbedingt sofort», die beiden Extreme der intrinsischen und extrinsischen Motivation. «Ich sollte» dagegen enthält bereits das Eingeständnis des Scheiterns und funktioniert ähnlich schlecht wie To-do-Listen. Das Wollen ist, wie beschrieben, so individuell, dass jeder es selbst ausloten sollte. Der Zwang dagegen ist universeller und quasi auf Rezept erhältlich. Uns interessiert dabei im Zusammenhang mit Arbeit weniger die Zwangsarbeit, Sklavenhaltung oder Gefängnisstrafen, sondern eher selbstgewählte Instrumente der Verpflichtung. Wir möchten fünf verschiedene Formen der extrinsischen Motivation näher beleuchten: den Zwang (dem man sich zunächst freiwillig aussetzt), die Deadline, die Bedrohung mit einer Strafe, Geld sowie den sozialen Druck.

Der Vorteil am Zwang ist, dass er wie das Wollen keine Selbstdisziplin erfordert. Der Zwang ist gewissermaßen der dunkle Zwilling des Lustprinzips. Wer in einer Höhle mit schwindenden Sauerstoffvorräten verschüttet wurde, hat keine Schwierigkeiten, sich zum Wegräumen von Steinen zu motivieren. Auf dieser Basis erledigen LOBOs viele Augen-zu-und-durch-Arbeiten, zu denen man ja doch ab und zu gezwungen ist. Das Praktische am Zwang ist, dass er sich selbst definiert: Wenn er nicht wirkt, war er nicht da. Der Umgang mit ihm erfordert keine besonderen Erkenntnisse oder Anstrengungen, lediglich Vorausschauvermögen oder eine gewisse Phantasie bezüglich der Folgen des eigenen Handelns sollte man mitbringen, sonst tanzt man womöglich aus schierer Naivität mit verbundenen Augen am Abgrund – und nicht absichtlich mit offenen Augen an der am wenigsten hohen Stelle des Abgrunds, wie es sich eigentlich gehört.

Der Deadline als Überinstrument neuzeitlicher Arbeitsorganisation haben wir ein eigenes Kapitel gewidmet. Für viele LOBOs sind Deadlines unverzichtbar, wenn es darum geht, sich bei der Bearbeitung von Aufgaben zu motivieren, die nicht zu einhundert oder mehr Prozent aus einer geliebten Tätigkeit bestehen. Der richtige Umgang mit Deadlines macht den Unterschied zwischen erfolgsverwöhntem Helden der Arbeit und unzuverlässigem Verpeiler aus. Daher lohnt sich die Auseinandersetzung mit dem eigenen Deadlineverhalten und ein entsprechendes Feintuning in jedem Fall. Sollte man es irgendwann schaffen, selbstgesetzte Deadlines einzuhalten, kann man sich zu den Großmeistern des Deadlinings zählen. Wir wollen dem durchschnittlichen LOBO aber keine falschen Hoffnungen darauf machen, es handelt sich um nicht Geringeres als den zehnten Deadline-Dan, und man kann auch ohne ihn weit kommen.

Die Strafe im Versagensfall ist ein delikates Instrument der extrinsischen Motivation und vermutlich häufiger missbraucht worden als irgendeine andere Motivationsart. Für die Verbrechensprävention sind Strafen längst als weitgehend unwirksam entlarvt worden: Eine Gefängnisstrafe vermindert statistisch nur in unbedeutendem Maß die Wahrscheinlichkeit einer neuerlichen, ähnlichen Tat. Ein ganz anderes Momentum erhält die Strafe aber, wenn sie als zusätzlicher Anreiz für die Bewältigung einer Aufgabe angewendet wird. Der Prokrastinationsforscher Joseph Ferrari wies in Experimenten an Studenten nach, dass kleine, schnelle Strafen die Motivation erhöhen, eine Aufgabe zu bewältigen. Schon die glaubhafte Ankündigung solcher zeitnah eintretenden Unannehmlichkeiten genügt. Wichtig ist dabei, dass es sich um konkrete, zeitnah eintretende Folgen handelt – gegen vage Schreckensszenarien wie «So bekommst du später nie einen Job!» sind Prokrastinierer vollkommen immun.

Wenn sie nicht zu oft verwendet wird, kann auch die Bedrohung durch große Strafen motivierend wirken. Wer eine hohe Konventionalstrafe zahlen muss, falls er eine Arbeit nicht pünktlich erledigt, wird sie etwas wahrscheinlicher erledigen. Auch das rechtzeitige Zurückgeben eines Mietwagens fällt in der Regel wesentlich leichter als das Zurückgeben einer entliehenen DVD. Der Unterschied zwischen kleinen und großen Strafen besteht darin, dass kleine durch den Lerneffekt fürs nächste Mal und große eher abschreckend wirken.

Das herrschende Wirtschaftssystem basiert im Punkt Motivation zur Arbeit weitgehend auf Geld. Geld ist eine praktische Sache, deren positives wie negatives Motivationspotenzial den meisten Menschen nachvollziehbar erscheint. Als leistungssteigerndste monetäre Motivation hat sich der Sonderfall der Akkordarbeit herausgestellt. Man unterteilt eine Aufgabe in kleinere Einheiten und zahlt für jede erreichte Zwischenstufe eine Belohnung aus. Abseits dessen beginnen die Schwierigkeiten, zum Beispiel mit dem Yerkes-Dodson-Gesetz. Die beiden amerikanischen Psychologen Robert Yerkes und John Dodson entdeckten bereits Anfang des 20. Jahrhunderts einen Zusammenhang zwischen der Leistungsfähigkeit und dem allgemeinen Erregungszustand. Das nach ihnen benannte Gesetz erklärt, weshalb unangemessen hohe Geldbeträge als Anreiz im Schnitt zu schlechteren Leistungen führen, weil sie den Druck und damit die Erregung unverhältnismäßig erhöhen. Dan Ariely, Professor für kognitive Psychologie am MIT, fand in einem Experiment heraus, dass Studenten mehr Rechenaufgaben lösten, wenn sie ab einer bestimmten Zahl von korrekten Ergebnissen für jedes zusätzlich richtige Ergebnis eine Belohnung bekamen, insgesamt bis zu 30 Dollar. Stieg diese Summe auf unverhältnismäßige 300 Dollar, so nahm die Zahl der gelösten Aufgaben rapide um beinahe die Hälfte ab. Ob sich oberhalb von 300 000 Dollar wieder eine Steigerung der Motivation ergäbe, wurde bisher nicht experimentell erforscht; die Autoren melden sich hiermit freiwillig für eventuelle Versuche.

Für LOBOs bedeutet das, dass der Anreiz Geld bis zu einem gewissen Grad funktionieren kann, sich aber nicht beliebig steigern lässt. In einem hervorragend bezahlten, aber ungeliebten Job arbeitet man nicht motivierter als in einem normal entlohnten, ebenso lästigen – lediglich der Druck und seine negativen Folgen nehmen zu. Die Wahrscheinlichkeit eines Misserfolgs ist höher, und jeder Fehler wird zum Anlass umso heftigerer Selbstvorwürfe.

Ein wichtiges Instrument ist schließlich auch der soziale Druck. In vielen Facetten vom Gruppendruck bis zum bewussten «Schwimmen gegen den Strom» wirkt der soziale Druck auf die eine oder andere Weise motivierend und bestimmt so unser Handeln. Paul Graham hat in seinen Beobachtungen junger Start-up-Gründer festgestellt, dass diejenigen die besten Erfolgschancen hatten, bei denen das Risiko, sich vor aller Welt zu blamieren, am höchsten war. Seiner

Einschätzung nach würden 90 Prozent der (von ihm geförderten) jungen Unternehmer Erfolg haben, wenn sie in einem Newsweek-Artikel als nächste Milliardärs-Generation beschrieben würden, «weil keiner von ihnen dann einfach aufgeben könnte». Der Wunsch, sich nicht entsetzlich zu blamieren, kann eine funktionierende Motivation sein. Leider verhält es sich dort ähnlich wie bei drakonischen Strafen – sie verlieren einen Großteil ihres Effekts, sobald sie über einen hereingebrochen sind. Aus diesem Grund eignet sich der soziale Druck weniger als ständiges Mittel zur Motivation, sondern eher, um brachliegende Kraftreserven im gefühlten Notfall zu mobilisieren. Wenn man sich tief in der Nacht zu einer weiteren Stunde Arbeit motivieren muss, kann es das entscheidende Quäntchen Energie bringen, sich die Bestürzung und den Unmut der anderen Beteiligten und das eigene Leiden darunter vorzustellen. Es sei denn, man hält seine Arbeit im Grunde sowieso für sinnlos.

Nimm 2!

Impulskontrolle und ihre Feinde

> «Ich schloss damit, dass es mir leichter wäre, auf die drei täglichen Mahlzeiten zu verzichten als auf die Zigaretten; denn dazu muss man sich immer wieder mit derselben Anstrengung entschließen, jeden Augenblick, den ganzen Tag lang. Und wenn man mit diesen aufreibenden Entschlüssen ununterbrochen beschäftigt ist, bleibt einem für nichts anderes mehr Zeit …»
> *(Italo Svevo: «Zeno Cosini»)*

Impulskontrolle ist die sympathischere kleine Schwester der Selbstdisziplin. Ihre Kraft ist begrenzt, sodass man sich mit ihrer Hilfe kaum in unpassende Berufsausbildungen und Lebensentwürfe hineinmanövrieren wird. Aber wenn man einmal am Bett vorbeigehen will, ohne sich sofort hineinzulegen, kann man sich vertrauensvoll an sie wenden. Impulskontrolle hilft uns, immerhin nur ungefähr 90 Prozent aller Verlockungen nachzugeben und nicht gleich allen. Ihren Sitz vermutet man im präfrontalen Cortex und im anterioren Gyrus cinguli – was den meisten so viel sagen wird wie «in Nischnewartowsk», aber daran können wir jetzt auch nichts ändern –, also jedenfalls an zwei relativ präzise bestimmten Stellen im Kopf. Kinder sehen noch nicht ein, warum sie ihre Impulse kontrollieren sollten, aber bis zum Erwachsenenalter lernen die meisten Menschen, nicht immer gleich mit dem Sandschäufelchen nach ihrem Chef zu werfen.

Interessant an der Impulskontrolle ist, dass sie sich offenbar abnutzt, wenn man sie betätigt. Dafür sprechen über fünfzig experimentelle Studien aus den letzten zehn

Jahren. In einem Experiment der amerikanischen Psychologen Kathleen D. Vohs und Todd F. Heatherton bekamen Versuchspersonen einen langweiligen Film gezeigt, während im selben Raum eine Schale Süßigkeiten stand, aus der sie sich bedienen durften. Danach wurde Eiscreme gereicht. Hatten die Süßigkeiten in Reichweite der Probanden gelegen, aßen Teilnehmer, die auf Diät waren, nach dem Film fast doppelt so viel Eis wie die, die nicht auf Diät waren. Standen die Süßigkeiten am anderen Ende des Raums, aßen die Diät-Testpersonen nur halb so viel Eis wie die Vergleichsgruppe, weil ihre Impulskontrolle nicht durch die ständige Versuchung erschöpft war. Von außen auferlegte Restriktionen strengen das Gehirn dabei weniger an: Hatte man den Teilnehmern verboten, während des Films die Süßigkeiten anzurühren, fiel es ihnen leichter, anschließend dem Eis zu widerstehen. Dieses Experiment gibt es in vielen Varianten, und die Ergebnisse decken sich: Wenn man über längere Zeit einen bestimmten Wunsch unterdrückt, lässt die Kraft der Impulskontrolle nach.

Durch Gebrauch ihrer Kontrollfähigkeit erschöpfte Versuchsteilnehmer geben mehr Geld aus, können schlechter Entscheidungen treffen, ertragen weniger Schmerzen, werfen beim Lösen schwieriger Aufgaben schneller das Handtuch und unterdrücken ihre Vorurteile weniger erfolgreich als die Teilnehmer aus der Kontrollgruppe. Wer sich tagsüber im Beruf zusammenreißen muss, trinkt abends mehr und kann Versuchungen schlechter widerstehen. Die Anpassung an Stress in jeder Form (etwa Lärm, Gedränge, Gestank, Bürokratie oder Diskriminierung) erfordert Selbstkontrolle und schwächt sie daher. Unter anderem deshalb fangen ehemalige Raucher in Stresssituationen häufig wieder an zu rauchen, Trinker greifen zur Flasche, Fastende zum Schokoriegel.

Was genau bei der Betätigung dieser Kontrolle aufgebraucht wird, ist nicht ganz klar, aber die Hauptverdächtige ist derzeit Glukose. Das Gehirn funktioniert nach der «Last in, first out»-Regel: Fähigkeiten, die der Mensch entwicklungsgeschichtlich spät erworben hat, fallen als erste aus, wenn die Funktion des Gehirns beeinträchtigt wird, zum Beispiel durch Sauerstoff- oder eben Glukosemangel. Impulskontrolle ist ein solcher Neuzugang im Gehirn und noch dazu eine überdurchschnittlich anstrengende Tätigkeit. Schon bei nur leicht gesenktem Blutzuckerspiegel funktioniert sie messbar schlechter. Das ist bitter für alle, die ihre Impulskontrolle einsetzen, um Diät zu halten, denn wenn durch das Hungern der Blutzuckerspiegel sinkt, verringert sich gleichzeitig die Fähigkeit, allen möglichen Versuchungen zu widerstehen. Man sollte daraus allerdings nicht den Schluss ziehen, dass der Verzehr einer Tüte Gummibärchen übermenschliche Selbstkontrollfähigkeiten verleiht. Zu wenig Zucker im Blut schwächt zwar die Selbstkontrolle, aber zu viel Zucker steigert sie leider nicht.

Was sich in Experimenten dagegen als hilfreich erwiesen hat, um die Erschöpfung der Selbstregulationsfähigkeit wenigstens hinauszuzögern (denn vermeiden lässt sie sich nicht), waren finanzielle Anreize, gute Laune, Humor und rechtzeitig formulierte klare Pläne à la «Wenn ich in Situation A gerate, greife ich zu Verhaltensweise B». Letzteres schont das Gehirn offenbar, weil es einfach nur eine Regel aus der Schublade zu ziehen braucht, anstatt mühsam Kontrolle über widerstreitende Impulse auszuüben. Dass gute Laune die Impulskontrolle stärkt, ist insbesondere für alle diejenigen eine wichtige Information, die sich wegen ihres schlampigen Lebenswandels gern dem Missmut und Selbsthass ergeben. Wenn man fröhlich nichts oder das Falsche tut, steigt die Wahrscheinlichkeit, dass man sich doch noch zur gefühlt richtigen Tätigkeit durchringen kann.

Bevor man Energie in die Vermeidung einer bestimmten Verhaltensweise steckt, lohnt sich daher die Überlegung, wie das Ziel möglichst ganz ohne Betätigung der Impulskontrolle zu erreichen ist. Zum einen kann man die Häufigkeit der Gelegenheiten reduzieren, zu denen man seine Impulskontrolle benötigt: Um vorhandene Schaumzuckermäuse nicht zu essen, muss man sich andauernd stark beherrschen. Um Schaumzuckermäuse nicht zu kaufen, braucht man sich nur im Supermarkt zu beherrschen, also schon deutlich seltener. Zum anderen kann man Impulskontrolle durch konkrete Hindernisse ersetzen. Wer in einer SM-Beziehung lebt, hat es leicht und kann sich einfach am Schreibtisch festketten lassen, bis die Diplomarbeit geschrieben ist. Alle anderen profitieren vielleicht von einem Tipp aus dem Selbsthilfeforum procrastinators-anonymous.org:

«Richtet euch in einem gut beheizten Raum ein Arbeitszimmer ein, in dem ihr ausschließlich Arbeitssachen aufbewahrt. Wenn ihr euch zum Lernen zurückzieht, nehmt so viel Essen, Koffein und Bücher mit, wie ihr für einen Arbeitseinsatz von ungefähr fünf Stunden braucht. Stellt euch einen Wecker auf fünf Stunden später. Jetzt schließt ihr die Tür und zieht eure Hosen aus. Ihr habt mich schon richtig verstanden, Hosen runter. In schweren Fällen auch das Hemd. Steckt sie in eine Plastiktüte und knotet die Tüte zu. Legt die Tüte weg (je weiter weg, desto besser). Auf die Art könnt ihr nicht mal eben schnell das Zimmer verlassen, ohne komisch angeguckt zu werden: Wenn euch der plötzliche Drang überkommt, aufzuspringen und fernzusehen oder einen Freund anzurufen, dauert es gute fünf Minuten, bis ihr euch angezogen habt; genug Zeit, um noch mal darüber nachzudenken und sich wieder hinzusetzen. Nach ein paar Monaten gewöhnt ihr euch dran, im Arbeitszimmer zu bleiben, bis der Wecker klingelt. Ab jetzt könnt ihr die Hosen anbehalten.»

Generell lässt sich die Kraft der Trägheit gut zu einer Art Prokrastinations-Judo nutzen. Wenn man eine arbeitsverhindernde Beschäftigung künstlich erschwert, verschiebt sich das Reaktionsgleichgewicht, und mit etwas Glück widmet man sich aus schierer Faulheit der Tätigkeit, der man sonst aus dem Weg gegangen wäre. Steht das Bett direkt neben dem Schreibtisch, wird man nach einer halben Stunde Arbeit das erste Nickerchen ins Auge fassen. Bewegt man sich zur Arbeit aber an die Uni, ins Büro oder ein weit entferntes Café, erscheint der Weg zum Schlafplatz plötzlich viel mühsamer als alles andere.

Lassen sich Versuchungen weder aus dem Blickfeld schaffen noch anderweitig zähmen, bleibt nur, es langsam angehen zu lassen: Wer sich eine bestimmte Verhaltensweise an- oder abgewöhnen will, tut gut daran, sich möglichst wenig auf einmal vorzunehmen. Der Plan, ab morgen immer früh aufzustehen, kalt zu duschen, die Ernährung umzustellen, regelmäßig zu joggen und jeden Tag an der Diplomarbeit zu schreiben, überfordert auch die beste Impulskontrolle.

Eine kleine Handvoll neuerer Studien deutet darauf hin, dass Impulskontrolle sich nicht nur wie ein Muskel erschöpft, sondern eventuell auch wie ein Muskel trainieren lässt. Versuchsteilnehmer, die in ein Sportprogramm oder ein Trainingsprogramm zum Umgang mit Geld gesteckt werden, berichten von Verhaltensänderungen auf ganz anderen Gebieten. Zumindest im Untersuchungszeitraum rauchen und trinken die Versuchspersonen weniger, ernähren sich gesünder und spülen öfter das Geschirr ab. Wer nicht das Glück hat, von Verhaltensforschern in ein kontrolliertes Experiment einbezogen zu werden, kann trotzdem versuchen, seine Impulskontrolle zu verbessern, indem er sie regelmäßig für einfache, spielerische Aufgaben heranzieht. In einem Experiment wurden die Teilnehmer angehalten, zwei Wochen lang zum Zähneputzen, Umrühren, Mausbenutzen und Türenöffnen die ungeübtere Hand einzusetzen oder bestimmte Wörter nicht mehr zu verwenden. Daraufhin erzielten sie zumindest in handelsüblichen Impulskontrolltests bessere Ergebnisse als zuvor. Wie dieser Trainingserfolg zustande kommt und wie lange er anhält, ist bisher nicht untersucht worden.

Natürlich ist die menschliche Zivilisation zum guten Teil auf der Erweiterung der Impulskontrolle aufgebaut. Trotzdem kann die Selbstregulation auch zivilisatorisch grob fehlgehen, besonders wenn sie im Verbund mit der Selbstdisziplin daherkommt und zum Beispiel dazu führt, dass man nicht dem Verlangen nachgibt, aus dem Schützengraben zu verschwinden. Die Bewertung und gegebenenfalls Feinjustierung seiner eigenen Impulskontrolle kann jeder LOBO anhand einer einfachen Frage vornehmen: Ist der momentane Impuls tatsächlich gut für mich und nicht allzu schädlich für die anderen? Denn obwohl Kant ein wenig streng mit sich und der Welt umgegangen sein mag, bleibt sein Kategorischer Imperativ wegweisend, jedenfalls in der LOBO-Variante als Einigermaßen Kategorischer Imperativ.

Vitamin R

Vom Koks des gesetzestreuen Bürgers

> «Es ist ein weit verbreitetes Vorurteil, dass man Energiegetränke zu sich nimmt, damit man weniger schläft. Weniger schlafen ist eine idiotische Idee, weniger schlafen kann man später, wenn man nichts Besseres mehr zu tun hat. Es geht vielmehr darum, genau dann wach zu sein, wenn es gerade nötig ist, zum Beispiel nachts um vier, und dann auch nicht nur so mittel verschlafen, sondern richtig wach. Man reinigt sich schließlich auch nicht mit Seife, um sich weniger waschen zu müssen, sondern damit man sauber wird.»
> *(Aleks Scholz, riesenmaschine.de)*

Da beide Autoren dieses Buchs Ritalin verschrieben bekommen – Kathrin Passig wegen ihrer Narkolepsie und Sascha Lobo wegen seines ADS – und das Buch ohne Ritalin viele leere Seiten hätte, verdient das Medikament ein eigenes Kapitel. Andere hilfreiche Chemikalien lassen wir links liegen, weil sie längst von jedem LOBO ausprobiert wurden (Kaffee, Cola, Clubmate, Red Bull) oder verboten sind. Der Wirkstoff Methylphenidat fällt in Deutschland unter das Betäubungsmittelgesetz und wird unter verschiedenen Präparatenamen wie Ritalin, Medikinet, Concerta oder Equasym vor allem an Kinder, aber auch Erwachsene mit ADS verschrieben. Heftige Prokrastination ist ein wichtiges Symptom von Aufmerksamkeits- und Hyperaktivitätsstörungen und wird durch Ritalin oft wesentlich gelindert.

Das bei seiner Markteinführung in den fünfziger Jahren noch rezeptfreie Ritalin hatte in den letzten Jahren keine gute Presse. Das liegt vor allem am dramatischen Anstieg des

Ritalinkonsums – die weltweite Produktion von Methylphenidat stieg zwischen 1990 und 2005 von 2,8 auf 28,8 Tonnen. Der Gesamtmarkt in Deutschland wird derzeit auf 80 Millionen Euro beziffert. Die Zeitschrift «Nature» veröffentlichte im April 2008 die Ergebnisse einer Umfrage zum Gebrauch leistungssteigernder Medikamente unter ihren Lesern: 20 Prozent der 1400 Teilnehmer hatten ihrer – vermutlich überwiegend wissenschaftlichen – Arbeit bereits mit Medikamenten nachgeholfen, und wiederum 62 Prozent dieser Gruppe setzten dabei auf Ritalin. 80 Prozent aller Befragten fanden nichts dagegen einzuwenden.

Wie jeder dramatische Anstieg von irgendwas ruft auch der des Ritalinkonsums die Kulturpessimisten auf den Plan. Aber Ritalin ist nicht das erste Mittel zur Erweckung von Tatendrang, das auf Kritik stößt. Der Kaffee hatte es bei seiner Einführung in Mitteleuropa nicht viel leichter. Johann Heinrich Jung-Stilling ermahnte das Volk 1782 in seinem «Beweis für den Bürger und Landmann, dass der Kaffee für die Gesundheit, für die Haushaltung und für das ganze Land ein höchstschädliches Getränk sei» mit den harten Worten: «Noch eine andere Kaffeeschwester wendet ein, sie müsse ihn trinken, sonst sei sie krank. Nun denke sie, wie tief sie schon ins Verderben geraten ist! So weit sind ihre Nerven schon gekommen, dass sie von dem natürlichen Feuer des Lebens nicht mehr entzündet werden. Sie müssen fremdes Feuer, sie müssen Kaffee haben. Es ist hohe Zeit, dass sie sich alle Monat täglich eine Tasse abzieht. Stattdessen sollte sie mittags ein Glas Bier bei Tische trinken, bis sie ganz davon ab ist.» Die Industrialisierung ging mit einer allgemeinen Umstellung vom Volksgetränk Bier auf Kaffee und Tee einher, und die damals geäußerten Bedenken gegen künstlich erzeugte Arbeitsamkeit ähneln den heute vorgebrachten. Dass die Welt das «fremde Feuer» Koffein bisher ganz gut verkraftet hat, spricht dafür, dass auch der Einsatz von Ritalin nicht gleich den Untergang des Abendlandes nach sich ziehen wird – auch wenn es sich in Diskussionsforen häufig so anhört.

Warum Ritalin bei Arbeits- und Konzentrationsstörungen hilft, ist noch nicht ganz geklärt. Einige Forscher führen Prokrastinationsprobleme auf Unordnung im dopaminergen System zurück, was im Groben bedeutet, dass im Gehirn zu wenig Stoffe ausgeschüttet werden, die eine Tätigkeit interessant und wichtig erscheinen lassen. Dafür spricht unter anderem, dass Aufschieber ihre Arbeit problemlos erledigen können, sobald der Deadlinestress eingesetzt hat, wenn also mehr Adrenalin und verwandte Hormone ausgeschüttet werden. Ritalin hemmt unter anderem die Wiederaufnahme von Dopamin, sodass mehr davon im Gehirn zirkuliert. Dopamin wird auch bei Flow-Erlebnissen (siehe Seite 75) ausgeschüttet, und unter seinem Einfluss erledigt sich die Arbeit wie von selbst.

Außerdem ist es unter dem Einfluss von Ritalin anscheinend leichter, sich für eine Tätigkeit zu entscheiden, die sich erst später auszahlt. Zumindest spricht dafür folgender Tierversuch: Man stellt Ratten vor die Wahl zwischen zwei Hebeln. Betätigen sie den einen, wird sofort eine kleine Belohnung in Form von Zuckerwasser ausgegeben, betätigen sie den anderen, wird mit einer Verzögerung von bis zu fünfzig Sekunden die vierfache Menge an Zuckerwasser ausbezahlt. Ohne Doping ziehen Ratten den Hebel mit der schnellen Belohnung vor, unter dem Einfluss von Ritalin entwickeln sie größeres Interesse am zweiten Hebel.

Bei konkreten und hartnäckigen Aufschiebeproblemen ist es daher gerechtfertigt und relativ einfach, sich wenigstens probehalber Ritalin verschreiben zu lassen. Im Unterschied zu diesem Buch, das nicht die Prokrastination, sondern das Leiden an ihr beseitigen will, rupft es die Symptome mit der

Wurzel aus. Aber der Ritalingebrauch hat seinen Preis. Wer über Nacht die ganze Scheune voll Stroh zu Gold spinnen will, liefert sich dem Rumpelstilzchen aus – mit allen Risiken und Nebenwirkungen.

Die Vorteile:

1. Selbst wenn man nur ein einziges Mal Ritalin einnimmt, kann die Erkenntnis große Erleichterung verschaffen, dass die Arbeitsstörungen gar nicht so fest mit der Persönlichkeit verwoben sind, sondern sich wenigstens vorübergehend aufheben lassen.
2. Ritalin kann den Teufelskreis aus Arbeitsaufschieben und Schuldgefühlen durchbrechen, sodass man eventuell nach ein paar Tagen medikamentös beförderter Arbeit auch wieder alleine zurechtkommt. Wenigstens bis zum nächsten Mal.
3. In der ADS-Literatur heißt es, dass Patienten unter dem Einfluss von Ritalin etwa so konzentriert arbeiten wie andere Menschen ohne Medikamente. Das Medikament kann also dafür sorgen, dass man an derselben Linie wie die anderen startet. Ob man überhaupt im richtigen Rennen antritt, muss man aber immer noch selbst entscheiden.
4. Das knappe Gut Impulskontrolle muss nicht angegriffen werden, lästige Arbeiten erledigen sich unter Ritalin praktisch von allein und machen wegen der sich bereitwillig einstellenden Flow-Erlebnisse oft sogar Spaß.
5. Statt sich drei Tage lang mit einer lästigen Aufgabe herumzuplagen, kann man unter Zuhilfenahme von Ritalin die gesamte Arbeit am ersten Tag erledigen und die verbleibenden zwei Tage selbstgewählten Beschäftigungen widmen.

Die Nachteile:

1. Im Drogenratgeber erowid.org füllt Ritalin eine eigene Rubrik, in der zufriedene und unzufriedene Nutzer von ihren Erfahrungen mit dem Schlucken, Schnupfen und Spritzen von Ritalin berichten. «Bei bestimmungsgemäßem Gebrauch in den zugelassenen Anwendungsgebieten», so steht es zwar im Beipackzettel, «ist eine Abhängigkeitsgefahr praktisch nicht vorhanden», aber zu diesen zugelassenen Anwendungsgebieten gehört eben nicht der Einsatz als Partydroge in Kombination mit achtzehn Bieren. Wer von sich weiß oder ahnt, dass er zum Suchtverhalten neigt, sollte sich daher eng an die im Beipackzettel beschriebenen Dosierungen und Einsatzzwecke halten oder die Finger davon lassen.
2. Ritalin bringt die inneren Stimmen zum Schweigen, die einem geduldig mitzuteilen versuchen, dass es noch andere Jobs gibt als den am Diddlmaus-Ausstopf-Fließband. Es kann dabei helfen, einen unbefriedigenden Zustand viel zu lange auszuhalten.
3. Mit den Drogen, die wir nehmen, treffen wir auch eine Entscheidung über die Welt, in der wir leben wollen. Und eine Welt voller Ritalinkonsumenten wäre eine langweilige Workaholicwelt. Verantwortungsbewusste Bürger greifen deshalb nach Feierabend zu anderen Wirkstoffen, die diesen Effekt ausgleichen und die Einsicht vermitteln, dass der Mensch nicht nur zum Arbeiten da ist. Das kann manchmal ganz schön anstrengend sein. Aber Weltverbesserung ist eben nicht gratis zu haben.
4. Anders als andere Rezepte verlieren Betäubungsmittel-Verschreibungen nach einer Woche ihre Gültigkeit. Man kennt das Problem aus dem Witz über das Stärkungsme-

dikament in der schwer zu öffnenden Packung: LOBOs müssen dreimal zum Arzt, bis es ihnen einmal gelingt, das Rezept rechtzeitig einzulösen.

Wer nach Abwägung der Vor- und Nachteile zumindest ausprobieren möchte, ob Ritalin seine Probleme lindert, der schildere einem Arzt, am besten einem Neurologen oder Psychiater, seine Prokrastinationsprobleme oder entleihe eine Testportion beim hyperaktiven Schulkind seines Vertrauens. Unterschiedliche Menschen reagieren sehr unterschiedlich auf Ritalin, deshalb sollte man mit einer Vierteltablette anfangen. Im Zusammenhang mit ADS heißt es, dass etwa 30 Prozent aller Patienten überhaupt nicht auf Ritalin ansprechen. Wenn zwei Tabletten keine nennenswerte Wirkung hervorrufen, gehört man wahrscheinlich zu dieser Gruppe und muss es stattdessen mit der guten alten Selbstdisziplin versuchen, haha, nur ein Witz.

Jetzt helfe ich mir nicht mehr selbst

Outsourcing

«Ich heiße Winston Wolf. Ich löse Probleme.»
(Quentin Tarantino: «Pulp Fiction»)

Ein Stapel Probleme, der einen vorwurfsvoll anstarrt, meint das meistens gar nicht persönlich: Die Probleme wollen einfach nur von irgendjemandem gelöst werden. Es reicht auch, jemand anderen damit zu beauftragen. Zu jeder Aufgabe, mit der man sich herumquält, existiert jemand, dem genau diese Tätigkeit Spaß macht oder der zumindest viel weniger unter ihr leidet. Es gibt Menschen, die – unter bestimmten Bedingungen – gern putzen, aufräumen, Ordnungssysteme ausdenken, Termine vereinbaren und Papiere in Aktenordner sortieren. Man muss sie nur ausfindig machen und dann dazu bewegen, einem diese Arbeiten abzunehmen. Dazu hat man im Großen und Ganzen zwei Möglichkeiten zur Verfügung: Geld und Tauschgeschäfte.

Beginnen wir mit dem Geld. Man muss zum Glück nicht reich sein, um Aufgaben an andere zu delegieren. Eine realistische Einschätzung der eigenen Fähigkeiten genügt, wie das Interview mit dem Übersetzer Gunnar Kwisinski zeigt:

«Ich hatte etwa ab 35 eine Putzfrau, und während sie da war, hatte ich immer ein so schlechtes Gewissen, dass ich mich selbst an den Schreibtisch gesetzt und gearbeitet habe. Das waren zwei Stunden die Woche, ich habe nicht viel mehr verdient als sie in den zwei Stunden, aber es ist was dabei rausgekommen. Ich selbst hätte neun Stunden gebraucht, bis es ordentlich aussieht. Die Putzfrau hat mich damals so 130 Mark im Monat gekostet, also wahrscheinlich mehr als zehn Prozent von meinem eigenen Bruttomonatseinkommen. Es geht einfach nicht, dass man diesen Dingen hinterherläuft, die erledigt werden müssen und die man auch noch wahnsinnig ungern macht. Man vertrödelt unheimlich viel Zeit damit, wird trotzdem nicht fertig oder kriegt es zumindest nicht richtig hin, und zu den Sachen, die eigentlich anstehen, kommt man auch nicht. Meine Wohnung war kaum 30 Quadratmeter groß, aber ich hatte nie das Gefühl, mich dafür rechtfertigen zu müssen, dass ich nicht selber putze. Die Putzfrau war froh, dass sie Geld verdient hat, ich war zufrieden, wir waren eigentlich alle sehr zufrieden damit.»

Wenn man statt wenig Geld viel Geld hätte, könnte man natürlich alles von anderen erledigen lassen, was einem schwerfällt oder wozu die Zeit nicht reicht – das wird jedenfalls oft angenommen. In Wirklichkeit ist es, unabhängig vom verfügbaren Einkommen, für viele Menschen gar nicht so leicht, diese Entscheidung zu treffen. Meistens sind es keine finanziellen Gründe, die uns davon abhalten, Aufgaben an andere abzugeben. Die inneren Widerstände gegen Arbeitsvereinfachungen sind zahlreich, und sie sind nicht immer rational. In «Schmutzige Wäsche», einer soziologischen Untersuchung von Paarbeziehungen anhand ihrer Hygienegewohnheiten, findet sich ein klassisches Beispiel: Die Familie Delafontaine hat einen Wäschetrockner gekauft. Jetzt stellt sich heraus, dass der Vater entschieden gegen dessen Einsatz ist, weil er das für unnütze Stromverschwendung hält; außerdem sei

Wäscheaufhängen nicht wirklich anstrengend. Seine Frau möchte ihrerseits zum einen Arbeit sparen, zum anderen Ehekrach vermeiden. Am Ende finden die beiden einen Kompromiss: Frau Delafontaine lässt den Trockner nur zur Hälfte laufen, «um die Wäsche zu glätten», hängt die Wäsche dann doch noch auf und hat so mehr Arbeit als zuvor. Es ist leicht, sich über die Delafontaines zu amüsieren – aber weniger leicht, zu erkennen, an welchen Stellen man sich selbst ebenso irrational verhält.

Das Haupthindernis liegt häufig in der protestantisch geprägten Vorstellung, es sei sündiger Luxus, jemand anderen für sich arbeiten zu lassen. Das Problem ist nicht, dass Outsourcing unbezahlbar wäre, es ist nur im Wortsinne undenkbar. Gerade bei einfachen Aufgaben müssen sich die meisten Menschen erst an diese Vorstellung gewöhnen. Ein klassisches Beispiel sind Auto- und Fahrradreparaturen. Beim Auto kann man viel, beim Fahrrad so gut wie alles selber machen, nur macht man es eben nicht. Die meisten LOBOs schieben das Montieren der Winterreifen bis zum nächsten Frühjahr vor sich her und nehmen sich lieber monatelang täglich vor, das Fahrrad zu reparieren, als ein einziges Mal den Entschluss zu fassen, es stattdessen in die Werkstatt zu bringen. Dabei kann ein solcher Entschluss das Leben erstaunlich vereinfachen und über Nacht von Selbstvorwürfen befreien.

«In meiner Wohnung herrschten immer sehr unpraktische Zustände, meine Küche war nach einem auf halbem Weg abgebrochenen Renovierungsversuch mehrere Jahre lang nicht begehbar. Mit Mitte 30 verdiente ich unversehens Geld und beschloss daher, endlich meine Küche von jemand anderem zu Ende renovieren und meine Wohnung aufräumen zu lassen. Schon ein halbes Jahr später hatte ich jemanden gefunden, der sich darum kümmern sollte. Verpeilte ziehen sich offenbar an, deshalb war leider auch mein Helfer nicht der Schnellste, aber nach einem weiteren Dreivierteljahr sah meine Wohnung schon wieder ganz brauchbar aus. Der Preis dafür war so gering, dass ich mir dieselbe Hilfe schon Jahre früher hätte leisten können, selbst in Zeiten der Armut. Er lag weit unter dem, was ich mir vorgestellt hatte. Indirekt war es vielleicht trotzdem das Geld, das mich in die Lage versetzte, diese Arbeit endlich jemand anderem zu übergeben, und zwar weil es mir eine klarere Vorstellung von dem verschafft hat, was mir meine Zeit wert ist und was ich mit ihr anfangen möchte.»

(Kathrin Passig)

Fragt man schlecht organisierte Menschen, was es ihnen wert wäre, von allen vernachlässigten Aufgaben befreit zu sein, nennen die meisten ziemlich hohe Beträge. Viele sind bereit, zur Beschaffung dieses Geldes Arbeiten zu erledigen, die ihnen leichter fallen – Hauptsache, sie müssen nicht ihre eigene Küche putzen. Timothy Ferriss erklärt in «Die Vierstundenwoche», warum sich der Tausch auch dann lohnt, wenn die Kosten pro Stunde gelegentlich höher liegen als das, was man in derselben Zeit verdient. Kommt man selbst nur auf 25 Dollar die Stunde und leistet sich für 30 Dollar einen guten Assistenten, der einem pro Woche einen ganzen Achtstundentag einspart, belaufen sich die Kosten auf 40 Dollar für einen zusätzlichen freien Arbeitstag. «Würden Sie 40 Dollar pro Woche ausgeben, wenn Sie dafür nur von Montag bis Donnerstag arbeiten müssten?», fragt Ferriss. «Ich schon, und ich mache es auch.»

Aber Outsourcing kostet ja zum Glück nicht nur Geld: Oft spart es erhebliche Summen in Form von Mahn-, Inkasso- und Überziehungsgebühren ein. Und es kann sogar Geld einbringen, wenn man jemanden findet, der alte Rechnungen stellt, den Lohnsteuerjahresausgleich macht, säumige Zahler mahnt und überflüssige Verträge kündigt. Und weil man nicht mehr den ganzen Tag unglücklich einen Papierstapel anstarren muss, der nach Zuwendung verlangt, steigert Outsourcing indirekt auch noch die Produktivität. Außerdem entfällt die Möglichkeit, durch Putzen oder Papierkramsortieren Arbeit vorzutäuschen. Zeigt sich die Produktivität unbeeindruckt, wird man immer noch zufriedener leben als vorher. Und zur Not kann man sich mit folgender Begründung über die Ausgaben hinwegtrösten: «Je hemmungsloser man das Geld aus dem Fenster wirft, umso mehr kommt zur Tür wieder herein.» Das Zitat wird abwechselnd Bhagwan, Henri Nannen und Walter Moers zugeschrieben, sodass für jeden ein passendes Vorbild dabei sein sollte.

Eine sympathische Sonderform ist die sich selbst bezahlende Dienstleistung; Literatur- und Bookingagenturen etwa streichen einen Anteil an den Einnahmen ein, die man ohne sie gar nicht gehabt hätte. Aber auch jenseits der Bereiche, die eher für Minderheiten interessant sind, gibt es solche Dienstleister. Einen Steuerberater etwa kann fast jeder Mensch gebrauchen. Er nimmt einem nicht nur eine der unangenehmsten Tätigkeiten der zivilisierten Welt ab, sondern senkt dabei auch das zu versteuernde Einkommen durch Abzüge, auf die man selbst nicht im Traum verfallen wäre. Was das kostet, errechnet sich in Abhängigkeit vom Einkommen. Selbst Geringverdiener müssen damit rechnen, dass für Steuerberatung ein paar hundert Euro fällig werden. Dafür spart der Steuerberater beim Steuerbescheid wieder Geld ein, weil er nicht dieselben Fehler macht, die man selbst gemacht hätte. Monatelanges Jammern, vergebliche Aufraffungsversuche und das nagende Gefühl, auch dieses Jahr wieder alles falsch gemacht zu haben, entfallen. Nette Steuerberater akzeptieren Kartons voller unsortierter Belege.

Natürlich wird nicht nur bei der Einkommensteuererklärung prokrastiniert, bei der man am Ende doch bloß Geld bezahlen muss, sondern auch bei der Lohnsteuererklärung, bei der es fast immer Geld zurück gäbe. Schätzungen der Finanzämter zufolge geben in den Großstädten bis zu 25 Prozent der Angestellten keine Lohnsteuererklärung ab, auf dem Land, heißt es, liege die Zahl eher noch höher. Einerseits muss man den Staat dafür loben, dass Angestellte sich gegen diesen geringen Aufpreis gar nicht um die Steuern kümmern müssen. Andererseits fühlen sich viele Menschen verfolgt von der Vorstellung, sie müssten dringend ihre Lohnsteuererklärungen der letzten Jahre nachreichen. Wenn es nicht gelingt, sich von diesem Selbstvorwurf frei zu machen und die zu viel gezahlten Steuern als Preis für Lebensvereinfachung zu akzeptieren, lohnt sich ein Steuerberater oder noch besser (weil billiger) der Gang zum Lohnsteuerhilfeverein. Für einen sozial gestaffelten Jahresmitgliedsbeitrag bekommt man hier von der Erstellung und Versendung des Antrags bis hin zur Klage vor dem Finanzgericht alle Steuerangelegenheiten abgenommen.

Hat man wirklich gar kein Geld, oder möchte man das vorhandene partout behalten, gibt es immer noch das Tauschgeschäft. Denn eine Aufgabe, die man normalerweise hasst, kann ganz einfach werden, wenn man sie für jemand anderen erledigt. Der schwierigste Schritt ist die Einsicht, dass man sie nicht selbst erledigen wird oder will. Danach ist es vergleichsweise leicht, jemanden zu finden, an den man sie abtreten kann. Gute Kandidaten dafür sind Freunde, die ihrerseits langweilige oder unangenehme Aufgaben vor sich herschieben und mit denen man ein Prokrastinations-Tandem bildet. Zum Glück gehen die Meinungen über unangenehme Arbeiten weit auseinander, sodass man sich eine Aufgabe herbeitauschen kann, die einem nichts ausmacht. Aber auch der Tausch identischer Tätigkeiten kann helfen – fremde Bewerbungen schreiben sich viel unbeschwerter, fremde Fenster putzen sich viel leichter als die eigenen.

Wer zu Hause selbst stapelweise unsortierte Post herumliegen hat, ist sogar besser qualifiziert, die gleiche Aufgabe für andere zu erledigen, denn er wird währenddessen niemanden darüber belehren, dass man sich da doch nur ein bisschen zusammenreißen müsste. Wenn man im ganzen Freundes- und Bekanntenkreis keine LOBO-Helfer ausfindig machen kann, tut es zur Not auch jemand ohne eigene Probleme. Diesen Menschen wird man dann beispielsweise mit einer Einladung zum Essen bestechen müssen. Außerdem gibt es in vielen Städten Dienstleistungstauschringe, an die man sich wenden kann. Die Sorge, danach in der Schuld des Dienstleistungstauschrings zu stehen, weil man es nicht schafft, sich zu revanchieren, ist grundlos: Zum einen haften an den fremden Aufgaben keine Selbstvorwürfe, und zum anderen winken danach Erleichterung und Dankbarkeit des eigentlichen Arbeitsinhabers. Im Kopf wird die fremde Arbeit nicht unter «Arbeit», sondern unter «jemandem einen Gefallen tun» verbucht. Freundschaftsdienste und Tauschgeschäfte sind sehr angenehme Tätigkeiten, denn hinterher wird man gemocht und fühlt sich wie ein netter, hilfsbereiter Mensch. Ach, eigentlich sollte man überhaupt keine eigene Arbeit mehr erledigen, sondern nur noch die anderer Leute.

«Verblüffenderweise gelingt es mir, beinahe alles und jedes für alle und jeden zu regeln – nur nicht für mich. Ich bringe Ordnung in fremder Leute Chaos, entfitze Verworrenstes, habe prima Lösungen für vertrackt Scheinendes, und das fast immer in allergrößter Kürze. Es ist mir Herausforderung und bereitet mir größtes Vergnügen, Befriedigung und echte Lebensfreude. Aber vor vielem von meinem eigenen Zeug muss ich regelmäßig kapitulieren – oder wenigstens mit Gepfuschtem, Verspätetem, Lieblosem leben. Dabei ist es nicht mal so, dass das Zeug anderer mich mehr interessieren würde – oft ist es vermutlich das gleiche Zeug wie meins. Es geht mir dabei nicht um das Lob oder die Dankbarkeit der anderen und ist auch nichts in Richtung Helfer-Komplex, falls es so was gibt. Wenn das Zeug eines anderen zu bewältigen war, ist mir froh ums Herz. Und das Zeug der anderen gewinnt noch an Attraktivität für mich, wenn ich zur Bewältigung ein wenig tricksen darf.»

(Bettina Andrae)

10 schlechte Argumente gegen Outsourcing

1. **«Es gibt keinen Dienstleister, der mir abnehmen kann, was ich vor mir herschiebe.»**
   Das kann schon sein, ist aber unwahrscheinlicher, als man so denkt. Timothy Ferriss listet in «Die Vierstundenwoche» unter anderem folgende Aufgaben auf, die man aus der Hand geben kann: Internetrecherche, Onlinekäufe, Websitepflege, Erstellen von Dokumenten, Korrekturlesen und Lektorieren von Texten, Marktanalyse, Businesspläne, Vorbereitung von Präsentationen, Berichte und Newsletter, Websiteentwicklung, Buchhaltung, aber auch Vorbereitung von Partys, Erinnerungs-

anrufe, Mailbearbeitung und das Nachschneidern von Lieblingskleidungsstücken in Indien. Fahrradkuriere sind neben ihrer Haupttätigkeit bereit, für wenig Geld überraschend vieles zu übernehmen, zum Beispiel Ämtergänge.

2. **«Ich will nicht, dass jemand Wildfremdes seine Nase in meine Privatsphäre steckt.»**
   Ein gebräuchlicher Einwand vor allem gegen Putzhilfen. Ist die Privatsphäre erst mal halbwegs aufgeräumt, wird es allerdings gleich weniger peinlich, jemanden in die Wohnung zu lassen. Was ist Ihnen wichtiger: unberührte Privatsphäre oder Befreiung von anstrengenden und wirkungslosen Ordnungsvorsätzen? Wenn es an privaten Körperteilen plötzlich komisch juckt, zeigt man sie doch auch einem Arzt.
3. **«So, wie meine Wohnung jetzt aussieht, kann ich niemandem zumuten, bei mir zu putzen.»**
   Es gibt zwei Möglichkeiten: Wer so argumentiert, leidet entweder unter verzerrter Unordnungswahrnehmung, so wie Magersüchtige unter einem verzerrten Körperbild leiden, und in Wirklichkeit ist die Wohnung in gar keinem schlimmen Zustand. Oder aber er hat ein echtes Messieproblem (zur Diagnose siehe Kapitel «Der Kampf gegen die Dinge»). In diesem Fall ist er zunächst auf die Hilfe ähnlich aufräumbehinderter und deshalb mitfühlender Menschen angewiesen. So jemanden findet man im Freundeskreis oder in einer Messie-Selbsthilfegruppe. Achtung: *Zuerst* den Putzfrauen-Starttermin vereinbaren, *dann* kurz vorher die Aufräumaktion starten, sonst war alles umsonst.
4. **«Na gut, aber dann muss ich ja in Zukunft jedes Mal aufräumen, bevor geputzt wird!»**
   Nein, müssen Sie nicht. Die Putzhilfe braucht dann eben länger und wird Ihnen diese Zeit in Rechnung stellen.

Außerdem können andere Menschen sich sinnvollere Ordnungssysteme ausdenken als man selbst, weil sie nicht von der Idee «Das war schon immer so» vorbelastet sind. Putzhilfen, die für neue Ordnung sorgen, sind etwas seltener, aber es gibt sie. Eventuell finden Sie es auch hilfreich, vom nahenden Putztermin zum Aufräumen gezwungen zu werden. Wir können das nicht rundherum gutheißen, aber: jeder, wie er will.

5. **«Meine Wohnung ist winzig, und ich habe gar keinen stressigen Job, der mir die Zeit zum Aufräumen raubt. Die Putzhilfe lacht mich doch aus!»**
   Hinter diesem Einwand steckt die Scham darüber, bestimmte Aufgaben, die für andere Menschen relativ einfach sind, nicht selbst bewältigen zu können. Lesen Sie dieses Buch bis zum Ende durch. Wenn das nichts an Ihren albernen Schamgefühlen ändert, fangen Sie noch mal von vorne an. Ihre Putzhilfe wird nicht mehr über Sie lachen als über jeden anderen zahlenden Kunden. Sobald Sie lernen, sich nicht mehr für solchen Unfug zu schämen, verläuft übrigens auch der Rest Ihres Lebens erfreulicher. Betrachten Sie die Putzscham als therapeutisch wertvoll und freuen Sie sich über den Preisunterschied zwischen Putzstunde und Psychotherapiestunde.
6. **«Putzhilfen müssen versichert und angemeldet werden, das bedeutet noch mehr Papierkram, um den ich mich kümmern muss.»**
   Das ist leider wahr. Hier tritt der Staat die Wünsche seiner Bürger nach Vereinfachung mit Füßen. Theoretisch ist zwar nicht viel zu tun, wenn alles seine Richtigkeit haben soll: Die Putzhilfe muss bei der Landesunfallkasse versichert werden, was wenig kostet und online erledigt werden kann. Und es müssen Formulare ausgefüllt werden, die bei www.minijob-zentrale.de herunterzuladen

sind. Insgesamt verteuert sich dadurch alles um etwa 15 Prozent, dafür kann die Haushaltshilfe von der Steuer abgesetzt werden. In der Praxis hält diese Regelung jeden normalen Menschen von gesetzestreuem Verhalten ab. Sie brauchen also entweder jemanden, der sich für Sie um den Papierkram kümmert – wozu wir ohnehin raten –, oder Sie beschäftigen Ihre Putzhilfe schwarz wie Millionen andere Deutsche. Vielleicht lernt der Staat dadurch ja irgendwann, dass es so nicht geht. (Für die Schweiz und Österreich gilt sinngemäß dasselbe.)

7. **«Warum soll ich jemanden für etwas bezahlen, das ich selbst umsonst erledigen könnte?»**
Man kann viele Aufgaben selbst umsonst oder billiger erledigen. Vier Gründe sprechen trotzdem dagegen: Erstens *wird* man die Arbeit vermutlich nicht oder nur mit großer Verzögerung anpacken. Zweitens muss man sich dazu mühsam überwinden und vergeudet damit Energie, die anderswo besser eingesetzt wäre. Drittens folgt aus der Tatsache, dass man eine Aufgabe erledigen *kann*, noch lange nicht, dass man seine begrenzte Arbeits- und Lebenszeit mit ihr verbringen *will.* Und viertens kann man sich, während jemand anders sich um eine ungeliebte Aufgabe kümmert, selbst Tätigkeiten hingeben, für die man genau der Richtige ist. Arbeitsteilung ist eine gute und den Fortschritt befördernde Einrichtung, denn sie führt dazu, dass jeder sich auf das konzentrieren kann, was ihm am meisten liegt, anstatt seine Zeit mit Kartoffelanbau und dem Schnitzen von Holzpantinen zuzubringen.

8. **«Nur wenn ich mich selbst drum kümmere, wird es richtig gemacht.»**
Im bereits erwähnten Buch «Procrastination and Task Avoidance» wird der Fall des 49-jährigen Roger zitiert,

der sich an eine psychiatrische Klinik wendet – nicht aus Leidensdruck, sondern weil seine Familie findet, er brauche Hilfe. Roger schiebt unerledigte Aufgaben aus 14 Jahren vor sich her, darunter ungeöffnete Post aus zehn Jahren, die niemand anderer anrühren darf, weil, so Roger, «es dann nicht ordentlich gemacht wird». Zweifellos ist man für viele Aufgaben selbst am besten qualifiziert. Aber die Alternative zum Outsourcing ist nun mal unter LOBOs meistens, dass gar nichts passiert.

9. **«Ich habe schlechte Erfahrungen mit Outsourcing.»**
Beim unbezahlten Tauschen von Arbeit und oft genug auch bei bezahlten Aufträgen sind die Helfer nicht immer so schnell, wie man es gern hätte. Anstatt sich darüber ein Magengeschwür herbeizuärgern, sollte man bedenken, dass es auch für andere eine weise Entscheidung ist, wenig zeitkritische Aufgaben nicht sofort anzugehen. Man kann nicht für sich selbst eine Slackerphilosophie in Anspruch nehmen und dann nörgeln, wenn andere Menschen es an protestantischem Übereifer fehlen lassen. Außerdem ist man fast immer selbst schuld, weil man die Aufgabe nicht klar genug umrissen oder keine knappe und eindeutige Deadline gesetzt hat. Wenn man ungeduldig reagiert, liegt das oft daran, dass man unter Stress steht, und diesen Stress hat wiederum niemand anders zu verantworten als man selbst. Es macht zwar mehr Spaß, ihn an anderen auszulassen, lenkt aber von den eigentlichen Ursachen des Problems ab.

10. **«Ich müsste erst mal jemanden finden, der mir das abnimmt!»**
Das ist ausnahmsweise kein vorgeschobenes Argument, sondern ein echtes Catch-22-Problem: Je desorganisierter man ist, desto dringender braucht man Hilfe, und desto schwieriger ist es, Hilfe zu finden. Zum Glück eig-

net sich diese Aufgabe gut für ein Tausch- oder Gefälligkeitsabkommen: Jemand anderer wird nicht viel Mühe mit der Lösung dieses Problems haben, und gleichzeitig ist ihm die Dankbarkeit des ursprünglichen Probleminhabers gewiss. Bitten Sie einen Freund darum, für Sie eine Putzfrau / einen Steuerberater / ein Rundum-sorglos-Dienstleistungsunternehmen zu finden und gleich einen Termin für ein erstes Treffen zu vereinbaren. Die Terminvereinbarung ist wichtig, denn wenn man Ihnen einfach nur eine Telefonnummer heraussucht, werden Sie drei Jahre brauchen, um sich zum Anrufen aufzuraffen. Revanchieren Sie sich irgendwie. Fertig.

«Dass ich meine Arbeit geregelt kriege, liegt nur daran, dass ich mit meinen Musikschülern einfach Termine ausmache, an denen sie dann bei mir an der Haustür klingeln. Und weil es mir peinlich ist, im Schlafanzug dazustehen, schaffe ich es aus diesem Grund, zwischen 10 und 11 Uhr angezogen und gezähneputzt zu sein. Auf Deadlines reagiert mein übermächtiger innerer Prokrastinator inzwischen nicht mehr, das ist ganz schlecht. Außer wenn ich irgendwo spielen muss. Da treibt mich die nackte Angst, dass ich mich völlig unvorbereitet auf irgendeinem Podium zum Obst mache.
Nachdem ich mich jahrelang nicht aufraffen konnte, den Zahnarzt anzurufen, um mal wenigstens nach dem Rechten sehen zu lassen, und nachdem das folgenreich war, bin ich jetzt mit dem Zahnarzt so verblieben: Einmal im Jahr schickt er mir einfach eine Postkarte mit einem Termin seiner Wahl. Den muss ich dann wahrnehmen, oder mindestens anrufen, damit er verlegt wird.
Damit überhaupt was passiert, schließe ich mit anderen Verträge ab, in welchen sie sich verpflichten, mich zu Hand-

lungen zu zwingen. Natürlich sind Leute wie ich oft Doppelbegabungen, das heißt, man hat eine Ader fürs Messianische. Es ist dann unbedingt darauf zu achten, dass der innere Messie dem Prokrastinator niemals begegnet, denn zusammen haben sie sofort die absolute Mehrheit im inneren Parlament, und man selbst frisst hinfort in einem abgelegenen Kellerloch ein schimmliges Gnadenbrot.
In einer längst vergangenen Zeit hatte ich mal eine Putzfrau bzw. Haushalts-Erste-Hilfe. Diese wundertätige Frau verfügte über ordnende Kräfte, und sie liebte die Herausforderung. Natürlich war sie ausgebucht. So blieb mein Werben um sie lange erfolglos. Aber eines Tages war sie einer ihrer Wirkstätten überdrüssig geworden; die Leute putzten heimlich in ihrer Abwesenheit. Meine Zeit war da. Ich konnte sie zu einem unverbindlichen Besichtigungstermin in meine Wohnung locken, damit sie sich's mal anschauen könne. Glücklicherweise hatte ich jede Menge Liegengebliebenes zu bieten. Okay, sie nimmt mich, meinte sie gnädig. Ich sicherte ihr wöchentlich Myrrhe und Weihrauch zu sowie ihre Lieblingsspeise und ein Gehalt. Im Gegenzug verpflichtete sie sich, mir ungerührt alles wegzuwerfen, was ich eigentlich nicht brauchte. Unter keinen Umständen durfte sie sich von mir weichklopfen lassen, was ich natürlich mit allen Mitteln versuchen würde. Es sei denn, ich könnte nachweisen, wozu ich diesen Gegenstand benötige. Was habe ich gejammert, als sie die zehn alten Babyfläschchen entsorgen wollte! Immerhin, zwei durfte ich behalten, weil ich glaubhaft machen konnte, dass ich sie zum Abmessen von Flüssigkeiten nutze.
Eines Tages ist sie nach Mannheim gezogen, wegen einem Mann. Seither schließe ich mit allen möglichen Leuten Belästigungs- und Erzwingungsverträge. Wenn die nicht ratifiziert werden, dann gehe ich vermutlich unter.»

(Angelika Maisch, Harfenistin und Musiklehrerin)

1.) Überschrift ausdenken (dringend!)

Von Nutzen und Schaden der To-do-Liste

> «WORKSOP (Subst.) Ein Mensch, der nie dazu kommt, tatsächlich etwas zu erledigen, weil er seine ganze Zeit damit verbringt, Listen mit dem Titel ‹Was ich dringend erledigen muss› anzulegen.»
> *(Douglas Adams: «The Meaning of Liff»)*

To-do-Listen, ein unschönes Thema. Arbeitet das Eichhörnchen vielleicht eine To-do-Liste ab, auf der es «Nuss verstecken, niedliche Pose einnehmen, Nuss verstecken» heißt? Weil aber fast jeder früher oder später mit To-do-Listen experimentiert, wollen wir auf Chancen und vor allem Risiken und Nebenwirkungen hinweisen. To-do-Listen sind eine harte Droge; lässt man sie gewähren, übernehmen sie die Herrschaft über das ganze Leben. Deshalb sollte man nicht aus den Augen verlieren, dass alle im Folgenden geschilderten Methoden letztlich Übergangslösungen sind. Im Idealzustand hat man ein bis zwei Aufgaben, die so wichtig sind, dass man sie unmöglich vergessen kann. Der Rest muss nicht heute erledigt werden. Irgendwann wird er sich entweder selbst melden oder egal werden. Diesen Zustand gilt es anzustreben.

To-do-Listen sind dann nützlich, wenn man vergesslich ist oder es anstrengend findet, Sachen zu behalten. Mit leerem Kopf fällt das Nachdenken leichter, und man fühlt sich weniger überfordert. Listen sorgen für eine klare Vorstellung von dem, was zu tun ist, und die Arbeit sieht nicht mehr aus wie ein undurchschaubares Gewirr aus ineinander verhakten Anforderungen. Außerdem bekommt man anhand der durchgestrichenen Einträge einen Eindruck davon, wie viel oder wie wenig man jeden Tag schafft. Und wer keine festen Arbeitszeiten hat, weiß zumindest bei manchen To-do-Listen-Techniken endlich, wann Feierabend ist. Von der Vorstellung, dass die Liste jemals komplett abgearbeitet sein wird, kann man sich allerdings gleich verabschieden. Haare und Fingernägel wachsen zwar nach neueren Erkenntnissen nach dem Tod nicht mehr weiter, To-do-Listen aber schon.

Gerade für LOBOs bringen solche Listen leider eine Reihe von Nachteilen mit sich. Zum einen sind sie natürlich ein offensichtliches Terrorinstrument, das von Bürokraten ersonnen wurde, um auch dem Rest der Welt ein freudloses Tretmühlenleben zu bescheren. Zum anderen gibt es das Phänomen der «Demand Resistance»: Die bloße Tatsache, dass eine Aufgabe auf einer Liste steht, überzieht die vielleicht ursprünglich ganz attraktive Tätigkeit mit dem abstoßenden Mehltau der Pflichterfüllung. Jetzt ist es noch viel unwahrscheinlicher, dass man sich ihr jemals widmet. Ein weiteres Problem schildert die Managementberaterin Elisabeth Hendrickson: «Manchmal fühle ich mich dazu verpflichtet, bestimmte lästige Einträge auf meiner To-do-Liste abzuhaken, bevor ich mit den interessanteren Aufgaben anfange. Die lästigen Aufgaben sind strategisch manchmal weniger wichtig als die, die mir Spaß machen, aber sie stehen nun mal auf meiner To-do-Liste, also habe ich das Gefühl, sie auch anpacken zu müssen. Am Ende werden so manchmal weder die lästigen noch die angenehmen Aufgaben erledigt, und ich stecke fest.»

Hat man die Demand Resistance und die Fallen des Pflichtgefühls umschifft, können immer noch hundert andere Dinge dazwischenkommen. Aufgaben bleiben unerledigt, und dann steht die Liste da und schaut einen vorwurfsvoll an. Das so erzeugte schlechte Gewissen führt dazu, dass man sich Augen und Ohren zuhält, «lalala, ich guck gar nicht hin!» ruft und am Ende noch weniger tut, als man ohne To-do-Liste vielleicht versehentlich geschafft hätte. Falls es trotz dieser Fülle von Hindernissen doch einmal gelingt, die Punkte auf der Liste abzuarbeiten, ist die Wahrscheinlichkeit groß, dass man seine Zeit mit banalem, leicht auflistbarem Kleinkram vergeudet hat, anstatt sich den wichtigen, aber weniger scharf umrissenen Aufgaben zu widmen. Paul Graham warnt in seinem Essay «Good and Bad Procrastination»: «Jeder Ratschlag zum Thema Prokrastination, der sich um das Abhaken von Einträgen auf der To-do-Liste dreht, ist nicht nur unvollständig, sondern geradezu irreführend, wenn er nicht die Möglichkeit berücksichtigt, dass die To-do-Liste selbst eine Form der B-Prokrastination [also der schädlichen Prokrastination] darstellt. Genaugenommen ist ‹Möglichkeit› noch zu vorsichtig ausgedrückt. Es ist bei fast allen To-do-Listen so.» In der Tat gehört das Anlegen ausführlicher Listen dessen, was man alles zu tun gedenkt, zu den Klassikern der Prokrastination. Julie Morgenstern, die Autorin von «Making Work Work», schätzt, dass dreißig Prozent aller Listenanleger mehr Zeit mit der Verwaltung ihrer Listen zubringen als mit dem Erledigen des Aufgelisteten. Und gerade, weil das Aufschreiben so wunderbar viel Zeit kostet, wird ein guter LOBO danach sofort mit gutem Gewissen – denn er hat ja irgendwas getan – die Existenz der Liste vergessen.

Falls man sich trotz dieser Nebenwirkungen ins Hamsterrad der To-do-Liste begeben möchte, hier ein paar praktische Tipps: To-do-Listen lassen sich nur dann länger als ein bis zwei Wochen führen, wenn man sie gern und freiwillig führt. Das bedeutet, dass man zum Aufschreiben ein Medium braucht, das man entweder ohnehin bereits ständig verwendet oder das so toll und funkelnd ist, dass man es schon immer mal ständig verwenden wollte. Wer überall ein

Notizbuch mit sich herumträgt, nimmt das Notizbuch. Wer seinen Rechner beim Aufwachen aufklappt und erst beim Schlafengehen wieder schließt, kann vom hochspezialisierten To-do-Listen-Tool bis zum Texteditor alles benutzen, was ihm attraktiv erscheint. Auf konkrete Vorschläge verzichten wir an dieser Stelle, weil wir das Buch nicht alle paar Monate aktualisieren wollen und weil das Tool sowieso nicht die neuesten technischen Schnörkel enthalten muss. Viel wichtiger ist, dass es zu den Gewohnheiten seines Benutzers passt.

In ein paar Punkten sind sich alle Erfinder von To-do-Methoden einig: Es hat keinen Sinn, Pläne wie «Doktorarbeit schreiben» auf die Liste zu setzen. Jeder Eintrag muss so weit heruntergebrochen werden, dass das Ziel auf jeden Fall heute noch, und zwar am besten innerhalb von fünf Minuten, erreicht werden kann. Die Aufgabe hat erst dann den idealen Umfang, wenn man sich bei jeder weiteren Untergliederung albern vorkommen würde («Stift in die Hand nehmen»). Es hilft, sich beim Aufschreiben vorzustellen, die Person, die den Auftrag schließlich erfüllt, sei nicht man selbst. Erstens bereitet man so den Boden für die gute Idee, die Aufgabe tatsächlich zu delegieren, zweitens hilft es bei ihrer präzisen Beschreibung.

Es folgen einige mehr oder weniger bewährte Techniken. Für LOBOs eignen sich zwar vor allem diejenigen, die *nicht* konsequent und regelmäßig durchgeführt werden müssen. Wir listen aber auch die Disziplin erfordernden Mittel auf, vielleicht inspirieren sie ja doch jemanden dazu, sich eine maßgeschneiderte Methode zusammenzustellen.

Die klassische «Ach, irgendwie»-Methode: Man schreibt alles, was man irgendwann mal erledigen sollte oder schon vor Jahren hätte erledigen sollen, unterschiedslos auf eine lange Liste, die man dann abarbeitet, wie es gerade passt.

- Vorteile: Erfordert kein Nachdenken. Verursacht relativ wenig schlechtes Gewissen und geht nicht gleich kaputt, nur weil man die Liste mal ein paar Wochen lang ignoriert.
- Nachteile: Wenig effektiv. Es kann Jahre dauern, bis bestimmte Punkte von der Liste verschwinden.
- Eignet sich für: Geduldige.

David Allens «Getting Things Done»-Methode: Dieses Methodenbündel ist zu komplex, um es hier zu beschreiben. Das macht aber nichts, denn wie jeder schlecht organisierte Mensch haben Sie David Allens Buch «Wie ich die Dinge geregelt kriege» sowieso längst im Bücherregal stehen.

- Vorteile: Es gibt unzählige Websites, Blogs und Foren, die sich mit der GTD-Methode und ihren Varianten befassen. Bei Ihrem Kampf gegen die Desorganisation werden Sie sich so weniger allein fühlen.
- Nachteile: Das GTD-System geht kaputt, wenn man es mal eine Woche lang vernachlässigt. Wer schon weiß, dass er nicht gerade zum konsequenten Durchführen schöner Pläne neigt, wird damit nicht glücklich werden. Außerdem setzt es mehrere gleichzeitige Verhaltensänderungen voraus, wo doch schon eine einzige schwer genug herbeizuführen und durchzuhalten ist.
- Eignet sich für: Ordentliche, aber überforderte Menschen, die sich ihre Aufgaben eher nicht selbst wählen, sondern von außen vorgesetzt bekommen.

Leo Babautas «Zen to Done»-Methode: Man legt für jede Woche eine Liste mit 4–6 «Big Rocks» – also umfangreicheren Aufgaben – an, die man schon mal auf die Tage verteilt. Für jeden Tag gibt es eine täglich neu erzeugte Liste von ein bis drei «Wichtigsten Aufgaben», die man auf jeden Fall erledigt, und zwar am besten möglichst früh. Der «Big Rock» für diesen Tag ist in dieser Aufgabenliste bereits enthalten. Unter zenhabits.net ist die ZTD-Methode genauer beschrieben.

- Vorteile: Wichtige Aufgaben haben Vorrang vor dem Kleinkram. Es geht nicht darum, möglichst viel zu tun, sondern darum, das Richtige zu tun.
- Nachteile: Auch bei dieser Methode ist absehbar, dass ein unbürokratisch veranlagter Mensch früher oder später aufhören wird, pünktlich und rechtzeitig die jeweiligen Listen anzulegen und abzuarbeiten. An dieser Stelle lässt man jede Hoffnung fahren und kehrt zu seinen alten Gewohnheiten zurück.
- Eignet sich für: Menschen, die sowieso keine Probleme haben, alles zu erledigen, und nur so zum Spaß auch mal eine To-do-Liste führen wollen.

Timothy Ferriss' «Die Vierstundenwoche»-Methode: Auf keinen Fall darf man an die Arbeit gehen, ohne vorher klare Prioritäten festgelegt zu haben. Die To-do-Liste muss spätestens am Vorabend stehen. Timothy Ferriss rät von am Rechner geführten Listen ab, weil man solche Listen unendlich verlängern kann. Auf einen Notizzettel von Visitenkartengröße passt genau die richtige Anzahl von Stichpunkten, nämlich nicht mehr als zwei entscheidende Aufgaben pro Tag. Wenn diese zwei Aufgaben gut ausgedacht sind, genügt das.

- Vorteile: Wenn die zwei Aufgaben erledigt sind, hat man frei. Konsequente Durchführung ist nicht erforderlich.
- Nachteile: Ein Notizzettel von Visitenkartengröße! Wie soll man sich merken, wo man den wieder hingelegt hat?
- Eignet sich für: Selbständige, Menschen mit gutem Gedächtnis.

Mark Forsters «Procrastination Buster»-Methode: Nimmt man sich für den Tag eine schwierige und drei leichte Aufgabe vor, werden die leichten Aufgaben erledigt und die schwierige bleibt ungetan. Deshalb schreibt man stattdessen eine schwierige Aufgabe und drei noch viel abschreckendere Pläne auf die To-do-Liste.

- Vorteile: Mit etwas Glück wird die schwierige Aufgabe wirklich erledigt. Konsequente Durchführung ist nicht erforderlich.
- Nachteile: Es fehlt ein Aufbewahrungsort für einfache Aufgaben. Die Chancen steigen deutlich, dass man sich vor der Liste voll schwieriger Pläne so ekelt, dass man sie verliert, verlegt oder den ganzen Tag lang nur damit beschäftigt ist, ihr aus dem Weg zu gehen. (Es kann natürlich sein, dass bei dieser Ausweichtätigkeit versehentlich Aufgaben erledigt werden, die noch schwieriger und / oder wichtiger als diejenigen auf der Liste sind.)
- Eignet sich für: Risikofreudige.

Mark Forsters «Erste Seite»-Methode: Man gliedert seine To-do-Liste in Seiten, fügt neue Aufgaben immer an der letzten Seite an und beginnt mit dem Abarbeiten auf der ersten Seite. Erst, wenn mindestens die Hälfte aller dort aufgelisteten Aufgaben erledigt ist, darf man auf der nächsten Seite weitermachen.

- Vorteile: Eventuell wird tatsächlich mal eine schwierige Aufgabe vor einer leichten erledigt.
- Nachteile: Wer kann sich schon davon abhalten, zu den leichten Aufgaben weiterzublättern? Und warum hat jemand, der das kann, trotzdem mehrere Seiten voller Aufgaben zu erledigen?
- Eignet sich für: Menschen mit Selbstdisziplin und zu viel Arbeit.

Dwight D. Eisenhowers «ABC»-Methode: Alle Aufgaben werden von A bis C und von 1 bis 3 nach den Kriterien wichtig/unwichtig und dringend/nicht dringend eingeteilt. Die Kategorie C3 (unwichtig/nicht dringend) lässt man ganz bleiben, A1 erledigt man sofort und selbst, B1 und C1 delegiert man, A2 und A3 erledigt man zu einem festgesetzten Termin.

- Vorteile: Die Unterscheidung zwischen «dringend» und «wichtig» bewahrt vor der verbreiteten Ansicht, alles Dringende sei automatisch auch wichtig.
- Nachteile: «Bleibenlassen» und «delegieren» leuchten unmittelbar ein, aber «sofort selbst erledigen» und «zu einem festgesetzten Termin erledigen»? Wie ging das noch gleich?
- Eignet sich für: US-Präsidenten.

Alan Lakeins «ABC»-Methode: Alle Punkte auf der To-do-Liste werden entsprechend ihrer Wichtigkeit mit A, B und C markiert. Dabei zählen die eigenen Prioritäten, nicht die anderer Leute. A-Aufgaben werden vor B-Aufgaben erledigt, B-Aufgaben vor C-Aufgaben. Die C-Kategorie sollte auf einer zweiten Seite stehen, damit unübersehbar ist, dass man seine Zeit verschwendet, wenn man diese zweite Seite aufschlägt. Wer das gerne möchte, darf auch die B- und C-Aufgaben zuerst erledigen. Er muss sich dann aber darüber im Klaren sein, dass seine A-Aufgaben nicht liegenbleiben, weil er keine Zeit hat, sondern weil er sich freiwillig mit den Kategorien B und C beschäftigt. Alle C-Punkte kann man darauf abklopfen, ob sie sich womöglich unbegrenzt verschieben lassen.

- Vorteile: Wer seine Zeit mit Unwichtigem vertut, kann die Augen nicht mehr so leicht vor dieser Tatsache verschließen. Konsequente Durchführung ist nicht erforderlich.

- Nachteile: Auch Prioritäten erzeugen bei Empfindsamen eine «Demand Resistance». Manchen fällt es leichter, eine wichtige Aufgabe dann zu erledigen, wenn sie sich unauffällig zwischen «Bleistifte spitzen», «Socken bügeln» und «den Hund waschen» verbirgt.
- Eignet sich für: Fortgeschrittene, die einen hohen Grad der prokrastinatorischen Selbsterkenntnis erlangt haben.

Timothy Ferriss' «Things Not To Do»-Methode: Anstatt sich Dinge vorzunehmen, die man erledigen will, nimmt man sich vor, bestimmte Tätigkeiten zu unterlassen. Genau wie bei To-do-Listen sollte man sich nicht mehr als ein bis zwei Unterlassungen gleichzeitig vornehmen. Jeder kann sich seine eigene Liste zusammenstellen. Ein paar Beispiele von Ferriss: Nicht in Meetings ohne klare Tagesordnung und Dauer einwilligen, bei unbekannten Anrufern nicht ans Telefon gehen, abends und / oder samstags nicht erreichbar sein.

- Vorteile: Unterlassen ist meistens einfacher als Tun, solange es nicht gerade das Aufessen einer Familienpackung Schaumküsse ist, das man zu unterlassen plant. Konsequente Durchführung ist nicht erforderlich.
- Nachteile: Keine bekannt. Kombiniert man die «Not To Do»-Liste nicht mit einer konventionellen To-do-Liste, weiß man allerdings wieder nicht, was eigentlich zu tun ist.
- Eignet sich für: To-do-Listen-Feinde, die sich ganz langsam an das Konzept gewöhnen wollen.

Kathrin Passigs «Einatmen! Ausatmen!»-Methode: Man legt eine Liste an, auf der man alles vermerkt, was man sonst eventuell wieder vergessen könnte, auch «frühstücken» und «Heizung höher drehen». Erledigt man versehentlich etwas,

was gar nicht auf der Liste gestanden hat, trägt man es nach und streicht es sofort durch.

- Vorteile: Man kann pro Tag viel mehr Punkte durchstreichen als Anhänger anderer To-do-Listen. Am Ende jedes Tages entfällt das vage Gefühl, wieder mal nichts Richtiges geschafft zu haben. Stattdessen kann man schwarz auf weiß nachlesen, dass man so emsig wie ein ganzer Bienenstock gewesen ist. Und man muss sich absolut nichts mehr merken, was gut ist, wenn man zu den Menschen gehört, die sonst ständig «Post! Handyakku! Schuhe zubinden!» vor sich hin murmeln.
- Nachteile: Hier zählt die schiere Menge. Weil es sich so gut anfühlt, viele Punkte durchzustreichen, wird man zwar jeden Buchstaben auf der Tastatur einzeln mit Wattestäbchen putzen, aber nur selten etwas Wichtiges erledigen. Außerdem verbringt man noch mehr Zeit als bei den Konkurrenzmethoden mit dem Anlegen der Liste.
- Eignet sich für: Nihilisten, Zen-Buddhisten und andere Menschen, die glauben, dass wir sowieso nicht erkennen können, welche Tätigkeiten wichtig sind und welche unwichtig.

Aufschubumkehr

Die belebende Kraft der Deadline

> Calvin: Kreativität lässt sich nicht einfach aufdrehen wie ein Wasserhahn. Man muss schon in der richtigen Stimmung sein.
> Hobbes: In welcher Stimmung?
> Calvin: Torschlusspanik.
> *(Bill Watterson: «Calvin & Hobbes»)*

Für dieses Buch hatten wir uns – gewitzigt durch die Erfahrung, dass man die ersten Monate sowieso nur verplempert – statt des üblichen Jahres lediglich fünf Monate Zeit gegeben, in der Absicht, so unmittelbar in die Phase der Torschlusspanik einzusteigen. Im ersten Monat passierte gar nichts. Nach dem zweiten Monat war das Buch zehn Seiten lang, im dritten Monat kamen dreißig Seiten dazu, im vierten Monat weitere siebzig Seiten, und der fünfte Monat brachte heroische hundertvierzig Seiten. «Edwards Gesetz von Zeit und Aufwand» ist ein alter Witz, der das Phänomen beschreibt: Der Aufwand, den man in die Arbeit investiert, ist umgekehrt proportional zur verbleibenden Zeit. Je näher also das Ende heranrückt, desto mehr Arbeitswille stellt sich ein; bleibt einem nur noch ein Achtel der Zeit, bringt man leicht achtmal so viel Energie auf wie zu Anfang.

Dieses Verhalten angesichts einer Deadline scheint weit über Hardcore-LOBO-Kreise hinaus verbreitet zu sein, zumindest deuten darauf die Beobachtungen von Valentina Alfi, Giorgio Parisi und Luciano Pietronero hin: Die Physiker betrachteten das Anmeldeverhalten der Teilnehmer zweier naturwissenschaftlicher Konferenzen und fanden heraus, dass der «Anmeldungsdruck» bis zum Anmeldeschluss in Form einer bestimmten Kurve ansteigt. Die Autoren folgern daraus: «Der Grad der Übereinstimmung zwischen den Daten der beiden Konferenzen und unserem Modell legt nahe, dass es eine einfache, universelle Verhaltensweise im Angesicht einer Deadline gibt.» Etwa 75 Prozent der Teilnehmer melden sich erst in den letzten 25 Prozent der Zeit an. Wenn Naturwissenschaftler nicht zufällig einen prokrastinatorischen Sonderfall darstellen, lässt sich daraus folgern, dass fast alle Menschen angesichts von Deadlines ein ziemlich präzise berechenbares Aufschiebeverhalten an den Tag legen.

Bei Konferenzanmeldungen wie auch beim Bücherschreiben ist eine Deadline allerdings nicht unbedingt eine Deadline. Nach Ablauf des fünften Monats nahmen wir die in jedem Verlagsvertrag bereits fürsorglich eingebaute Verlängerungsmöglichkeit von vier Wochen in Anspruch, auf die vier Wochen folgte eine weitere Woche, auf die Woche noch zwei Tage. Laien würden hier vermuten, es wäre klüger, sich beim nächsten Mal einfach mehr Zeit zu nehmen. Das aber führt nur dazu, dass sich die anfängliche Aufschiebephase entsprechend ausdehnt. Wirklich produktiv genutzt wird nur das letzte Viertel bis Fünftel der Zeit. Deadlineverschiebungen im letzten Moment haben daher den Vorteil, dass sie die Zeit des effizienten Arbeitens durch einen einfachen Trick verlängern. Voraussetzung dafür ist allerdings eine glaubhafte, aber gleichzeitig flexible Deadline.

Eine solche Deadline zu finden oder zu konstruieren ist leider gar nicht so leicht. Jeder weiß, was von angeblich unumstößlichen Terminen zu halten ist. In Werbeagenturen spricht man längst von Deadline, Deaddeadline und Deaddeaddeadline, analog zur letzten, allerletzten und wirklich allerallerletzten Mahnung, was dazu führen kann, dass man vor der ersten Deadline kaum mit der Arbeit beginnt.

Wichtig ist daher eine ausgewogene Balance zwischen kommunizierter Deadline, tatsächlich physikalischer Deadline («Mittwoch um zwölf Uhr legt das Boot ab») und den daraus entstehenden Konsequenzen.

Edward Yourdon beschreibt im schon erwähnten «Death March»-Ratgeber die beiden Verhandlungsspielchen «Doubling and Add Some» und «Reverse Doubling». Ersteres ist das, was jeder kluge Freiberufler oder Projektleiter tut, wenn er um eine Abschätzung der Kosten, des Personal- oder des Zeitbedarfs für ein Projekt gebeten wird: Er verdoppelt die realistische Schätzung und schlägt zur Sicherheit noch was obendrauf. Das Management oder der Auftraggeber kontert aus Erfahrung mit «Reverse Doubling» und halbiert die Angabe wieder. Jetzt sind alle zufrieden, es sei denn, die ursprüngliche Schätzung wurde von einem arglosen Neuling abgegeben, der gar nicht auf die Idee gekommen ist, seine Angaben zu verdoppeln. Diesem Phänomen begegnen wir in unterschiedlichen Verkleidungen überall im Arbeits- und sonstigen Alltag. Nach demselben Prinzip funktioniert das Einverständnis zwischen Auftraggeber und Auftragnehmer beim Festsetzen von Deadlines: Der Auftraggeber lügt, die Deadline sei allerallerspätestens am ersten März, andernfalls müsse die ganze Unternehmenssparte verkauft werden, während in Wirklichkeit eine Abgabe im Dezember auch noch genügt. Der Auftragnehmer nickt ernsthaft und behauptet Ende Februar seinerseits, Cola in der Tastatur habe seinen Rechner ruiniert. Ein gewisses Maß an einvernehmlicher Tatsachenverdrehung funktioniert so ähnlich wie die Demokratie – nicht besonders gut, aber immer noch besser als alles andere.

Mit der richtigen Einstellung aller Beteiligten ist die Deadline das machtvollste Arbeitsinstrument, das dem Prokrastinierer zur Verfügung steht. Wo auch nur ein Fünkchen

Kreativität für die Erledigung der Aufgaben benötigt wird, vermag die Deadline oft alle verfügbare Schaffenskraft herauszukitzeln – jedenfalls besser als andere Instrumente. Die Deadline stellt das Versprechen einer zukünftigen, plötzlichen Erleichterung dar und wirkt so antriebsverstärkend. Nicht zufällig trägt sie ihren martialischen Namen. Der Wunsch, auf einen oft mythisch überhöhten Zeitpunkt hinzuarbeiten, hat vermutlich mit der Sehnsucht zu tun, dass man irgendwann «ankommen» könne und dann alle Erdenschwere von einem abfalle. Kommende Forschergenerationen mögen daher untersuchen, ob das Verlangen nach einer Deadline mit der Sexualisierung der Arbeit und dem Streben nach einem Höhepunkt zu tun hat.

Leider haben Deadlines nicht nur Vorteile. Diverse Studien aus den letzten vierzig Jahren zeigen, dass angenehme, freiwillig ausgeübte Aktivitäten unattraktiver werden, sobald jemand sie mit einer Deadline ausstattet. Sofort wird es schwerer, sich zu dem aufzuraffen, was sich jetzt wie eine lästige Pflicht anfühlt, und die Qualität der Ergebnisse sinkt. Die Psychologen Mark Burgess, Michael Enzle und Rodney Schmaltz haben sich mit der Frage befasst, wie sich diese schädlichen Auswirkungen von Deadlines begrenzen lassen. In ihren Experimenten mussten Studenten einfache Lego-Bauaufgaben lösen. Eine Gruppe konnte selbst entscheiden, wie viel Zeit zur Verfügung stehen sollte, eine zweite Gruppe bekam ein festes Limit vorgegeben, einer dritten Gruppe gab man lediglich die Anweisung, möglichst schnell zu arbeiten, und eine Kontrollgruppe hatte gar keine Deadline. Nach Lösung dieser Aufgabe wurde heimlich gemessen, ob und wie lange sich die Studenten in einer Pause freiwillig mit den Legosteinen beschäftigten. Die Studenten, die möglichst schnell arbeiten sollten, spielten danach gern weiter mit den Steinen, gefolgt von denen, die keine oder eine selbstgesetzte

Deadline hatten. Nur die Studenten aus der Gruppe mit der festen Deadline mochten ihre Pause nicht mehr mit dem unsympathisch gewordenen Lego verbringen. Eigene Zwischendeadlines richteten keinen Schaden an: Das Legovergnügen der Studenten, die so vorgingen, blieb fast genauso groß wie das einer Kontrollgruppe ganz ohne Deadline.

Eine Studie der Verhaltensökonomen Dan Ariely und Klaus Wertenbroch aus dem Jahr 2002 untersucht dieselbe Frage, aber weniger im Hinblick auf das Vergnügen an der Arbeit als im Hinblick auf deren pünktliche Abgabe und Qualität. Dabei erwies sich die End-Deadline als das ungünstigste Modell, sowohl was die Pünktlichkeit der Abgabe als auch ihre gründliche Erledigung anging. Am besten schnitten die Testpersonen ab, denen man drei feste Zwischendeadlines vorgegeben hatte. Allerdings machte ihnen die Arbeit am wenigsten Spaß. Eine dritte Gruppe mit selbstgesetzten Deadlines lag, was Gründlichkeit und Pünktlichkeit betraf, im Mittelfeld.

Im Hinblick auf den Spaß an der Arbeit ist es also ideal, gar keine Deadline zu haben. Ernstzunehmende Zwischendeadlines tun der Qualität der Arbeit gut und sorgen für pünktliche Abgabe, machen aber nicht froh. In der im Alltag häufigsten Situation, in der man vor einer einzigen, von außen festgesetzten Deadline steht, sollte man sich zumindest eigene Zwischendeadlines setzen, selbst wenn das nicht so leicht ist.

Die Psychologen Roger Buehler und Michael Ross baten in zahlreichen Versuchen Studenten, einzuschätzen, wann sie bestimmte Projekte abschließen würden. Die Studenten sollten pessimistische, realistische und optimistische Prognosen abgeben. Das Ergebnis ist wenig überraschend: In keinem Experiment gelang es auch nur der Hälfte der Teilnehmer, ihre Aufgaben zu irgendeinem der drei Zeitpunkte abzuschließen. Selbst wenn die Forscher ausdrücklich um eine äußerst konservative Vorhersage baten, überschätzten die Studenten ihre Fähigkeiten, die Projekte pünktlich zu beenden.

Gerade für LOBOs funktionieren Deadlines zwar nur dann, wenn sie mit Selbstschussanlagen und mehreren eingebauten Weltuntergängen ausgerüstet sind; man wird also ziemlich sicher die meisten Zwischendeadlines verfehlen. Aber das Scheitern ist nur relativ: Dass das Ziel nicht erreicht wird, heißt nicht, dass keine Fortschritte zu verzeichnen wären. Die von Roger Buehler und Kollegen untersuchten Studenten blieben zwar hinter ihren eigenen Vorhersagen zurück («Eine Woche vor der Deadline bin ich fertig»), schafften es aber häufig noch, die Deadline – dann eben ohne Spielraum – zu erreichen.

An dieser Stelle sollte man sich zum Erfolg beglückwünschen, anstatt sich Vorwürfe zu machen, weil man schon wieder so schlecht geplant hat. Schließlich ist die Unfähigkeit zur realistischen Planung ein weit über LOBO-Kreise hinaus verbreitetes Phänomen, das schon seit den siebziger Jahren unter dem Namen «Planning Fallacy» («Planungstrugschluss») erforscht wird. Die Planning Fallacy besagt, dass die meisten Menschen beim Planen von Projekten und beim Fassen von Vorsätzen dieselben drei Fehler machen: Erstens unterschätzen sie die benötigte Zeit. Zweitens nehmen sie an, in Zukunft stünde mehr Zeit zur Verfügung als in der Gegenwart. Und drittens gehen sie davon aus, in dieser goldenen Zukunft selbst bessere Menschen geworden zu sein, die weniger prokrastinieren. Kürzer drückt es der Künstliche-Intelligenz-Forscher Eliezer Yudkowsky aus: «Planning Fallacy bedeutet: Die Leute glauben, sie könnten planen, ha ha.»

Gegen dieses Problem ist offenbar kein Kraut gewachsen. Man kann Versuchsteilnehmer bitten, sich an frühere, verspätet abgegebene Projekte zu erinnern, das Projekt in Untereinheiten einzuteilen, sich ein «Worst-Case-Szenario» auszumalen, man kann ihnen Geld oder sonstige Anreize für korrekte Vorhersagen bieten: Es hilft alles nichts. Auch wer den eigenen Zeitaufwand von jemand anderem überschlagen lässt, kommt damit der Wahrheit nicht viel näher. Die Befragten vertun sich hierbei aber wenigstens konsequent in die Gegenrichtung und *überschätzen* die von anderen benötigte Zeit. Da übermäßig pessimistische Schätzungen in der Regel weniger Schaden anrichten als übermäßig optimistische, lohnt es sich vielleicht, auf seine Mitmenschen zu hören. Oder aber man überlegt sich selbst einen realistisch scheinenden Fertigstellungstermin, befragt dann jemand anderen und wählt schließlich den Mittelwert der beiden Vermutungen.

Besonders grausam erscheint im Wissen um die Allgegenwart der «Planning Fallacy» die Beschreibung einer therapeutischen Maßnahme aus dem Fachbuch «Procrastination and Task Avoidance»: Der Therapeut lässt den zu behandelnden Prokrastinierer angeben, wie lange dieser für eine bestimmte Aufgabe zu brauchen glaubt, «und wenn sich diese Angabe später als falsch erweist (da es normalerweise viel länger dauert, Aufgaben abzuschließen, als diese Menschen annehmen), nutzt der Therapeut diese Information, um andere irrationale Annahmen des Klienten in Frage zu stellen». Was die Autoren – vermutlich aufgrund ihrer Berufserfahrung als Studententherapeuten – für ein spezielles Problem «dieser Menschen» halten, ist aber ein Phänomen, das man überall beobachten kann, auch dort, wo die Folgen viel schwerwiegender sind als bei verspätet abgegebenen Seminararbeiten. Das amerikanische National Institute of Standards and Technology stellte 2002 fest, dass 75 Prozent aller beendeten Softwareprojekte mit Verspätung auf den Markt kommen und/oder höhere Kosten verursachen als geplant. Auch andere Branchen bieten kein rühmliches Bild: Das

Mauterfassungssystem «Toll Collect» wurde mit 16-monatiger Verspätung in Betrieb genommen, wodurch dem Staat 3,5 Milliarden Euro Mauteinnahmen entgingen. Der neue Berliner Hauptbahnhof sollte zunächst im Jahr 2000 teileröffnet werden, später war von einem Probebetrieb ab 2004 die Rede, und wenn nicht die Fußball-WM 2006 seine Fertigstellung absolut unumgänglich gemacht hätte, wäre er vermutlich heute noch im Bau. Ob psychotherapeutische Maßnahmen wohl geholfen hätten, alle Beteiligten von ihren «irrationalen Annahmen» abzubringen?

Halten wir also einfach fest, dass Schätzungen, wann ein bestimmtes Projekt abgeschlossen sein wird, auch dann noch zu optimistisch sind, wenn man den eigenen Optimismus bereits einkalkuliert. Douglas Hofstadter hat diesen Sachverhalt in «Gödel, Escher, Bach» auf den Namen «Hofstadters Gesetz» getauft: «Es dauert immer länger als erwartet – auch wenn man Hofstadters Gesetz berücksichtigt.» Trotzdem können solche Schätzungen helfen, statt vier Mal so lange wie veranschlagt wenigstens nur doppelt so lange zu brauchen. Und das ist ja auch schon was.

6 Tipps zum Umgang mit Deadlines

1. **Kontrolle und Druck von außen aktiv suchen** – jedenfalls dann, wenn die eigenen Deadlineprobleme großen Leidensdruck verursachen. An der Uni kann man sich beispielsweise die Mühe machen, herauszufinden, welcher Betreuer der Abschlussarbeit zur eigenen Arbeitsweise passt. Wenn man unter strenger Daueraufsicht gut zurechtkommt, sollte man einen Betreuer wählen, der sich wöchentliche Zwischenergebnisse vorlegen lässt, und keinen, der die Arbeit nur freundlich lächelnd

aus der Ferne verfolgt, weil er an selbständiges Arbeiten glaubt.

2. **Wo es echte Deadlines gibt, da lass dich ruhig nieder.** «Eine Deadline ist eine Deadline, wenn die Aufgabe danach tot ist, sprich: die Erledigung sinnlos geworden ist. Bei der Lokalzeitung hatte ich zum ersten Mal das Gefühl, an einem normalen Berufsleben teilnehmen zu können: Alles, was bis 17 Uhr nicht fertig war, wurde weder gedruckt noch bezahlt. Ich begann um 11 Uhr mit einer klaren Aufgabenstellung und ging um 17 Uhr nach Hause und hatte die Arbeit restlos getan. Bis auf die ehrgeizigen Reportageprojekte, deren Bauruinen vielleicht noch immer im Stehsatz des General-Anzeigers konserviert sind. Eine Tageszeitung ist eine betreute Werkstätte für Prokrastinierer. Wenn alle Auftraggeber ihre Deadlines so ernst meinten, wäre vieles leichter.» (Angela Leinen)
3. **Auf Kante genäht hält besser.** Parkinsons Gesetz besagt: Arbeit dehnt sich so lange aus, bis sie die verfügbare Zeit ausfüllt. Das bedeutet, dass man sich nur halb so viel Zeit nehmen soll, wie man zu brauchen glaubt, und nicht etwa, wie schlechte Ratgeber behaupten, doppelt so viel. Die Zeit wird in beiden Fällen nicht reichen, aber wer weniger Zeit einplant, quält sich kürzer.
4. **Abschätzungen nicht vor Publikum abgeben.** Vorhersagen über die Dauer eines bestimmten Projekts, die man im Gespräch mit anderen trifft, sind völlig unrealistisch: Anscheinend wollen die meisten Menschen unbewusst einen günstigen Eindruck erwecken und verschätzen sich daher noch viel grotesker, wenn sie einen Fertigstellungstermin öffentlich angeben müssen, anstatt ihn nur für sich selbst zu beschließen. Deshalb dürfen andere Menschen vom Ergebnis der eigenen Termin-Überlegun-

gen erst erfahren, nachdem man einen Plan stillschweigend gefasst, verinnerlicht und am besten an mehreren Stellen aufgeschrieben hat.

5. **Sozialen Druck erzeugen.** Ist der Plan erst einmal gefasst, darf und sollte man aller Welt von seinem felsenfesten Plan berichten, das Projekt abzuschließen, und zwar keine Sekunde später als dann und dann. Je unverschämter man mit seinen Plänen prahlt, desto peinlicher wäre das Scheitern. Damit lassen sich volle ein bis zwei Prozent zusätzliche Motivation erzeugen.
6. **Eine Deadline ist weniger als die Summe ihrer Teile.** Genau wie bei den To-do-Listen (siehe dort) gilt auch hier: Es lohnt sich, ein Projekt zur besseren Planung und zur Festlegung von Zwischendeadlines in überschaubare Schritte herunterzubrechen. Man wird dann zwar öfter scheitern, nämlich einmal an jeder einzelnen Zwischendeadline, aber die Summe aus mehreren kleinen Überziehungen ist mit etwas Glück weniger problematisch als ein einziges, katastrophales Scheitern ganz zum Schluss.

Der Schriftsteller Wolfgang Koeppen kündigte seinem Verleger Siegfried Unseld 1959 einen Roman an. Unseld versuchte 35 Jahre lang, Koeppen zur Abgabe zu bewegen, Koeppen gelang es währenddessen, immer wieder neue Vorschüsse aus Unseld herauszuwringen. Das Buch wurde nie fertig. Aus dem Briefwechsel:

1961: «Ich bin jetzt so weit, zu sagen, dass ich den ersten Band des grösseren Romans nicht vor Ende März fertig haben werde.»

1963: «Ich hoffe, am letzten Mai, äusserstenfalls am fünfzehnten Juni fertig zu sein.»

1966: «Manuskript? Ja. Juni. Ende Juni.»

1968: «Bei alledem arbeite ich wieder und bilde mir ein, das Buch in vier bis sechs Wochen zu haben. Sie glauben es nicht. Ich verstehe Sie. Auch das könnte ein Ansporn sein.»

1971: «Ich werde Ende April fertig sein, aber diesmal werde ich fertig sein.»

1974: «Ich hoffe, wenn es gut geht, dir den fertigen Roman zum Jahresende zu geben.»

1978: «Bitte, lass es mich tun. Ich mag über das wie und wo heute nichts sagen. ich werde mich ransetzen mit dem Vorsatz, es bis zum 13. Juli (Julei) zu schaffen. Ein Risiko bleibt.»

1981: «Es war reiner kindischer Trotz, dir zu sagen, dass ich seit Juni keine Zeile am Roman geschrieben hätte. Natürlich habe ich geschrieben ...»

1992: «Das Schlimmste: Das Versprechen 01. Februar lässt sich nicht halten. Ich bleibe aber dran.»

1995: «Lieber Siegfried, ich werde dieses Buch und auch andere Bücher fertig schreiben. Lasse mich das schreiben, störe mich nicht.»

(Wolfgang Koeppen/Siegfried Unseld: «Der Briefwechsel»)

Nur ein Vierteljährchen

Alles, was Sie über Zeitmanagement wissen müssen

Kommunikation der Unzulänglichkeit

Ausreden und Entschuldigungen

> «Sich aus Angelegenheiten herauswieseln ist eine wichtige Fähigkeit. Sie unterscheidet den Menschen vom Tier … außer von den Wieseln.»
> *(Die Simpsons)*

Mit den Ausreden und den Entschuldigungen stehen dem Menschen zwei wunderbare Kulturtechniken zur Verfügung, um die leicht verbeulte Realität zurechtzurücken. Sie gehören in ein Fachgebiet mit eigenen, nicht unbedingt leicht zu durchblickenden Gesetzen: die Kommunikation der Unzulänglichkeit. Der Prokrastinierer wird immer wieder in Situationen geraten, in denen er mit anderen Menschen über Unzulänglichkeiten sprechen muss – die nicht eingehaltene Abgabe, der nicht wahrgenommene Termin, der versäumte Anruf … wer diese Liste nicht in Minuten um mindestens fünfzig Punkte ergänzen kann, sollte dieses Buch aus der Hand legen und etwas Sinnvolleres mit seiner Zeit anfangen. Gartenarbeit etwa soll den Blutdruck senken. LOBOs aber wissen, dass oft der unangenehmste Teil einer nicht oder zu spät erledigten Aufgabe die Kommunikation drum herum ist.

Die vornehmste, aber nur begrenzt verwendbare Art der Ausrede ist, sich zu verleugnen oder sich verleugnen zu lassen. Dabei weicht man bereits der Situation aus, in der man eine Ausrede benützen oder eine Entschuldigung formulieren würde. Das Verleugnen reicht vom gezielten Nicht-ans-Telefon-Gehen bis zum sekundenschnellen Verschwinden durch den Hintereingang und kann zu einem regelrechten

Sport werden. Das ist natürlich viel zu anstrengend in verschiedener Hinsicht. Zum einen ist Verleugnen eine kurzfristige Angelegenheit, die einem ein paar Stunden, im besten Fall ein paar Tage bringt, bevor das Gegenüber weiß, dass die schlimmsten Befürchtungen offenbar zutreffen. Zum anderen erfordert Verleugnung oft eine komplexe logistische Organisation sogar in artfremden Bereichen. Man bedenke nur, wie ungünstig es wirkt, wenn man plötzlich während der angeblichen Autofahrt zur sterbenden Großmutter in der Anwesenheitsliste des bevorzugten Instant Messengers grün blinkt.

Verleugner müssen also umfassend aufmerksam, geradezu alert sein und können keinen Gang in die Kneipe riskieren, ohne wie notorische Schwarzfahrer mit einem 360°-Radar die Menschen im Umfeld nach möglichen Bedrohungen abzusuchen. Deshalb eignet sich die Verleugnung, so angenehm sie erscheinen mag, für die meisten Menschen nicht als dauerhafte Lösung – um jedoch ein paar Stunden zu gewinnen, leistet sie von Zeit zu Zeit ganz gute Dienste. Erst recht, wenn man in der gewonnenen Zeit mit der verlangten Aufgabe entscheidend vorankommt. Und schon die theoretische Möglichkeit kann ähnlich entlastend wirken wie ein vorsorgliches Krankheitsattest kurz vor dem Abgabetermin der Diplomarbeit.

Vom Verleugnen nur einen Blickkontakt entfernt ist die Gazelle der Unzulänglichkeitskommunikation, die Ausrede. Sie ist im Idealfall behände, schnell und flexibel und nicht zu fassen, egal wie nahe man herankommt. Das gilt besonders für die prophylaktische Ausrede, die nicht als solche wahrgenommen wird, sondern als echte Erklärung; der Profi spricht hier vom «Regenschirmaufspannen, bevor es regnet». «Zum Glück habe ich rechtzeitig bemerkt, dass wir alle bisher von falschen Voraussetzungen ausgegangen sind. Die muss ich erst korrigieren – die Deadline wird sich so nur mit fehlerhaftem Fundament halten lassen und das kann ja niemand wollen.» Den letzten Satzteil kann man bei geschickter Gesprächsführung auch so lautstark weglassen, dass jemand anders ihn ergänzen muss.

Für diese Art der vorauseilenden, zeitgewinnenden Ausrede ist es immer gut, sämtliche Projekte und Arbeitsprozesse nach Fehlern zu durchsuchen, die man als Ass in der Hinterhand behält. Man muss es allerdings zur rechten Zeit ausspielen: Fünf vor zwölf hört sich alles nach Ausrede an, was nicht wie «Hier ist die fertige Präsentation, Herr Höbel» klingt. Insofern kann als Faustregel gelten, dass solche grundlegenden und deadlineaufschiebenden Entdeckungen frühestens nach der Hälfte und spätestens nach zwei Dritteln der veranschlagten Zeit kommuniziert werden müssen.

Eigentlich soll dieses ganze Buch dazu führen, dass seine Leser keine Ausreden erfinden müssen, sondern es sich in ihrem Arbeits- und Organisationsleben so einrichten, dass sie unnötig werden. Wenn es auf dem Weg dorthin aber doch zum Äußersten kommt und in zwanzig Minuten Ergebnisse von vier Wochen Arbeit erwartet werden, hilft alles Regenschirmaufspannen nicht mehr – eine treffsichere, kraftvolle Ausrede muss geladen und entsichert werden. In Ausreden steckt durchaus auch hilfreiches Potenzial: Wer sie gut einzusetzen weiß, wird seltener in eine Schockstarre verfallen, die dazu führt, dass man sich bei den wartenden Kunden, Kollegen oder Ämtern niemals wieder meldet. Zu den am meisten gefürchteten Phänomenen bei LOBOs gehört nämlich, dass sie schlechte Nachrichten ungern überbringen und deshalb jeden Kontakt vermeiden.

Grundsätzlich sind die beiden wichtigsten Maßstäbe für gute Ausreden Nachvollziehbarkeit und Zukunftsfähigkeit. Letztere ist simpel erklärt: Keine Ausrede sollte den mittelgroßen Stein, der jetzt im Weg liegt, durch einen Riesenfindling für nächste Woche ersetzen. Die oft für wichtig gehaltene Glaubwürdigkeit spielt nur eine untergeordnete Rolle: In dem Moment, wo der Zuschauer die Wahrheit dessen, was man ihm erklärt, in Frage stellt, ist es bereits zu spät. Ausreden sind wie Pompeia, die Frau des Caesar – sie dürfen nicht einmal in den Verdacht des Betruges geraten.

Die Nachvollziehbarkeit hingegen ermöglicht es den Adressaten der Ausrede, sich und andere zu beruhigen, egal, ob die Ausrede geglaubt wird oder nicht. Nachvollziehbarkeit ist eine Typfrage – man sollte also wissen, was für eine Ausrede einem gut zu Gesicht steht. Das kann bei dem einen eine niedergeschlagen vorgetragene, wahr anmutende Geschichte sein, bei dem anderen ein Abenteuermärchen, das niemand glaubt, aber alle toll finden. Am besten jedoch sind Ausreden, die sich selbst erzählen.

Kommunikationsmanager Cedric Ebener berichtet von einer Kundenpräsentation, die auch nach nächtelangem Durcharbeiten nicht fertig werden wollte. Am Tag vor dem Kundentermin war klar, dass man allenfalls ein 50-prozentiges Ergebnis würde präsentieren können, vor allem die graphischen Darstellungen fehlten. In der Krisensitzung am Nachmittag kam ihm die rettende Idee. Er kaufte einen kaputten Laptop für 50 Euro und fuhr zum verabredeten Treffen. Mit den üblichen charmanten Sprüchen unterhielt er das anwesende Entscheiderdutzend, während er mit einigen geübten Handgriffen den Beamer an den Laptop anschließen wollte. Mit einer scheinbar der Übermüdung und der Euphorie geschuldeten Drehbewegung wischte er den Computer vom Tisch. Sowohl der Rechner als auch der edle Marmorboden zeigten sich wohlwollend und inszenierten einen gelungenen Aufprall, der visuell und akustisch nichts zu wünschen übrigließ. Cedrics mäßige Schauspielbegabung ermöglichte es ihm, leicht fassungslos gar nichts zu tun. Nach einer Schockminute für alle Beteiligten kostete Cedric die Mischung aus Ärger und Mitleid aus und trug die Ergebnisse mündlich vor, wobei er sie mit einem Filzstift auf einen im Raum befindlichen Overhead-Projektor skizzierte – «live!». Es ist Cedrics rhetorischer Begabung, aber eben auch dem «Unglücksfall» geschuldet, dass der Vortrag mit Applaus endete. Die vollständige Präsentation, auf eine DVD gebrannt, erreichte die Entscheiderrunde zwei Tage später.

Auch die verbale Ausrede sollte Nachvollziehbarkeit anstreben und mit Wortbildern arbeiten. Allerdings reicht es in ungefähr 99 Prozent aller Fälle, einfach ohne weitere Begründung zu sagen: «Tut mir leid, dass ich zu spät komme.» Man muss nicht jedes Mal gleich lügen, man sei auf dem Weg zum Termin von Aliens entführt worden. Beim verbleibenden Prozent sollte die Ausrede so viel Wahrheit wie irgend möglich enthalten. Es gibt nichts Ärgerlicheres als eine Ausrede, die aus anderen Gründen als dem zentral zu verschleiernden auffliegt, wenn man sich also in selbst aufgebauten Widersprüchen verheddert. Gute Ausreden dehnen daher eher die Tatsachen in eine leicht gekrümmte Realität hinein; die Ausrede ist die kleine Adoptivschwester der Lüge, die eigentlich gar nicht in die Familie Boshaft gehört.

Um spät, aber doch klar Stellung zu beziehen: Lügen, die über Not- und Höflichkeitslügen hinausgehen, sind fast ausnahmslos schlecht für alle Beteiligten und führen zu mehr Problemen, nicht zu weniger. Zwar gibt es um die Lüge herum eine watteweiche Grauzone aus leichtem Flunkern («Bin schon losgegangen») und geschicktem Verschweigen, gegen die sich schon deshalb wenig sagen lässt, weil es kaum Menschen gibt, die diese Form der Konversationsdiplomatie nicht benutzen. Von der echten, harten Lüge aber muss abgeraten werden: Zumal in Verbindung mit Prokrastination entsteht leicht eine explosive Mischung. Die Lüge sollte also nur die letzte Zuflucht sein. Man kann nicht sein Leben lang durch Ausreden wieder geradezubiegen versuchen, dass man sich immer wieder auf unmögliche Projekte einlässt, zu kurze Deadlines vorschlägt oder akzeptiert und sich generell ständig grotesk verschätzt.

Die Geschichte des Franzosen Jean-Claude Romand illustriert, wie aus einer gelogenen Ausrede eine Katastrophe werden kann. Er versäumte eine Prüfung in seinem Medizinstudium, erzählte seiner Frau und seinen Freunden aber, er habe sie bestanden. Aus Scham, die erste Lüge gestehen zu müssen, türmte er Unwahrheit auf Unwahrheit, bis er in seinem Ort als angesehener Arzt galt, der für die Weltgesundheitsorganisation in Genf arbeitet. Achtzehn Jahre lang hielt er diese Illusion aufrecht und ging tagsüber spazieren. Er finanzierte sich ebenfalls mit einer Lüge, indem er Familie und Freunden anbot, ihre Ersparnisse zu sehr guten Zinsen an seinem Arbeitsort in der Schweiz anzulegen. Als einer der Bekannten eine größere Geldsumme benötigte und sein Konto auflösen wollte, drohte das Phantasiegebäude in sich zusammenzufallen. Aus Angst, seine Familie könne die Wahrheit erfahren, erschoss er 1993 seine Frau, seine beiden fünf und sieben Jahre alten Kinder, seine Eltern und den Familienhund.

Lügen haben eine Eigendynamik, die dazu führen kann, dass man beginnt, selbst an sie zu glauben. So verhindert eine größer werdende Lüge, dass man sich der dahinterstehenden Problematik bewusst wird. Das verschlechtert die Chancen, umzudenken und pragmatische Lösungen für große Lebensprobleme zu finden, etwa einen Berufswechsel oder die Scheidung. Oder kürzer: Lügner leiden.

Im Gegensatz zu Ausreden und Lügen kann die Entschuldigung, obwohl mit ihnen verwandt, geradezu wie Seelenbalsam wirken, wenn sie richtig angewendet wird. Dabei müssen wir jedoch die ärgerliche Doppeldeutigkeit des deutschen Begriffs «Entschuldigung» berücksichtigen. In der Entschuldigungswissenschaft unterscheidet man englisch «Excuse» von «Apology». Excuse nennt sich die mit der Ausrede verwobene Form der Entschuldigung, der Versuch also, sich von Schuld freizusprechen. Für diese Art der Selbstrechtfertigung gilt, was auch für Ausreden gilt – sparsame, gezielte Verwendung, möglichst stromlinienförmig in die Kommunikation eingepasst. Die für uns interessantere Spielart der Entschuldigung ist die Apology: einen Fehler zuzugeben und sich dafür zu entschuldigen im Sinn, den Fehler zu bedauern. Leider scheint sie inzwischen durch die anderen, beschriebenen Spielarten vergiftet zu sein, weil für viele Menschen die Wahrung des eigenen Gesichts mehr wert ist als ein gesenktes Haupt und allgemeine Zerknirschung, um andere von der Einsicht in eigene Fehler zu überzeugen und zu besänftigen. LOBOs sollten die Apology aber ernsthaft erlernen.

Eine ehrliche Entschuldigung verbessert nicht nur das Verhältnis zwischen den Beteiligten, oft verschafft sie einem auch selbst erhebliche psychische Entlastung. Wie bei der Beichte im Katholizismus ist aber die Entschuldigung nur ein Teil dieses Mechanismus – der andere Teil ist Reue. Im nichtkatholischen Alltag bietet es sich an, statt des pathoslastigen Worts «Reue» lieber «Lernfähigkeit» einzusetzen, also Einsicht in den oder die Fehler, die überhaupt erst zur Notwendigkeit der Entschuldigung geführt haben (siehe auch Kapitel «Triumph des Unwillens»). Das gute Problembewältigungsinstrument Entschuldigung nutzt sich ab wie eine verklemmte Handbremse, wenn man es überstrapaziert.

Zu jeder guten Entschuldigung gehört deshalb auch die nachbereitende Kommunikation, die wenigstens guten Willen bei der zukünftigen Vermeidung ähnlicher Fehler beweisen sollte. Bei kleineren Verstößen hingegen kann man sich und anderen mit einer freundlich-zerknirschten Entschuldigung auch Dutzende Male Linderung verschaffen und so die belasteten sozialen Beziehungen geschmeidig halten. Es empfiehlt sich daher, die Wendung «Es tut mir leid» anzuwenden, wenn sie angebracht ist, und sich und andere nicht mit falschem Stolz oder Arroganz zu belasten. Es tut uns sehr leid, wenn Sie sich an dieser Stelle mehr gute Ausreden, Entschuldigungen, Tipps und Tricks zur Vertuschung der Prokrastinationsfolgen versprochen haben, aber wir möchten uns nur ungern für einen Familienmord à la Romand verantwortlich fühlen.

Manierenratgeber für LOBOs

Ein unordentlicher Lebensstil entschuldigt nicht alles, zumindest nicht immer. Falls man es sich nicht mit allen Nicht-LOBOs verderben möchte, empfiehlt es sich, einen Blick auf die folgenden Hinweise zu werfen.

1. **Keine äußeren Zwänge vorgaukeln.** Erstens ist es unhöflich, sich auf Arbeit oder Termine rauszureden, um ein Gespräch zu unterbrechen, zu dem man keine Lust hat. Zweitens wird man bald selbst anfangen, ernsthaft an diese Zwänge zu glauben.
2. **Nichts versprechen.** Insbesondere nicht «Ja» oder «Mal sehen» sagen, wenn man schon weiß, dass man «nie im Leben» meint. Der weise LOBO tut das zu Versprechende und kündigt es erst danach groß an.
3. **Manchmal muss man andere hängenlassen.** Es gibt Schlimmeres, man könnte einen Autounfall haben oder zum Koksentzug müssen, dann müssten die anderen

auch sehen, wie sie allein zurechtkommen. Hängenlassenkönnen ist eine wichtige Fähigkeit, die viel zu selten trainiert wird. Die Abhängigkeit der anderen von einem selbst ist nämlich oft nur eingebildet, und zwar, damit man sich besser und wichtiger fühlt. Schon aus Gründen der eigenen Psychohygiene und als Demuts-Training sollte man sich daher vornehmen, jede Woche jemanden hängenzulassen. Allerdings muss man dann zum Ausgleich an anderer Stelle bereitwillig einspringen, also zum Beispiel auch mal jemandem beim Umzug helfen, der eine umfangreiche Felsblocksammlung besitzt.

4. **Rechtzeitig absagen.** Die Menschen, die sich auf einen verlassen haben, sollen zumindest eine reelle Chance bekommen, für Ersatz zu sorgen. Wenn man bereits ziemlich genau weiß, dass es jetzt auf keinen Fall mehr klappt oder man partout keinen Funken Interesse für die Arbeit aufbringen kann, ist es unanständig, diese Erkenntnis für sich zu behalten.
5. **Keine Zivilisten mit reinziehen.** Wie Bewohner von Problemvierteln und aufmerksame Zuschauer von «Die Sopranos» wissen, sind organisierte Verbrecher in aller Regel so höflich, ihre Probleme nicht durch Erschießen Unbeteiligter zu lösen. Nur wer sich auf das Spiel eingelassen hat, muss auch die Folgen ausbaden. Entsprechend sollte das komplexe Wechselspiel aus Deadlines, Ausflüchten, Drohungen, allerletzten Verschiebungen und der daraus resultierende Stress nicht die Lebensqualität Außenstehender beeinträchtigen. Insbesondere sollten andere Menschen nie in eine Situation gebracht werden, in der sie für einen lügen müssen, denn wenn es eine Hölle geben sollte, kommt man dafür garantiert hinein.
6. **Deadlines einfordern.** Menschen, mit denen man zum ersten Mal zusammenarbeitet, vorwarnen, dass ohne

Deadline wenig bis nichts passieren wird. Falls keine echte Deadline zur Hand, sollte die andere Seite deren Existenz glaubhaft vortäuschen.

7. **Schonungslose Aufklärung über Ausleihprobleme.** Macht einem jemand ein nett gemeintes Leihangebot, warne man ihn vor, dass er das betreffende Buch/die Bohrmaschine voraussichtlich nie wiedersehen wird. Nicht alle finden das so schlimm, wie man annehmen könnte. Es gibt Menschen, die ganz froh sind, wenn sich ihr zu verwaltender Besitz auf diese Art reduziert. Diese Aufklärung empfiehlt sich schon im eigenen Interesse, denn sie verringert das schlechte Gewissen, das man noch Jahre später beim Anblick des nicht zurückgegebenen Gegenstands empfinden wird.
8. **Nicht sehenden Auges ins Unglück laufen.** Grob fahrlässig ist es, sich wissentlich in eine prokrastinationsauslösende Situation zu begeben, die anderen Menschen Scherereien bereitet. Kein LOBO sollte Bestellungen auf Rechnung tätigen. Ist die Ware erst geliefert, gibt es keine Motivation mehr, sich noch um das lästige Bezahlen zu kümmern. Anbieter, die nur auf Rechnung versenden, sind unbedingt zu meiden. Aus demselben Grund enthält dieses Buch nur wenige Internetadressen und konkrete technische Tipps. Die reichen wir im Blog zum Buch unter prokrastination.com nach. Sonst muss das Buch immer wieder überarbeitet werden, wozu wir uns garantiert nicht aufraffen können.
9. **Leiden einstellen.** Wer einen am Lustprinzip orientierten Lebenswandel führt, ist verpflichtet, dabei auch glücklich zu sein. Nur so kann man seine Mitmenschen vom Pfad der freudlosen Pflichterfüllung abbringen.

5. AUSKLANG

Der Bär auf dem Försterball

Vom Umgang mit LOBOs (für Nicht-LOBOs)

«Eine dreckige Katze wird von alleine sauber. Schleifst du sie zum Bach, wird sie dich kratzen.»
(Baskisches Sprichwort)

LOBOs haben keine abwegigen Bedürfnisse. Sie tolerieren lediglich Zumutungen und Komplikationen schlechter als andere Menschen. Am Vorhandensein oder Aussterben besonders empfindlicher Tiere lässt sich die Qualität eines Ökosystems ablesen. Nach demselben Prinzip können auch die Schwierigkeiten, die LOBOs im Alltag haben, als Indikator dafür dienen, dass es an den Umweltbedingungen etwas zu verbessern gibt. Davon profitieren nebenbei die übrigen, weniger anfälligen Lebewesen. Wer mit LOBOs umgehen lernt – sei es im Privat- oder im Arbeitsleben –, macht die Welt auch für gut organisierte Menschen angenehmer und benutzerfreundlicher.

Andere Menschen funktionieren allerdings anders, als man selbst sich «anders» vorstellt. Vergessen Sie deshalb als Erstes Ihr Einfühlungsvermögen. Dass es Ihnen manchmal nicht so gutgeht, wird Ihnen nicht dabei helfen, sich in einen Depressiven hineinzuversetzen. Und dass Sie sich manchmal zehn Minuten lang aufraffen müssen, um den Abwasch zu machen, hilft Ihnen genauso wenig, jemanden zu verstehen, der dafür drei Wochen braucht. Gehen Sie daher nicht davon aus, dass andere Menschen dieselbe Menge Überwindung wie Sie selbst benötigen, um sich einer bestimmten Aufgabe zu widmen. Was Ihnen leichtfällt, kann andere Menschen unendliche Mühen kosten und umgekehrt. Nicht-LOBOs, mit denen wir über dieses Buch sprachen, zeigten sich oft hartherzig: «Mir macht es doch auch keinen Spaß aufzuräumen, und ich räume trotzdem auf!» Wer glaubt, dass sich andere Menschen das Leben zu leicht machen, ärgert sich natürlich. Aber keine Sorge: Das LOBO-Leben ist nicht leichter als Ihres. Jeder bewältigt genau das, was er im Rahmen seiner Aufraffungsfähigkeiten schaffen kann, nicht mehr und nicht weniger. Der Ärger darüber, dass andere Menschen gefühlt zu wenig oder das Falsche arbeiten, entspringt vor allem daraus, dass man selbst zu viel arbeitet und zu wenig Zeit hat.

Durch die richtigen Rahmenbedingungen kann man Prokrastination zwar nicht beseitigen, aber besser in den Griff bekommen. LOBOs sind dankbar, wenn man ihnen Arbeitsbedingungen schafft, unter denen sie funktionieren können. In der Programmierung etwa gibt es seit Ende der neunziger Jahre das Konzept des «Extreme programming» (XP). Viele «XP»-Regeln eignen sich gut zur Eindämmung von Prokrastinationstendenzen. So sitzen grundsätzlich immer zwei Programmierer vor dem Rechner und arbeiten gemeinsam, was sich vermutlich schon allein deshalb als effizienter erwiesen hat, weil sie sich so gegenseitig daran hindern, den ganzen Tag das Internet durchzulesen. Überstunden gelten als Zeichen falscher Planung und sind verboten, damit sich die Mitarbeiter nicht in unproduktiven «Death March Projects» aufreiben. Projekte werden in kleine Arbeitspakete zerlegt, die sich in wenigen Stunden erledigen lassen. Fehlerkontrolle, Verbesserungen und die Abstimmung mit dem Auftraggeber finden in möglichst kurzen Zyklen statt. In einer täglichen kurzen Besprechung berichtet jeder Mitarbeiter, was er am Vortag geleistet und was er sich für heute vorgenommen hat – unter sozialer Kontrolle funktionieren

Prokrastinierer besser und leiden weniger unter ihrer eigenen Trödelei.

Beim Zusammenleben mit einem LOBO ist es wichtig, dessen Schlampigkeit, schlechte Planung und mangelnde Pünktlichkeit nicht persönlich zu nehmen. Kritik und Ermahnungen helfen nicht und schaden meistens. Zum einen wecken Sie dadurch den Widerstand des LOBOs, zum anderen begeben Sie sich selbst – im schlimmsten Fall dauerhaft – in eine Elternrolle, in der Sie vermutlich nichts verloren haben. (Es sei denn, bei den schlecht organisierten Menschen handelt es sich um Ihre Kinder. In dem Fall haben wir nichts gesagt.) Die meisten Prokrastinierer setzen sich schon genug unter Druck, sie brauchen dabei keine Hilfe von außen. Betrachten Sie sich als Berater, aber nicht als Autoritätsfigur oder als Therapeut.

Und bevor Sie verlangen, dass prokrastinierende Mitarbeiter einfach allesamt gefeuert und durch Workaholics ersetzt werden, bedenken Sie dreierlei. Erstens prokrastiniert so gut wie jeder Mensch bei bestimmten, individuell verschiedenen Tätigkeiten, während andere ihm leichtfallen. Prokrastination am Arbeitsplatz ist oft das Ergebnis davon, dass Vorgesetzte versuchen, mit einem Mikroskop einen Nagel in die Wand zu schlagen, also ihre Mitarbeiter am falschen Ort oder unter den falschen Bedingungen einsetzen. Denken Sie zweitens an die Zukunft: Ein durchschnittlicher LOBO ist immer noch produktiver als ein Workaholic nach dem Burnout. Und drittens könnten Sie schon nächstes Jahr selbst ein LOBO sein. Noch müssen Sie vielleicht nur zwanzig Mails pro Tag beantworten, nächstes Jahr könnten es hundert sein, und dann gehören auch Sie zu den Menschen, in deren Inbox sich die unbeantworteten Anfragen stapeln. Prophylaktisch oder zur Steigerung Ihres Einfühlungsvermögens können Sie sich vornehmen, das

Prokrastinieren selbst zu erlernen. Gelingt es Ihnen, haben Sie etwas dazugelernt. Kommen Sie dagegen nicht voran und schieben den Vorsatz vor sich her, sind Sie schon am Ziel.

Tipps zum Umgang mit LOBOs

a) im Beruf

1. Anfällige dürfen nicht fahrlässig in prokrastinationsgefährliche Situationen gelockt werden. Wenn Sie schon wissen, dass ein Mitarbeiter unter einer Papierkramschwäche leidet, bürden Sie ihm nicht mit den Worten «Ach, wenn du dich ein bisschen zusammenreißt, geht das sicher» das Rechnungswesen der Firma auf.
2. Es kann passieren, dass ein LOBO eine Woche vor der Deadline erklärt, es sei aufgrund schwerer Arbeitsstörungen leider völlig ausgeschlossen, dass er seinen Teil der Verpflichtungen erfüllt. Nehmen Sie diese Absage ohne weitere Überredungsversuche und mit einem Minimum an Vorwürfen hin. Denn die Alternativen lauten: a) Die Absage kommt am Tag der Deadline, b) die Absage kommt drei Tage nach der Deadline oder c) der Betreffende meldet sich nie wieder und wandert nach Australien aus.
3. Eine Deadline ist Silber, viele Deadlines sind Gold. Lassen Sie sich nicht in die Karten schauen, setzen Sie glaubwürdige Deadlines und lassen Sie sich zu möglichst vielen Zwischenterminen Teile der Arbeit vorlegen. Sobald Sie eine Terminüberziehung auch nur ein einziges Mal unwidersprochen hinnehmen, ist es mit der Deadlinedisziplin aus. Jeder Mensch ist dankbar für klare Deadlines – auch wenn Sie ihn für so diszipliniert

halten, dass er dergleichen nicht nötig hat: «Mein Problem ist: Weil ich so ein langweilig und vorhersehbar verlässlicher Mensch bin, bekomme ich keine Abgabetermine mehr vorgegeben. Weil ohne Abgabetermin aber natürlich gar nichts geht, versuche ich meinen Gegenübern irgendwelche Deadlines aufzudrängen, was freilich auch nicht hilft, wenn man nicht mehr als ein müdes ‹Ist schon recht› oder Ähnliches zur Antwort bekommt.» (Markus Honsig)

4. Schicken Sie zu unterzeichnende Dokumente möglichst nicht mit der Post. Die Post wird in einem Stapel anderer Post oder im Altpapier verlorengehen. Ziehen Sie das Dokument einfach bei einem persönlichen Treffen aus der Tasche oder schicken Sie einen Fahrradkurier, der auf das unterzeichnete Schriftstück wartet. Die höheren Kosten werden dadurch aufgewogen, dass Sie die Unterschrift zwei Jahre früher als bei jedem anderen Verfahren in der Hand halten.
5. Wenn es doch mal der Postweg sein muss, können frankierte und adressierte Rückumschläge Wunder wirken. Wahrscheinlich hat der Empfänger Ihrer dringenden Post gerade keinen Briefumschlag oder keine Marke oder beschließt, «später mal» nach beidem zu suchen. Außerdem übt der frankierte Rückumschlag einen subtilen psychologischen Druck aus. Reicht das Geld dafür nicht, formatieren Sie Ihr Schreiben wenigstens so, dass die Adresse für die Rückantwort beim Falten gleich an der passenden Stelle für einen Fensterumschlag steht. Jedes kleine Entgegenkommen hilft.
6. Wenn Sie anderen Menschen ein Produkt verkaufen oder sie zur Registrierung auf einer Website bewegen wollen, muss alles in einem einzigen, unkomplizierten Arbeitsgang erledigt werden können. Es darf keine Soll-

bruchstellen geben, an denen erst der Stromzähler im Keller abgelesen und dann ein Faxformular ausgedruckt, unterschrieben, bei der Post beglaubigt und gefaxt werden muss. Jeder zusätzliche Arbeitsschritt, jedes entbehrliche Formularfeld kostet Sie Nutzer. Vorbildlich ist das 1-Click-Verfahren von Amazon. Bedenken Sie, dass Prokrastinierer einen hohen zweistelligen Prozentsatz jeder Zielgruppe ausmachen.

7. Formulieren Sie Fragen so, dass auch die Nichtbeantwortung des Schreibens schon eine Antwort darstellt. Also nicht «Wer ist für diesen Vorschlag?», sondern «Wenn bis nächsten Dienstag niemand widerspricht, gilt der Vorschlag als angenommen». Durchtriebene formulieren die Anfrage so, dass der Empfänger die schlechtere Karte zieht, wenn er nichts tut, und sorgen so für zusätzliche Motivation.
8. Erteilen Sie klare und verständliche Aufträge und vermitteln Sie eindeutige Prioritäten. Der Auftrag muss möglichst konkret umrissen sein, und es schadet nicht, währenddessen noch ein paarmal Rücksprache zu halten. Je unklarer die Aufgabe, je widersprüchlicher die Prioritäten und je sinnloser das Ergebnis scheint, desto mehr wird prokrastiniert.
9. Helfen Sie anderen, besser zu planen. Lassen Sie niemanden aus dem Stegreif eine Schätzung abgeben, wie lange ein Projekt dauert (zu den Gründen siehe Kapitel «Aufschubumkehr»). Akzeptieren Sie keine offensichtlich unrealistischen Schätzungen, nur weil sie Ihnen, Ihren Vorgesetzten oder Ihren Auftraggebern besser ins Konzept passen.
10. Häufig ist die Hürde der Anfang und nicht die Fertigstellung. Fragen Sie nicht «Wann bist du fertig?», sondern «Wann kannst du mir eine erste Rohfassung schicken?».

b) im Privatleben

1. Die Umerziehung anderer Menschen ist mühsam, wenig erfolgversprechend und macht (mit Ausnahmen, nähere Auskünfte erteilt das Internet, Stichwort BDSM) keinen Spaß. Wenn Ihr Partner oder Mitbewohner Ihre Hygiene- und Ordnungsvorstellungen nicht teilt, stellen Sie auf seine Kosten jemanden ein, der putzt und aufräumt.
2. Die meisten Ordnungsvorstellungen sind Privatsache. Wer gefaltete Wäsche im Schrank haben will, muss sie selbst falten.
3. Verschwenden Sie keine Zeit mit ideologischen Fragen («Aber das musst du doch eines Tages lernen!»), es geht um die Lösung konkreter Probleme. Für konkrete Probleme gibt es fast immer technische Lösungen.
4. Zu einem Konflikt gehören immer zwei. Neil Fiore rät zum Thema Pünktlichkeit und Planung: «Halten Sie sich vor Augen, dass dieses ganze Pünktlichkeitsthema Ihr Problem ist. Es ist so nutzlos wie unangebracht, den Prokrastinierer zu beschuldigen. Sie kommen weiter, wenn Sie Ihre kleine Pünktlichkeitsschwäche eingestehen: ‹Ich bin nicht so flexibel und spontan wie du und fühle mich deshalb verpflichtet, jetzt gleich mit der Vorbereitung auf kommende Deadlines anzufangen.› (…) ‹Ich kann nicht so gut wie du mit der Aufregung umgehen, wenn alles in letzter Minute erledigt wird›, könnten Sie hinzufügen. Jetzt, wo Sie die Aufmerksamkeit des anderen geweckt haben, können Sie ehrlich darum bitten, dass er Sie versteht und Ihnen hilft, Ihre Nervosität in den Griff zu bekommen.»
5. Wenn jemand vorhersehbar zu spät kommen wird, weil er immer zu spät kommt, bringen Sie sich eine Beschäftigung mit, damit Sie sich beim Warten nicht langweilen, oder kommen Sie selbst eine halbe Stunde später. Oder

verabreden Sie sich um halb acht, wenn Sie sich um acht treffen wollen. Wenn es klappt, prahlen Sie nicht mit Ihrem Erfolg, denn der LOBO ist lernfähig und erscheint dann eben nächstes Mal erst um halb neun.

6. Bringen Sie niemanden in eine Situation, in der er nicht anders kann, als zu lügen oder die Lage zu beschönigen. Dauerhaftes Schönreden der Lage ist auch für LOBOs nicht gesund. In vielen Fällen bedeutet das, dass Sie sich am besten gar nicht nach dem Zustand der Wohnung oder dem Fortschritt des Studiums erkundigen.
7. Paare sind nicht verpflichtet, unter demselben Dach zu wohnen. Schon gar nicht, wenn ihre Ordnungsvorstellungen inkompatibel sind.

Die Insel der Saumseligen

Lob der LOBOs

> «Ich unterscheide vier Arten. Es gibt kluge, fleißige, dumme und faule Offiziere. Meist treffen zwei Eigenschaften zusammen. Die einen sind klug und fleißig, die müssen in den Generalstab. Die nächsten sind dumm und faul; sie machen in jeder Armee 90 Prozent aus und sind für Routineaufgaben geeignet. Wer klug ist und gleichzeitig faul, qualifiziert sich für die höchsten Führungsaufgaben, denn er bringt die geistige Klarheit und die Nervenstärke für schwere Entscheidungen mit. Hüten muss man sich vor dem, der dumm und fleißig ist; dem darf man keine Verantwortung übertragen, denn er wird immer nur Unheil anrichten.»
> *(General Kurt von Hammerstein-Equord: «Truppenführung»)*

Bei den Gesprächen, die wir zu diesem Buch führten, geschah es ab und zu, dass uns besser organisierte Menschen Vorwürfe machten. Nur weil wir zu faul seien, uns ein bisschen am Riemen zu reißen, müssten andere unsere Versäumnisse ausbaden. Früher seien alle Menschen in der Lage gewesen, hin und wieder die Küche aufzuräumen, und überhaupt sei es nur die pünktliche, gewissenhafte und zuverlässige Arbeit der Organisierten, die uns diesen schönen Schlendrian ermöglichte. Dem möchten wir ein entschiedenes «Ja, aber!» entgegenhalten.

Einerseits ist die Frage müßig, ob wir dieses liederliche Leben führen dürfen, denn viel können wir ohnehin nicht daran ändern. Und wir haben es versucht, o ja, das haben wir. LOBOs verbringen mehr Zeit als andere Menschen mit dem Versuch, sich zusammenzureißen, genau wie Übergewichtige mehr Energie ins Thema Gewichtskontrolle investieren. Es gilt allgemein als bequem, sich auf das Argument «Ich bin nun mal so!» zurückzuziehen, und zweifellos kann man durch geduldige Fördermaßnahmen die eine oder andere unterentwickelte Fähigkeit ein wenig besser ausbauen. Die Arbeit an Schwachstellen macht aber nicht nur viel weniger Spaß als der Einsatz der vorhandenen Fähigkeiten, sie ist auch nicht besonders effizient. Zum Trost haben wir hier einige Argumente pro Krastination zusammengetragen.

Wahr ist zweifellos, dass mangelnde Gewissenhaftigkeit andere belastet. Aber es belastet andere Menschen auch, wenn man einen Beruf ausübt, in dem man offensichtlich falsch und deshalb unglücklich und missmutig ist. Das gilt sowohl beim dauerhaften als auch beim vorübergehenden Versuch, eine Lebensweise anzunehmen, die im Schritt kneift. Die wenigen Stunden, in denen wir den Selbstdisziplinanforderungen unserer Umwelt voll entsprochen oder wenigstens so getan haben, hatten wir jedenfalls so unfassbar schlechte Laune, dass die daraus entstandenen Zumutungen die der Prokrastination bei weitem übertroffen haben.

Viel zu selten wird erwähnt, dass unser Organisationsdefizit an manchen Stellen ganz realen Nutzen für die Gesellschaft mit sich bringt. Es fängt damit an, dass der Staat in vieler Hinsicht von Prokrastination profitiert, vor allem bei Angestellten, die ihren Lohnsteuerjahresausgleich nicht einreichen. Nach Schätzungen des Bundes der Steuerzahler nimmt der Staat auf diese Art jedes Jahr über 500 Millionen unverdiente Euro ein. Davon lassen sich schon ein, zwei neue Buswartehäuschen bauen. Steuerschlamperei im Detail – die normalerweise dazu führt, dass der Staat und nicht der Steuerzahler profitiert – ist hier noch gar nicht eingerechnet. Banken führen Privatkonten überhaupt nur, weil es Menschen gibt, die ständig ihren Dispo bis zur Oberkante ausreizen und dafür schöne Zinsen zahlen. Würden alle Menschen klaglos ein diszipliniertes Leben führen, gäbe es keine kostenlose Kontoführung. Die Krankenversicherungsbeiträge wären noch viel höher, wenn Trägheit uns nicht daran hindern würde, mit jedem Schnupfen zum Arzt zu laufen. Die hohen Preise für Flugbuchungen zwei Stunden vor dem Start finanzieren die gerngesehenen Frühbucherrabatte. Und wahrscheinlich hat nur unpünktliche, unzuverlässige Verhütung bisher das Aussterben der Menschheit verhindert:

Als ich den Körper und seine Organe studierte (Aufbau, Funktionsweise, Funktionsausfall, Reparatur), war ich ganz gut unterwegs, ich schob alles Lernen nämlich stets nur bis zu dem Tag auf, an dem die erforderliche Seitenanzahl durch 100 dividiert die Anzahl der verbliebenen Tage bis zur Prüfung ergab. Von diesem Tag an schob ich mein Leben auf und lernte. Eine Planung, die stets tadellos zum Erfolg führte.
Ungebrochene Prokrastination ist mir nur in einem Bereich geblieben, ich kann keine Geschlechtsorgane, die habe ich konsequent die ganze Zeit über ausgelassen aus unüberwindlicher Langeweile. Sag mir Zyklus, Hormon und Spermiogenese, und ich renne wahlweise sofort schreiend davon oder schlafe unverzüglich ein.
Inzwischen habe ich zwei Kinder wegen diesem Aufschiebeverhalten, dass es nicht fünfzehn sind, ist Glück. Ich weiß nicht, an welchen Tagen man Kinder kriegt, ich weiß auch nicht, was korrekterweise zu tun ist, wenn orale Verhütungsmittel wegen Besorgungs-, Aufbewahrungs- und Erinnerungsschwäche nur tageweise zur Verfügung stehen und man in seinem Leben noch keinen korrekten Pillenmonat abspulen konnte, man es aber nur zu derart mangelhaften Notfallgefühlen bringen kann, dass auch keine anderen Verhütungsmöglichkeiten aufs Tablett gezaubert werden können. Oder weiß ich doch, man müsste mal zum Arzt. Morgen!

(Astrid Fischer, Ärztin)

Auch im zwischenmenschlichen Bereich hat der Umgang mit LOBOs manches für sich. Wir geben Geliehenes zwar nur selten zurück, aber dafür vergessen wir, Geld, Bücher und Werkzeuge zurückzufordern, die wir selbst verliehen haben. Wir zetteln nicht ständig Rechtsstreitigkeiten an, weil es viel zu mühsam wäre, einen Anwalt zu suchen, sich dort einen Termin geben zu lassen und diesen Termin einzuhalten. Schon aus Faulheit halten wir gern die andere Wange hin. Wir sind nicht gleich beleidigt, nur weil unsere Verwandten unsere Geburtstage vergessen oder unsere Freunde mal mit zwei Jahren Verspätung auf eine Mail reagieren. Wir fragen nicht andauernd «Was tut dieser fremde Schlüpfer da in deinem Bett?», sondern sagen höchstens «Oh, ist das meiner? Der muss hier aber schon ewig liegen, ich kann mich gar nicht mehr erinnern, wann ich den gekauft habe». Prokrastinierer sind bescheidene Menschen, die ihre eigenen Beschränkungen und die des Universums erkennen.

Aber nicht nur aus den Schwächen der LOBOs erwachsen der Gesellschaft Vorteile. Klar dürfte sein, dass die effektivsten wie auch die effekthaschendsten Kunstgriffe in der Geschichte der Arbeit allesamt von LOBOs in den letzten Minuten vor der Deadline erfunden worden sind. In komplizierten Projekten sind wir schon deshalb Gold wert, weil wir unter dem Druck, zwei Wochen nichts getan zu haben, in ein paar Stunden die rettende Idee haben können. Unsere Begeisterung mag kurz wie der Funkenschlag eines Feuerzeugs sein, lässt sich dafür aber ebenso oft entzünden. Und das auch mitten in der Nacht, wenn man uns anruft, Hilfe braucht und sonst keiner ans Telefon geht. Und durch jahrelange Übung in der Beschönigung der Tatsachen gelingt es uns, Dinge aus voller Überzeugung für glänzender zu halten, als andere sie wahrnehmen, und uns so auch in schwierigen Situationen zu motivieren.

Wer sollte die Organisationselite an das Leben jenseits der Hyperproduktivität erinnern, wenn nicht wir? Wer würde den Schnitt dessen, was als gerade noch schaffbar gilt, auf dem jetzigen Niveau halten, wenn alle Menschen To-do-Listen in ihren Herzen trügen? Unser Mut, etwas eigentlich Notwendiges nicht zu tun, befördert den Fortschritt, denn er beweist der Welt und uns selbst immer wieder aufs Neue, dass scheinbar Unumgängliches und Selbstverständliches ab und zu in Frage gestellt werden muss. Und obwohl man keinem Einzigen von uns zu erklären braucht, wie man herumliegt oder im Gras sitzt, bis die Hose grün und feucht ist, können und wollen wir arbeiten. Wenn die Rahmenbedingungen günstig sind und wir Lust darauf haben. Und wie wir dann arbeiten! Zielgerichtet, auf den Punkt, effizient und in glücklichen Fällen sogar am ursprünglich beabsichtigten Projekt. Unsere Ergebnisse sind oft besser als die der anderen – weil wir das, was wir tun, gern tun.

Mit Stress und Deadlines haben wir generell weniger Probleme; wir sind es nicht anders gewohnt, als dem Druck der letzten Minute standzuhalten und trotzdem klare Gedanken zu fassen. Wir haben im Zweifel häufiger schmerzhafte Niederlagen erlebt und können deshalb souveräner damit umgehen. Im Durchschnitt vertragen wir Kritik besser, denn auch hier ist unser Fell über die Jahre dicker geworden. Vermutlich sind wir auch weniger oft Arschlöcher, weil in uns jahrelang die Selbstzweifel genagt haben: «Bin ich vielleicht im richtigen Körper in der falschen Welt gelandet?» Und Zweiflern fällt es schwerer, böse Menschen zu sein.

Das Scheitern ist unser Schlüssel zum Erfolg. Wir sind auf so viele verschiedene Arten, aber immer aus denselben Gründen gescheitert, und dieses Wissen ist ein Schatz in dem Moment, wo es wirklich drauf ankommt. Wenn es tatsächlich einmal um alles oder nichts gehen sollte, dann kennen wir die Sollbruchstellen, dann wissen wir um die Untiefen, dann ahnen wir jeden machbaren Fehler schon vorher, weil wir ihn im Zweifel schon einmal gemacht haben. Wenn es wirklich, wirklich wichtig ist, werden wir mit einer unfassbaren Energie und Motivation an die Aufgabe gehen. Vielleicht nicht sofort, aber ganz bestimmt morgen. Oder übermorgen.

Riesenmaschine-Gastbeitrag: Die Zukunft der Prokrastination

Die Riesenmaschine (riesenmaschine.de) ist ein Blog, das sich den Themen Zukunft und Fortschritt widmet. Wir haben ihre Autoren eingeladen, sich Gedanken über die Zukunft der Prokrastination zu machen. Da die Riesenmaschine bisher noch immer recht behalten hat, kann man sich schon einmal darauf einrichten, dass demnächst folgende Dienstleistungen und Geräte auf den Markt kommen werden:

1. Die Produktivitäts-Vorhersage

Sie sagt einem schon morgens, ob es überhaupt Sinn hat, heute auch nur ans Arbeiten zu denken oder ob man sowieso den ganzen Tag nur prokrastinieren wird. Aus dem Produktivitätsverhalten der letzten Tage und physiologischen Messwerten extrapoliert sie probabilistische Aussagen über die Produktivität der nächsten 24 Stunden: «Schwach ausgeprägter, flüchtiger Arbeitswille gegen zehn Uhr, kurze Arbeitsanfälle über den Nachmittag verstreut, abends ruhig. Arbeitswahrscheinlichkeit 5–15 Prozent». Der Vorteil für den Benutzer: So wie man bei vorhergesagtem Regen gar nicht erst vor die Tür geht, kann man jetzt einfach im Bett bleiben, wenn geringe Produktivität prophezeit wird. Am Abend ist man ausgeruht und vermeidet zudem das blöde Gefühl, den ganzen Tag trotz großer Anstrengungen nichts geschafft zu haben.

(Aleks Scholz)

2. Der Stressgenerierungsservice

Diese Dienstleistung kann gebucht werden als anonymes Geschenk für Freunde und Bekannte, von denen man weiß, dass sie nur unter Druck gut arbeiten können. Bestellt man das preisgünstige Basisangebot, so bekommt der Empfänger am Tag der allerletzten Deadline einmal pro Stunde telefonisch den Hauptgewinn bei einem Gewinnspiel mitgeteilt bzw. die Möglichkeit, sich an einer Meinungsumfrage zum Thema Lebensversicherungen zu beteiligen. Das Aufbaupaket umfasst mehrere Haustürbesuche von Menschen, die einem nachdrücklich einen Wechsel des Stromversorgers / des Telefonanbieters / der Religionsgemeinschaft ans Herz legen. Das «Rundum sorgenvoll»-Premiumprogramm führt darüber hinaus in zunehmender Frequenz Computerabstürze herbei.

(Klaus Cäsar Zehrer)

3. Der Parallelvisomat

Der Parallelvisomat ist ein kleines Gadget mit einem hochauflösenden 16-Millionen-Farben-Display, das einem eine Realität in einem nicht allzu weit entfernten Paralleluniversum zeigt (die Welt, in der Hitler den Krieg gewonnen hat, lässt sich erst auf dem Nachfolgemodell betrachten). Wenn man also eigentlich noch an einem Projekt arbeiten müsste, aber gleichzeitig Champions League läuft, kann man nun beruhigt in eine Kneipe gehen und das Spiel gucken. Der Parallelvisomat zeigt einem, was passiert wäre, wenn man den Schreibtisch nicht verlassen hätte: Natürlich hätte man in der Zeit nur verzweifelt herumprokrastiniert und kann entsprechend die Alternativtätigkeit reuelos genießen – besonders vor einer «Noch ein Bier?»-Entscheidung lohnt sich ein Blick!

(Michael Brake)

4. Das Erdrotationsentschleunigungsprojekt

Wie allgemein bekannt ist, verringert sich die Erdrotationsgeschwindigkeit aufgrund der Gezeitenreibung kontinuierlich, die Taglänge steigt pro Jahr um ca. 17 Mikrosekunden. Das ist natürlich viel zu wenig! In naher Zukunft wird es daher ein groß angelegtes und von sämtlichen Staaten unterstütztes Projekt geben, das die Erdrotation auf etwa 30 bis 40 Prozent des heutigen Standes reduziert. Der Tag vor der Abgabe, bekanntermaßen der einzige Zeitraum, in dem konzentriertes Arbeiten an einem Projekt überhaupt möglich ist, wird sich auf diese Weise auf 60–72 Stunden verlängern.

(Michael Brake)

5. Die Schwarzarbeitsreform

Dieser Entwicklung liegt die wirtschaftswissenschaftliche Einsicht zugrunde, dass Schwarzarbeit nicht etwa aus Kostengründen floriert, sondern weil sie so unkompliziert ist. Nach einer fünfjährigen Übergangslösung «Schwarzarbeitspauschale zum Ankreuzen in der Steuererklärung» greift daher eine Reform, die reguläre Arbeit von allem Verwaltungsaufwand freistellt, während gleichzeitig Schwarzarbeit nur noch nach Anmeldung, Schlangestehen auf Ämtern und Ausfüllen umfangreicher Formulare möglich ist. Scharfe Kontrollen sichern die Einhaltung.

(Kathrin Passig)

6. Das iProcrastinate

Das kurz iProc genannte Gerät kann alles, hat aber meistens keine Lust dazu. Die MP3s, die man am Montag hören wollte, wird es kaum vor Donnerstag abspielen, zur Überbrückung zeigt es fadenscheinige Ausreden an («Musik wurde bereits an die Lautsprecher gesendet, müsste dort jeden Moment ankommen»). Seine Auslöseverzögerung beim Fotografieren kann mehrere Wochen betragen. Dabei arbeitet es unermüdlich an unbestimmten Prozessen, die ihm selbst wichtig erscheinen, und saugt so binnen weniger Stunden seinen Akku leer.

(Johannes Jander/Jan Bölsche)

7. Die arbeitssensitive Uhr

Analog zu den heute bereits erhältlichen Schlafphasenweckern verfolgt diese Uhr den Arbeitsfortschritt und passt Uhrzeit und Datum laufend dem Projektstatus an. Sie geht nie richtig, aber immer vor, wobei das Ausmaß der Abweichung auf unvorhersehbare Weise wechselt. Sitzt der Doktorand nur nasebohrend vor dem Rechner, gaukelt sie ihm vor, es sei bereits vier Jahre und elf Monate später.

(Johannes Jander / Moritz Metz)

8. Das Irrelevanz-Spektroskop

Der großen Ausrede, dass etwas Wichtiges verpasst wird, wenn man nicht häufig genug aus dem Fenster sieht, den E-Mail-Eingang überprüft und den Feed-Reader leerliest, kann letztlich nur technisch Einhalt geboten werden. Das Irrelevanz-Spektroskop übernimmt die Weiterleitung sämtlicher Informationskanäle (Internet, Post, in den ersten Versionen noch Fernsehen) und ignoriert mittels eines trainierbaren Filters alles, was keinen direkten Einfluss auf den zu Schützenden hat (z. B. Lenkwaffen-Einschläge im Umkreis von 10 km). Auf der sensitivsten Stufe schlägt es nur etwa einmal am Tag an, in der Standardeinstellung nur einmal in der Woche (sonntags). Zur Beruhigung des Nutzers sendet es fortwährend beliebige Ausschnitte der Irrelevanz zum Bildschirmarbeitsplatz des Benutzers, der so über die korrekte Funktion des Geräts informiert ist.

(Roland Krause)

9. Nachhilfeunterricht in Prokrastination

Dass Prokrastination häufig zu Unzufriedenheit führt, liegt daran, dass sie fast immer von blutigen Amateuren betrieben wird. Wenn ein Zweitklässler, der nicht einmal schriftliche Division beherrscht, eine funktionierende Mondrakete zu bauen versucht, endet das Unterfangen ebenfalls mit Frustration und Tränen. Aus diesem Grund ist spätestens ab 2018 Prokrastination in der 10. Klasse Pflichtschulfach (3 Wochenstunden, statt Chemie), damit die Schüler angemessen aufs Berufsleben vorbereitet sind. Erwachsene können wertvolles Grundwissen nachträglich in staatlich geförderten Volkshochschulkursen oder via Telekolleg erwerben.

(Michael Brake)

10. Das Prokrastinationsroulette

Häufig wird gemutmaßt, dass prokrastinationsanfällige Menschen Probleme haben, ausreichend Geld zu verdienen. Das ist zwar Quatsch (siehe andere Stellen in diesem Buch), aber dennoch bietet sich in Zukunft ein einfacher Nebenverdienst für notorisch Prokrastinierende: Sie erhalten Geld dafür, sich bei der Arbeit mit mehreren Kameras überwachen zu lassen. Diese Videos werden live im Internet übertragen, und Menschen auf der ganzen Welt können, ähnlich wie beim Kuhroulette, darauf wetten, wer zuerst anfängt zu arbeiten und wann. Gegen Avancen der Wettmafia ist dieses System glücklicherweise völlig immun.

(Michael Brake)

Glossar

Einige dieser Begriffe kommen im Buch gar nicht vor, weil wir vergessen haben, sie hineinzuschreiben. Aber zur Beschreibung von LOBO-Phänomenen sind sie in jedem Fall nützlich.

ADS (auch ADHS oder im englischen Sprachraum ADD / ADHD)

Aufmerksamkeitsdefizitstörung. Gilt als Krankheit, könnte aber auch nur eine Ansammlung von Persönlichkeitsmerkmalen sein. Wir betrachten es als Accessoire, das immerhin bis etwa 10 Prozent der Bevölkerung ständig bei sich führt. ADS kann in der Regel mit einer Mischung aus Ritalin und Selbsterkenntnis unter Kontrolle gebracht werden.

Catch-22

Nach Joseph Hellers gleichnamigem Roman ein Problem, das seine eigene Lösung unmöglich macht. Man kann die Telefonstörungshotline nicht anrufen, weil das Telefon gestört ist. Zum Öffnen der Plastikverpackung eines Teppichmessers braucht man ein Teppichmesser. Die Fußdusche am Strand ist so angebracht, dass man nach ihrer Benutzung noch einmal durch den Sand laufen muss. Der gute Vorsatz, endlich eine Methode zu finden, wie man gute Vorsätze zum Funktionieren bewegt.

Erfahrungsblindheit

Die Unfähigkeit, aus Erfahrungen zu lernen. Sie äußert sich unter anderem in der Überzeugung, dass gute Vorsätze («Aufpassen», «Zusammenreißen», «beim nächsten Mal einfach dran denken») genügen, um das Wiederauftreten eines Problems zu verhindern.

GTD

Getting Things Done. Das in David Allens gleichnamigem Buch (Deutsch: «Wie ich die Dinge geregelt kriege») beschriebene System zur Aufgabenbewältigung und Lebensorganisation. Viel mehr wissen wir auch nicht darüber, werden das Buch aber schon bald einmal lesen.

Kauf-Wegwerf-Quotient

Ein KWQ unter 1 ist ideal, ein KWQ von 1 unbedenklich, bei allen Werten größer als 1 besteht Therapiebedarf.

LOBO

Lifestyle of Bad Organisation. Wenn Sie diesen Eintrag nicht lesen können, weil Sie Ihr Buch an einen Freund verliehen haben, sich aber nicht so genau erinnern, an welchen, aber auch nicht so ganz sicher sind, ob sie es nicht vielleicht doch längst zurückbekommen und dann verlegt haben, sind Sie vermutlich ein LOBO-Anhänger, kurz LOBO.

Mailkapitulation

Das Versenden eines Textbausteins an die Absender aller Mails im «Noch zu beantworten»-Ordner. Der Textbaustein enthält die Kapitulationserklärung, verbunden mit der Bitte, wichtige Mails nochmal zu schicken, sowie ein Besserungsversprechen. Der Nutzen der Mailkapitulation ist zweifelhaft, denn schon wenige Monate später wird man wieder vor demselben Problem stehen, verschärft durch die Tatsache, dass die Mailkapitulation nicht öfter als alle fünf Jahre zum Einsatz gebracht werden kann, will man ihre ohnehin geringe Glaubwürdigkeit nicht noch weiter schwächen.

MBS

Mailbeantwortungsschwäche. Wer pro Tag mehr Mails mit der Markierung «zu bearbeiten» versieht, als er tatsächlich bearbeitet, steht über kurz oder lang mit Tausenden unbeantworteten Mails da. Dann hilft nur noch die → Mailkapitulation.

Neapolitanischer Hakenkreuzstau

Nach Luciano DeCrescenzos Beschreibung in «Also sprach Bellavista» ein unentwirrbar mit sich selbst verschränktes Problem: Die Wohnung müsste neu gestrichen werden, was nur geht, wenn vorher das herumstehende Zeug aus dem Weg geschafft wird, wozu man immer schon mal einige Regale anbringen wollte. An den vorher zu streichenden Wänden. Der Neapolitanische Hakenkreuzstau ist eine komplexere Variante des → Catch-22.

OHIO

«Only Handle It Once». Der Vorsatz, ab jetzt alles immer sofort beim ersten Auftauchen einer Aufgabe zu erledigen. Verwandt mit dem Plan des Löwen, endlich mal friedlich neben dem Lamm zu liegen, und dem Vorhaben, «nur eine einzige Runde» Tetris zu spielen.

Paradoxe Intervention

Der Versuch, Konzentrationsfähigkeit herzustellen, indem man bei der Arbeit laute Musik hört, DVDs guckt, chattet und sich die Beine enthaart.

PBS

Postbewältigungsschwäche. Das verbreitete Syndrom untergliedert sich in Postöffnungsschwäche (PÖS), Postfertigmachschwäche (PFS) und Postwegbringschwäche (PWS). Eng verwandt ist die Mailbeantwortungsschwäche → MBS.

POKAP

Postkatastrophales Problemstadium. Die Sorte Problem, die so weit eskaliert ist, dass man sich jeden Gedanken daran verbietet und wimmernde Geräusche macht, wenn man von anderen darauf angesprochen wird. → PRÄKAP

PRÄKAP

Präkatastrophales Problemstadium. Noch ist das Problem so klein, dass man es durch Ignorieren bewältigen kann. Das PRÄKAP kann ohne Zwischenstadium ins POKAP übergehen.

Prokrastination

Dass der im Englischen gebräuchliche Begriff für «Aufschiebeverhalten» im Deutschen zunächst etwas sperrig wirkt, soll uns nicht weiter stören. 1967 bezeichnete der Psychologe Paul Watzlawick in einem Buchvorwort den Begriff «Kommunikation» als «im Deutschen ungewohnt». Vierzig Jahre später gibt es dreißig Millionen deutschsprachige Googletreffer für «Kommunikation». Geh hinaus in die deutschsprachige Welt, nützliches Wort Prokrastination! 2048 zählen wir mal nach, wie es dir geht.

Providurium

Jedes Provisorium, das länger als fünf Jahre in Betrieb bleibt.

REP

Rapide eskalierendes Problem (Sporttasche voller nasser Handtücher, rot leuchtende Ölstandsanzeige, Katzenklo). REPs wirken sich im Zusammenspiel mit LOBOs so fatal aus, dass man am besten gar keine Handtücher, kein Öl und keine Katze besitzt.

Snooze
Zeiteinheit, die angibt, wie lange es noch bis zur vollständigen Umsetzung eines Plans dauern wird. Anders als andere Zeitangaben nimmt das Snooze nicht kontinuierlich ab, sondern springt irgendwann überraschend auf null. Ein Snooze entspricht wie beim Wecker fünf bis zehn Minuten, 1 Megasnooze dem Zeitraum bis zur Abgabe der Diplomarbeit.

Sockenbügeln
Allgemeine Bezeichnung für die Beschäftigung mit Aufgaben der alleruntersten Prioritätsstufe (engl. «Wash the Dog Priority»). Sockenbügeln ist eine verzweifelte Maßnahme für Situationen, in denen bereits das Erledigen des Mittelwichtigen dringend umgangen werden muss. Eine klassische Sockenbügeltätigkeit ist das Formatieren von Word-Dokumenten.

Temporale Selbstverletzung
Ein geheimer Hass auf das zukünftige Ich motiviert TS-Patienten dazu, Objekte grob fahrlässig am ungeeignetsten Ort zu platzieren (volle Kaffeetasse auf dem Teppich, Umzugskartonstapel mitten im Flur, Bierflasche auf Balkongeländer, Zwiebackkrümel im Bett). Unter dem resultierenden Problem wird das zukünftige Ich zu leiden haben, was dem gegenwärtigen Ich eine subtile Befriedigung verschafft.

Yakshaving
Jede zunächst sinnlos scheinende Beschäftigung, die aber ein Problem löst, das ein weiteres Problem löst, und so weiter, bis das ursprüngliche Problem gelöst ist. Yakshaving steckt hinter dem häufig zu beobachtenden Phänomen, dass zur Erledigung gleich welcher Aufgabe (frühstücken, Post wegbringen) zuerst ein spezielles Adapterkabel gefunden werden

muss. Der Begriff wurde vom MIT-Informatiker Carlin Vieri geprägt und entstammt der «Ren & Stimpy»-Folge «Yak-Shaving Day», die nichts mit dem Thema zu tun hat. Differentialdiagnose: → Neapolitanischer Hakenkreuzstau.

Danksagung

Es gäbe eigentlich kaum ein geeigneteres Buch, um anstelle der Danksagung eine kurze Entschuldigung zu drucken. Leider müssen wir die niedrigen an uns gestellten Erwartungen enttäuschen und präsentieren hier diejenigen, denen wir aus verschiedenen Gründen danken wollen:

Bettina Andrae, Jan Bölsche, Michael Brake, Chrissy Clayton, Don Dahlmann, Cedric Ebener, Claus Eschemann, Astrid Fischer, Eberhard Flutwasser, Nadine Honig Freischlad, Holm Friebe, Nina von Gayl, René Gisler, Uwe Heldt, Falko Hennig, Wolfgang Herrndorf, Thomas Hölzl, Markus Honsig, Lukas Imhof, Volker Jahr, Johannes Jander, Markus Kempken, Bernd Klöckener, Robert Koall, Roland Krause, Angela Leinen, Horacio Lobo & Fabiola, Kai Roger Lobo, Wibke Lobo, Angelika Maisch, Moritz Metz, Annette Passig, Dieter Passig, Georg Passig, Gertrud Passig, Nathalie Passig, Natascha Podgornik, Jochen Reinecke, Stephanie Roßdeutscher, Tex Rubinowitz, Jochen Schmidt, Axel Schneider, Aleks Scholz, Kai Schreiber, Christoph Schulte-Richtering, Ulrike «Supatopcheckerbunny» Sterblich, Christoph Virchow, Malte Welding, Sabine Werthmann, Harriet Wolff, Klaus Cäsar Zehrer, das adnation-Team Johnny, Tanja und Max, das Café Liebling und alle, die dort arbeiten, Zentrale Intelligenz Agentur, Höfliche-Paparazzi-Forum, Riesenmaschine, Twitter und schließlich die lieben Menschen, die unseren verschiedenen Aufrufen im Netz gefolgt sind und uns mit Beispielen, Geschichten und Erfahrungen versorgt haben.

Selbstredend ist diese Liste nicht vollständig, was aber nur zum Teil an uns liegt. Aufrufe zu Anekdoten und Fragebögen für Betroffene von Betroffenen zum Thema Prokrastination und Desorganisation haben keinen besonders guten Rücklauf. Außerdem gibt es naturgemäß eine Reihe von Sollbruchstellen von der Niederschrift bis zur Einarbeitung ins Buch, aber wir sind zuversichtlich, weitere interessante Fallstudien in die nächsten Auflagen oder ins Blog zum Buch (unter prokrastination.com) aufnehmen zu können. Dort finden sich auch Quellenangaben zu den im Buch verwendeten wissenschaftlichen Artikeln. Wir danken aber nachträglich im Voraus schon mal denjenigen, die sich ganz, ganz fest vorgenommen hatten, uns ihre Erkenntnisse zu schicken.